JN237164

やわらかアカデミズム・〈わかる〉シリーズ

| よくわかる
| 異文化コミュニケーション

池田理知子 編著

ミネルヴァ書房

はじめに

■よくわかる異文化コミュニケーション

「異文化コミュニケーション」ということばをよく聞くようになったのは，もうずいぶん前のことのように思われます。この本を手に取る多くの読者の皆さんにとっては，物心ついた当初から当り前のように使われていたことばのはずです。しかし，その中身はと問われると，「外国人」との出会いといったようなイメージしか思いつかないことが多いのではないでしょうか。この本は，まずそうしたイメージを払拭するところから始まっています。もっと身近なところから，「異文化コミュニケーション」を考えてみることを提案しています。

「異文化」とは国境を越える出会いであるというステレオタイプを取り払えば，「グローバル化」による影響が私たちの身のまわりにあふれているのと同じように，異質な他者との出会いも私たちの日常にあふれています。そうした他者とどのような〈関係性＝コミュニケーション〉を構築していくのかが，「異文化コミュニケーション」の主題なのです。そのためには，これまで私たちが当り前だと思っていたことから見直していく必要があります。既存の理論や研究成果の検証を通して，新たな視点を提示することで，読者の皆さんに身近な他者との関係から「異文化コミュニケーション」について考えてもらいたいと思っています。

本書は，大きく分けて次の３つの部分から構成されています。

まず，「異文化コミュニケーション」を理解するうえでの基礎的な概念を扱っているのが，第Ⅱ章「文化」と第Ⅲ章「コミュニケーション」，第Ⅳ章「言語」，第Ⅴ章「非言語」，第Ⅵ章「時間・空間」です。第Ⅶ章「異文化接触」と第Ⅷ章「異空間としてのメディア」，第Ⅸ章「メディアと文化」，第Ⅹ章「文化のポリティクス」は，具体的な場における異文化接触のダイナミズムについて論じています。そして，最後の第Ⅺ章「グローバリゼーションの行方」は，グローバル化の流れの中でこれから私たちが考えていかなければならない問題を提起しています。

異質な他者との出会いは，驚きや発見を私たちにもたらしてくれるし，それが当り前のものとして見過ごしていたことの見直しにつながるはずです。本書を通して，こうした「異文化コミュニケーション」の楽しみに出会ってくれることを期待します。

編者　池田理知子

もくじ

■よくわかる異文化コミュニケーション

はじめに

Ⅰ　グローバル社会と異文化コミュニケーション

1　グローバル社会と異文化交流 …… 2
2　グローバリゼーションの意味 …… 4
3　異文化交流の歴史 …………… 6
4　異文化への眼差し …………… 8
5　異文化コミュニケーションを
　　学ぶことの意義 ……………… 10

Ⅱ　文　化

1　文化を定義することの困難さ …… 12
2　文化とコミュニケーション ……… 14
3　「生活様式の全体」としての文化 … 16
4　「闘争様式の全体」としての文化 … 18
5　高級文化と低俗文化 ………… 20
6　文化志向VSコミュニケーション志向
　　………………………………… 22
7　文化と権力 …………………… 24

Ⅲ　コミュニケーション

1　コミュニケーションを学ぶ意義 … 26
2　コミュニケーションの流行 …… 28
3　コミュニケーション能力 …… 30
4　異文化コミュニケーション能力 … 32
5　新しいコミュニケーション能力 … 34
6　〈想像／創造する力〉としての
　　コミュニケーション ………… 36

Ⅳ　言　語

1　ことばと権力，ことばの権力 … 38
2　ことば・グローバリゼーション・
　　階級への眼差し ……………… 40
3　自分のことば，他者のことば … 42
4　ことばの力とイデオグラフ …… 44
5　ことば・文化・帝国主義 …… 46
6　国際英語・世界諸英語 ……… 48
7　英語帝国主義 ………………… 50
8　言語・文化の消滅と画一化
　　される生の様式 ……………… 52
9　国家と標準語 ………………… 54

10　標準語・方言 …………………56	Ⅶ　異文化接触
11　エスペラント …………………58	
12　多言語主義 ……………………60	1　「よそ者」と異文化適応 …………98
13　言語権と多元的社会 …………62	2　「カルチャー・ショック」と適応 … 100
14　ピジン・クレオール …………64	3　ステレオタイプと異文化接触 … 102
	4　内なる「外国人」……………… 104
Ⅴ　非言語	5　異文化接触と解釈 …………… 106
	6　翻訳と文明の力学 …………… 108
1　非言語メッセージとステレオタイプ …66	7　「対立」を生み出すもの ……… 110
2　非言語メッセージが伝えるもの …68	8　「対立」から見えないもの …… 112
3　沈黙の意味 ……………………70	9　文化・歴史の仲介 …………… 114
4　沈黙とトラウマ ………………72	10　アイデンティティと「他者」…… 116
5　作られる身体 …………………74	11　グローバル化とアイデンティティ … 118
6　身体改造 ………………………76	
	Ⅷ　異空間としてのメディア
Ⅵ　時間・空間	
	1　メディア・コミュニケーションの
1　様々な「時」の捉え方 …………78	様々な作用 …………………… 120
2　重層的な「時」の意識 …………80	2　現代の映像メディア ………… 122
3　睡眠と起床 ……………………82	3　通信メディア ………………… 124
4　誕生日・記念日・権力 …………84	4　文字と活字 …………………… 126
5　記憶と忘却 ……………………86	5　テレビゲーム ………………… 128
6　様々な空間の捉え方 …………88	6　コスプレ文化とメディア ……… 130
7　空間の所有と分割 ……………90	7　携帯電話と新しいつながりの空間 … 132
8　空間の所有を巡る争い ………92	8　ブログと参加型コミュニティの形成 … 134
9　都市化と監視社会 ……………94	9　「ナショナルなもの」の臨界
10　空間の管理 ……………………96	地点としてのテレビ ………… 136

10　メディアと権力 ………………… 138

IX　メディアと文化

1　メディア文化の政治学 ………… 140
2　風景の創造 ……………………… 142
3　孤立する身体 …………………… 144
4　メディアと資本 ………………… 146
5　標識としての〈日付〉 ………… 148
6　博物館・モニュメント ………… 150
7　戦争の記憶，記憶の戦争 ……… 152
8　南島への眼差し ………………… 154

X　文化のポリティクス

1　人種と民族 ……………………… 156
2　ネイションとナショナリズム … 158
3　人種主義と差別 ………………… 160
4　マイノリティとマジョリティ … 162

5　中央と周縁 ……………………… 164
6　ジェンダー ……………………… 166
7　多文化主義 ……………………… 168
8　ディアスポラ …………………… 170
9　ハイブリッド性(異種混淆性) … 172
10　接触領域(コンタクト・ゾーン) … 174

XI　グローバリゼーションの行方

1　グローバル化と格差社会 ……… 176
2　画一化されない食文化 ………… 178
3　私たちの日常と「環境」問題 … 180
4　「所有」できない知識と情報 …… 182
5　社会的不平等と文化資源 ……… 184
6　サイバースペース ……………… 186
7　オルタナティブな世界の構築 … 188

人名・事項索引 ……………………… 190

SERIES
ya

やわらかアカデミズム・〈わかる〉シリーズ

よくわかる
異文化コミュニケーション

I　グローバル社会と異文化コミュニケーション

1　グローバル社会と異文化交流

1　「外国」を旅することの意味

　国土交通省が作成した資料によると，2007年に日本から海外へ観光旅行に出かけた人の数は約1730万人で，単純に計算すると1年間に6分の1強の人が海外を訪れたことになる。32年前は約250万人で，7倍もの増加となっている。週末にソウルや上海に行ってきたと友人に言われても，取り立てて驚く人はいないだろう。それほど，海外旅行は身近なものとなり，国内旅行と変わらない手軽さで行けるようになったのだ。

　だが，こうして身近なものとなった海外への旅行から，私たちは何を得ているのだろうか。そこには，昔から旅の醍醐味とされていた驚きや新しい発見はあるのだろうか。1960年代の初頭にダニエル・J・ブーアスティンが指摘したように，私たちの旅はメディアによって作りあげられたイメージを再確認するだけの「擬似イベント」と化しているのかもしれない▷1（Ⅸ-2参照）。ガイドブックに書かれてあることやポスターなどに写し取られた風景を確認するだけの旅行や，予定された行程をこなすだけのパック旅行では，見知らぬ他者との出会いがそれほどあるとは思えない。

▷1　ダニエル・J・ブーアスティン／星野郁美&後藤和彦訳(1964)『幻影の時代』東京創元社。

2　グローバル社会がもたらしたもの

○どこにでもある「マクドナルド」

　さらに，ポスターや絵葉書に切り取られたエキゾチックで美しい風景は，現地に行ってみるとほんの一部であった，ということにもなりかねない。マクドナルドをはじめとしたファースト・フード店やショッピング・モールが軒を連ねており，何もわざわざここまで足を運ぶ必要はなかったのではと思った人も少なくないだろう。

　どこへ行っても似たようなものであふれているこうした現象は，どうやらグローバル化と関係がありそうだ。米国をはじめとした「先進国」の多国籍企業の国境を越えた広がりは，グローバル化と呼ばれる地球規模での人や物の流れがあってこそ可能となる。多少の現地風なアレンジが施されてはいるものの，たとえ地球の裏側に行ったとしても日本で手に入るような商品やサービスを受けられるのは，グローバル化のおかげなのである▷2。

　世界中いたるところにあるマクドナルドは，こうしたグローバル化の象徴的

▷2　ジェームズ・ワトソン編／前川啓治他訳(2003)『マクドナルドはグローバルか』新曜社を参照。

な存在である。しかもこのマクドナルドは，単なるファースト・フード店の代表というだけに留まらない。ジョージ・リッツアは，マクドナルドという存在を可能にした考え方，つまり，いかに効率よく，そして客の期待を裏切らないような商品やサービスを提供できるかどうかが重要だという考え方がいたるところに広がっているとし，この現象を**マクドナルド化**と呼んでいる。そうなると，期待が裏切られたときの発見や驚きといった喜びも奪われてしまうような気がするのは，筆者だけだろうか。

○観光旅行と「伝統文化」

グローバル化がもたらしたものの1つに，「伝統文化」の創造がある。例えば，ハワイにいったら情熱的なフラ・ガールが踊るダンスを見たいと思う観光客は今でも少なくないだろう。しかし，そうした私たちがもつフラダンスのイメージは観光用に作られたものである。バリのケチャやレゴン・ダンス，ニューカレドニアのダンスもそうである。その作られたものに対し「伝統文化」という名が冠せられていることに，私たちは疑問をもつことがほとんどない。経済的に有利な多数の人びとにとってより都合のよい「伝統文化」や「未開民族」が観光産業と結びついたメディアによって作りだされていったのであり，それにより文化の多様性が「伝統文化」の創造の影で消されていってしまうという側面に気がついていないのである。山下晋司が言うように，「だれが，だれのために，何を，何のために，文化を資源化するかという問題」を考える必要がある。

③ 異文化交流再考

ここで問題にしたように，わざわざ国境を越えて「異文化」に出会いに行っても，そこでは新たな発見がなかったとすると，異文化交流とはいったいどこで起こりうるのだろうか。そもそも「異文化」とは何なのか。ここではこの問いに対する結論を早急に出すことはしないが，どうやら国境を越えることだけが異文化との出会いではないということは確認しておきたい。もっと自分の回りを見渡してみるとか，日常のなかでの出会いを振り返ってみれば，実は「異文化」と色々なところで触れ合っていたということにならないだろうか。

例えば，世代の異なる人たちと話をしたときに，どうしてこんなに考え方が違うのだろうかといらいらした経験はないだろうか。クラスメートが自分にはわからない方言を使っているのを聞いて，面白いと思ったことはないだろうか（Ⅳ-10参照）。いつも平気で遅刻してくる友人に，腹を立てたことはなかっただろうか（Ⅵ-1参照）。このように考えると，私たちはわざわざどこかに出かけなくとも，いろいろな場面で「異文化」に出会っているらしいことがわかる。「異文化」とは国境を越える出会いであるとか，〈文化＝国〉といったイメージから抜け出してみると，様々な出会いに気づくことができるのではないだろうか（Ⅶ-3参照）。

（池田理知子）

▷3 ジョージ・リッツア／正岡寛司監訳（1995）『マクドナルド化する社会』早稲田大学出版部。例えば，マクドナルドで食事をするためには，自らが食べ物をテーブルに運んだり片づけたりする必要がある。効率的であることで誰が利益を得るのか，そこが問題とならざるを得ない。

▷4 **マクドナルド化**
効率性と計算可能性，予測可能性，制御というファースト・フード店で顕著に見られる4つの原理が，世界中のいたるところやあらゆる分野で優勢になるとするもの。

▷5 山下晋司（2007）「〈楽園〉の創造——バリにおける観光と伝統の再構築」山下晋司編『観光文化学』新曜社，92-97頁を参照。

▷6 中村純子（2002）「オリエンタリズムとしての国際観光——ニューカレドニアの観光文化を事例に」津田幸男＆関根久雄編『グローバル・コミュニケーション論——対立から対話へ』ナカニシヤ出版，145-157頁を参照。

▷7 山中速人＆長谷川司（2007）「メディアと観光——『太平洋の楽園』ハワイと『南国』宮崎におけるイメージの構築」山下晋司編『観光文化学』新曜社，41-47頁。

▷8 その一方で，今にも消えかかっていた伝統的な文化が観光産業によって復活，あるいは活性化するという側面があることもおさえておきたい。

▷9 山下晋司（2009）『観光人類学の挑戦——「新しい地球」の生き方』講談社，95頁。

Ⅰ　グローバル社会と異文化コミュニケーション

2 グローバリゼーションの意味

1 ボーダレス化と権力

　2007年度のカンヌ国際映画祭最優秀監督賞を受賞して話題となった映画『バベル』は、モロッコと米国、メキシコ、日本の4カ国で起こった出来事をオムニバス形式で描いている。一見ばらばらに見える物語が奇妙に絡まりあいながら、最後には1つの線となってつながっていくという、まさにボーダレスな人や物の流れがそこには示されているのだ。だが、そこに描かれているのは単なるボーダレス化の一例といったものではない。メキシコ人の女性に子守りを任せ、モロッコを旅する米国人夫婦や、日本人の父娘の経済的豊かさと対比するかのように、モロッコの羊飼いの少年の暮らしや子守りのふるさとであるメキシコの風景が映し出されている。この映画がグローバル化の一側面を切り取ったものだとすると、それはボーダレスな人や物の行き来があるからではなく、その行き来が格差を生み出していることが描かれているからである。
　グローバル化とは国境を越えた交流が可能になるという意味の単なるボーダレス化ではない。そこには、様々な力関係が反映されている。例えばカネやモノは、経済的に貧しい地域から豊かなところへと流れ蓄積されるばかりで、その逆はほとんどない。グローバル化により、経済的格差がますます広がっているのである。モロッコの羊飼いの少年には、超高層マンションに住む日本人の父娘の生活など想像すらできないのではないだろうか。

▷1　アレハンドロ・ゴンザレス・イニャリトゥ監督作品。アカデミー賞6部門にノミネートされ、作曲賞を受賞している。

図Ⅰ-1　映画『バベル』のDVDカバー
出所：ギャガ株式会社提供。

2 地理的発見と植民地主義

　グローバル化のはじまりをどこに求めるのかは、様々な意見があるが、そのなかの1つに15世紀末の西ヨーロッパからはじまった大航海時代を起源とするものがある。世界史の年表に列記されている1492年のコロンブスの新大陸発見や1497年のバスコ・ダ・ガマのインド航路発見、1522年のマゼラン艦隊の世界周航などヨーロッパ以外の地域の「発見」によって、人びとは世界の広がりを認識するに至り、〈地球＝the globe〉を1つのまとまりとして捉えるグローバルな意識に目覚めたとするものである。しかし、このグローバルな意識の目覚めは、その後のヨーロッパ諸国の南北アメリカ大陸やアジア、アフリカの「征服」といったいわゆる植民地主義へとつながっていくこととなる。したがって、グローバル化とは、ヨーロッパ人が「未開」の人びとを次々と「発見」し、「征

服」していった歴史と密接な関係があるということができる。地球規模の交流とそれによる人とのつながりといったプラスのイメージでグローバル化をこれまで捉えていたとしたら、そうではない別の側面、ヨーロッパ中心主義が世界を席巻していった歴史がそこには刻まれていることを確認しておく必要がある。

３ グローバリゼーションの２つの側面

　グローバル化による「世界秩序」には、政治・経済的な力が反映されているだけではなく、文化的な力も多分にかかわっている。こうしたグローバルな文化支配を問題として取りあげているのが、文化帝国主義を巡る議論である。ハーバート・シラーは、経済のグローバル化と同様に、欧米、特に米国の強大な情報産業が世界を覆いつくしてしまうという文化帝国主義の危険性を70年代初頭に指摘した。ハリウッド映画やMTV、CNNなど、米国発の情報があらゆる地域で受信可能となり、それによって米国的な考え方やライフスタイルが世界の隅々にまで知れわたるようになり、次第に米国的なものへの欲望が生み出されていく。「豊かさ」の一方的な定義がなされ、その〈定義／情報〉が一方向に流されることにより、ローカルな文化の衰退がもたらされかねないとシラーは説くのだ。

　こうしたシラーの文化帝国主義批判は、情報を受ける側の葛藤や抵抗が軽んじられており、送り手中心の見方であるとの指摘がなされてきたことは確かであるが、彼が問いかけたグローバル化が文化の画一化をもたらす危険性については、いまだにその問いの重要性が失われているわけではない。エドワード・サイードや、ベン・H・バグディキアンが警告したように、ほんの数社の多国籍企業に牛耳られているマス・メディアが流すニュースや娯楽番組が世界中に氾濫し、ローカルな日常に浸透しているといった状況が続いている（Ⅷ-10参照）。

　だが、一方で欧米中心主義的な考え方に批判が向けられ、そうではないオルタナティブな見方を模索する試みも行なわれている。例えば、米国から見た中東情勢を流すCNNをはじめとしたニュース番組に対抗するかのように、**アルジャジーラ**が中東発のニュースを発信しているのもその試みの１つである（Ⅸ-7参照）。また、多国籍企業の利潤追求の姿勢に疑問を抱いた人たちが、コストはかかったとしてもフェアトレード商品を買い求めるといった動きもそうである（Ⅺ-2参照）。

　こうした動きは、伊豫谷登士翁が指摘するように、グローバル化を推し進めてきた「西洋」の権威が揺らいできている、と捉えることができる。「グローバル化の過程で、欧米優位が浸透するとともに権威が衰退する」という、まるで相反した現象が同時並行的に起こっているのである。私たちの身の回りにいったい何が起こっているのかを見極め、改めてグローバリゼーションの意味を問い直す必要があるのではないだろうか。

（池田理知子）

▷2　山脇千賀子（2008）「新大陸の『発見』と『征服』──グローバル化と植民地主義のはじまり」奥田孝晴他編『新編　グローバリゼーション・スタディーズ──国際学の視座』創成社、3-17頁。この論文では、「発見」とはヨーロッパ人にとってのものであり、「征服」もヨーロッパ世界からの見方を示していることが指摘されている。

▷3　Schiller, Herbert (1976). *Communication and Cultural Domination*. International Arts and Sciences.

▷4　吉見俊哉（2004）「解説　グローバル化の多元的な解析のために──アパデュライの非決定論的アプローチ」アルジュン・アパデュライ／門田健一訳『さまよえる近代──グローバル化の文化研究』平凡社、369-383頁。

▷5　エドワード・サイード／大橋洋一訳（1998）『文化と帝国主義』みすず書房。

▷6　ベン・H・バグディキアン／藤竹暁訳（1985）『メディアの支配者──米マスコミ界を独占する50の企業』光文社。

▷7　アルジャジーラ
中東カタールにあるテレビ局。1996年に放送を開始する。衛星放送を通じて、中東以外の地域にもニュースを流している。詳しくは、石田英敬他（2006）『アルジャジーラとメディアの壁』岩波書店を参照。

▷8　伊豫谷登士翁（2002）『グローバリゼーションとは何か──液状化する世界を読み解く』平凡社、39頁。

I　グローバル社会と異文化コミュニケーション

3　異文化交流の歴史

1　異文化交流が意味するもの

○戦争とのつながり

　まずここでは,「異文化交流」ということばから連想されるものは何か, という問いからはじめてみたい。おそらく, 留学生との楽しいひとときや, 多文化共生を意図した様々なプログラムのなかでの見知らぬ文化との出会い, といった経験を思い起こす人が多いのではないだろうか。自らの異文化体験の失敗談を思い出した人もいるかもしれないが, せいぜいその程度であって, それ以上の何かネガティブなイメージと結びつける人はそれほどいないような気がする。まして, 戦争とのつながりをイメージする人など, ほとんどいないのではないだろうか。ところが, 両者の結びつきは想像以上に強固である。

　例えば, 今でも多くの学者に引用されるルース・ベネディクトの『菊と刀』[1]は, 戦時中の敵国民, つまり「日本人」を知る必要があったことから書かれた本であった。一度も日本を訪れたことのない米国の文化人類学者であるベネディクトが, なぜここまで日本のことを理解できたのかという驚きの声とともに,「日本(人)とは○○である」とこの本によって「日本」および「日本人」が規定されたことのインパクトは大きかった。[2]

　異文化コミュニケーション分野のパイオニアといわれているエドワード・T・ホールもベネディクト同様, 文化人類学者で, 戦争とは少なからず関係が深い。彼は, 冷戦の只中で, 朝鮮戦争が起こった1950年代前半に, 米国国務省外交局で海外へ派遣される役人たちに「異文化」を教えていた。[3]ここでもやはり, 米国が対峙しなければならない相手を知る必要から, ホールの「異文化トレーニング」が求められたのだと思われる。[4]

　様々な地域へ派遣される米兵と現地の人びとが恋に落ち, 結婚するといったケースは数え切れないほど起こっている。太平洋戦争直後に日本にやってきた米兵と結婚し, その後米国に渡った日本人女性のことを「戦争花嫁」と呼ぶが, これも1つの例である。米国内の基地周辺に点在するアジア系の料理店や食料品店も, 米兵と現地人とのカップルが多いことを物語っている。そうした店の多くが, 米兵と結婚したアジアからの移民のためであったり, 移民自らが経営する店なのである。このように, 異文化交流と戦争とのつながりは, 昔から深かったのだ。

---

[1] ルース・ベネディクト／長谷川松治訳（1972）『定訳　菊と刀──日本文化の型』社会思想社.

[2] 廣田勝彦（2005）「未完のフィールドワーク──ベネディクトと『菊と刀』」太田好信＆浜本満編『メイキング文化人類学』世界思想社, 137-160頁.

[3] Rogers, Everett M. & Hart, W.B. & Miike, Y. (2002). "Edward T. Hall and the History of Intercultural Communication: The United States and Japan." *Keio Communication Review*, 24, 3-26.

[4] 彼の代表作で, 日本でも多く読まれている『沈黙のことば』は, その時の講義の内容がベースになっている。エドワード・T・ホール／國弘正雄他訳（1973）『沈黙のことば──文化・行動・思考』南雲堂.

○「貧しい地域」から「豊かな地域」へ

　さらに,「異文化交流」ということばがもつ双方向の流れという響きとは裏腹に,経済的に「貧しい地域」から「豊かな地域」へと人が移動する例が後を絶たない。戦前および戦後のまだ日本が貧しかった時代に,多くの人がペルーやブラジルといった南米の国々に移住し,逆に日本が経済発展を遂げると,外国から大勢の「出稼ぎ労働者」が日本に入ってきたのも,そのことを物語っている。日本国内に目を向けると,高度経済成長期に貧しい農村から都会へと冬の間働きに出る人たちや,集団就職で都会に職を求めてくる若者たちの姿があった。そこには,搾取する側とされる側という歴然とした力の差がある（X-5参照）。「異文化交流」という楽しそうなイメージとはかけ離れた現実がそこにはあるのだ。

2　地球村再考

○マクルーハンの幻想

　マーシャル・マクルーハンが唱えたメディア・テクノロジーの発達により地球全体のコミュニケーションが促進されるという「地球村」の理論も,「異文化交流」のプラスの面を強化する役目を果たしている。飛行機や自動車といった交通手段や,電話などの通信機器やPCの登場とともに,これまで人と人との関係を分断していた距離が,障害とはならなくなったというのだ。だが,新たなメディアの出現が,本当に地球規模での共同体を作りだしたのであろうか。村がもつとされる緊密な人間関係を築き得たのであろうか。「地球村」というアイデア自体が楽観的すぎるとすれば,そこで生まれるであろう「異文化交流」も夢物語となってしまう。

○地球都市（コスモポリス）の出現とこれから

　実際は,「地球村」というより,「地球都市（コスモポリス）」が生まれつつあるといった方がより正しいのかもしれない。「異文化交流」の歴史の一側面として,戦争とのつながりがあったように,そして経済的な力の差を前提としたものでもあったように,地球規模でのネットワークの流れもユートピアの構築へと単純に向かうことはない。地方から都市へ,力のない者からある者へといった流れの先には,格差の拡大による分断が生まれているのである（XI-1参照）。

　しかし一方で,これまでの国家や地域共同体といった枠にとらわれない何か別な関係を築こうとする動きが生まれつつあることも確かである。「草の根」の運動によるつながりの構築や,インターネット上でのコミュニティの創造など,これまで出会ったことのない他者との関係がそこで生まれ,今までにない「異文化交流」が可能となるかもしれない。

（池田理知子）

▷5　マーシャル・マクルーハン＆B・R・パワーズ／浅見克彦訳（2003）『グローバル・ヴィレッジ——21世紀の生とメディアの転換』青弓社。

▷6　エリック・M・クレーマー（2008）「『地球都市』の出現とコミュニケーション」伊佐雅子監修『改定新版　多文化社会と異文化コミュニケーション』三修社,95-116頁。

I　グローバル社会と異文化コミュニケーション

4　異文化への眼差し

1　「異文化」と名づける行為

「私は旅や冒険が嫌い」なのに，「いま私はこうして自分の探検旅行のことを語ろうとしている」という不思議な書き出しではじまる『悲しき熱帯』は，1950年代のフランスで幅広い読者の支持を受けた。フランスの文化人類学者であるクロード・レヴィ＝ストロースがブラジルで行なったフィールド・ワークを基に書いた「学術書」であるこの本が，それほど広く読まれたのはなぜだろうか。それは，自分たちの知らないブラジル奥地に住む部族との出会いが，彼独自の手法で興味深く書かれてあり，彼のその「異文化」体験に多くの人が引き付けられたからに違いない。「異文化」に対する憧れが，多くの読者をこの本へと導いていったのだ。つまり，レヴィ＝ストロースと読者は，一緒になって，自らの視点を基準に彼（女）らを「異文化」と名づけたのである。

だが，当時の彼（女）らを私たちは一概に非難することはできない。私たちも自分にとって〈知らない／わからない文化〉を「異文化」という枠組みに押し込んでしまっているかもしれないのだ。南米やアフリカの山奥に住む部族を訪ねるテレビの旅行番組を楽しんだり，「エスニック料理」やエキゾチックな雑貨を消費する私たちは，私たちにとっての「異文化」を自らの視点で定義している。クリフォード・ギアーツが言うように，「異文化」とは支配的文化に属する者の視点から観察されたものがそれとして記述されたものなのかもしれない。したがって，「異文化」が語られるときには，誰がそう名づけているのか，それをどのように語っているのかを見ていく必要がある。

2　「違い」に対する憧れと蔑視

E・サイードは，西洋社会が研究される対象として非西洋社会である「オリエント（東洋）」を表象することの暴力性を指摘した。研究され，描写される側の「オリエント」は，いわば西洋の植民地主義，あるいは新植民地主義によって支配される人びとなのである。サイードは，こうした「オリエントを支配し再構成し威圧するための西洋の様式」を「オリエンタリズム」と呼んだ（Ⅱ-7 参照）。

このようなオリエンタリズムと似た構造は，日本と他のアジア諸国との関係にも見出せる。日本がそうした国の人びとを「他者」として見てきたことは，あらゆるところで指摘されてきたのだ。例えば，中国や韓国，北朝鮮に対し，

▷1　クロード・レヴィ＝ストロース／川田順造訳 (1977)『悲しき熱帯（上・下）』中央公論社。

▷2　何が「エスニック料理」なのかを考えると，誰の視点によりそれが名づけられたのかが見えてくる。

▷3　クリフォード・ギアーツ／森泉弘次訳 (1996)『文化の読み方／書き方』岩波書店。

▷4　エドワード・サイード／今沢紀子訳 (1993)『オリエンタリズム（上）』平凡社，4頁。

戦後60年以上たった今でも正式な謝罪をしていない日本政府の態度や，マス・メディアによる中国や北朝鮮の報道のされ方などにこうした眼差しが如実に現われている。明治政府が掲げたスローガンである「脱亜入欧」もそうである。遅れたアジアから脱し，進んだ欧米諸国の仲間入りをすることをめざそうというのがこのことばの意味である。

アジア蔑視と欧米への憧れが反映されているこのスローガンだが，後半の「入欧」には複雑な力学が働いている。欧米の仲間入りをすること，すなわち自らがその一員となるということは，相手の視点を通して自らを見つめなおすということにもなる。しかし，結局は欧米人と同じようになることはできない。いくら西洋的価値観を受け入れ，西洋人のように振舞ったとしても，同じにはなれないのである。そうなると，自らを卑下するようになったり，逆に，日本的なものへと回帰し欧米的なものを忌避するような行動を取るようになるかもしれない。あるいは，他のアジア地域をさらに蔑視することでそのいらだちを解消しようとするのかもしれない。いずれにしろ，そこには憧れと軽蔑が複雑に同居しているのだ。

❸ 文化相対主義

西洋が自分たちの文化よりも勝っているのではないし，他のアジア文化が劣っているわけでもない，すべての文化は固有の価値をもっており，それぞれの文化をお互いに尊重すべきだ，と主張するのが文化相対主義である。多くの文化が西洋からの視点で「野蛮人」として描かれてきた反省を踏まえ，それぞれの文化の独自性を認める態度の必要性を文化人類学者であるフランツ・ボアズが説いたのが，このことば／概念の起源であるとされている。19世紀末から20世紀初頭にかけて登場したこのことば／概念は，画期的なものであった。

文化相対主義の意義は，自らの価値観や見方に捉われてしまっている私たちに反省を促し，他者が自分とは異なった存在であること，その他者と対話することが重要だということに気づかせてくれた点にある。つまり，文化相対主義は自文化中心主義からの脱却への可能性を秘めた考え方といえるのである。

しかし，この文化相対主義には様々な批判が加えられてきたことも確かである。例えば，すべての文化的価値を認めるとすると，割礼といったような女性の人権を侵害するような慣習も認めなければならないのか，といった議論である。また，文化相対主義には，規範，つまり私たちが当り前だと思い込み，それに従って行動しているものに対する批判力が弱い，という主張もある。そうした批判を1つひとつ吟味していくことはもちろん大切だが，太田好信が言うように，文化相対主義がもっていた批判力，つまりボアズが生きた世紀の変わり目に主流であった西洋中心主義からの脱却を意図したこの考え方のあり方から学べることは少なくない。

（池田理知子）

▷5 「アメリカ人類学の父」と呼ばれているフランツ・ボアズであるが，日本では彼の著作はほとんど翻訳されていない。

▷6 太田好信（2005）「媒介としての文化——ボアズと文化相対主義」太田好信&浜本満編『メイキング文化人類学』世界思想社, 39-65頁。

▷7 太田（2005）を参照。

Ⅰ　グローバル社会と異文化コミュニケーション

5　異文化コミュニケーションを学ぶことの意義

1　自分を知る，まわりを知ることの意味

○カテゴリーの現出

　クラスメートから突然，自分は「在日韓国人」だと告白されたとしよう。その瞬間，今までほとんど気にすることのなかった「日本人」というカテゴリーが目の前に浮かんでくる。まわりがすべて同じだと思っているときは，そうしたカテゴリーがあることすら意識することはないが，ひとたびその違いに気づかされるようなことが起こると，その境界が急に気になりだす。他者との違いによって，己を知ることになるのである。

　両者を分かつカテゴリーの存在自体も気になりだすかもしれない。「在日韓国人」あるいは「在日朝鮮人」であることを告白するという行為が何を意味するのか，「日本人」とは何を意味するのかを考えざるを得なくなる。また，告白する者にとってそれがどういう意味をもつのかを考えることで，自らの立ち位置が明らかになることもあるだろう。彼(女)の歴史的背景に思いが至るのか，[1]「在日韓国人」と「在日朝鮮人」の違いを生み出しているものに気がつくことが[2]できるのか，そうしたことが試されることになるのである。

○意識の眼差し

　私たちは五感を通して常に多くの刺激を受けとっているが，そのなかから自分が気になるものだけを選び取っている。しかも，この選び取るという行為は意識することなく行なわれる場合が圧倒的に多い。例えば，あるメロディをそれとして認識するのは，他の多くの耳から入ってくる音を無視して，あるかたまりをメロディとして意味づけるからである。つまり，そのかたまりにのみ意識が向くのであって，その他の音は音としてすら認識していない，いやその存在すら問題とならないのである。

　この意識を向ける，つまり気になるものを選び出すという行為は，別のことばで言うと，解釈するということである。私たちは何に〈意識の眼差しを向ける＝解釈する〉のか，自分でもわからないことが多い。しかし，これまでの自[3]分の経験がその選び出すという行為に反映していることは間違いないだろう。先のクラスメートの告白に対し，どこに意味を見出し，何を考えるのかは人そ

▷1　日本が朝鮮半島を植民地化した 1910 年以降，朝鮮半島に住む人びとの多くが，経済的に追いつめられ，その結果日本に来ざるを得なかったり，強制的に連行されたりした。戦後も，朝鮮半島の動乱などでその多くが日本に残った。

▷2　鄭暎惠は，「在日韓国・朝鮮人」とは「ある人びとをくくるカテゴリーとして，『日本人』によって考案された他称だ」とする。鄭暎惠（2003）『〈民が代〉斉唱――アイデンティティ・国民国家・ジェンダー』岩波書店，19頁。

▷3　エドムント・フッサール／渡辺二郎訳（1979）『イデーンⅠ――純粋現象学と現象学的哲学のための諸構想』みすず書房。

れぞれだし，これまでの経験がそこには深くかかわってくるはずだ。

2 グローバル社会に生きる私たち

○地平の限界と可能性

　私たちの経験とは主観的なものであり，またその経験に基づく解釈も主観的なものである。だからこそ，自らの発言や行為にはその人自身の意識が反映されるのだ。例えば，クラスメートの「在日韓国人」であるという告白に対し，「そうはいっても，君は日本人と変わらないじゃない」とか，「そんなこと気にする必要はないよ」といった反応をしたとしよう。こうしたことばには，「日本人」であることが「普通」で，君は「日本人」に見えるから心配しなくていいよ，といった意味が潜む。あるいは，彼（女）が背負ってきた歴史の重みを無視しているかのように受け取られかねない。つまり，自らの尺度でクラスメートのことを判断してしまっているのである。そんなつもりは毛頭なかったとしても，相手はそのことばに傷ついてしまう可能性が高い。

　私たちは，自らの見方に基づいて解釈することからはじめるしかない。つまり，自らの「地平」から逃れることはできないのだ。「地平」とは，過去の思い出や知識，感情，文化といった様々な経験が織り成す自らの土台である。私たちの見方を規制してしまうこうした「地平」があるからこそ，私たちは間違いをたびたび起こす。だが，他者との出会いは同時に私たちに新たな可能性も開いてくれる。自らの尺度で相手を見てしまったことに対し，クラスメートが悲しみや戸惑いの表情を覗かせたことを見逃さなかったとしたら，そこから自らの発言のおかしさに気づき，クラスメートと更なる対話が生まれるかもしれない。新たな視点，経験がそこに積み重ねられ，これまでの経験にも影響を及ぼすことになり，自らの「地平」がさらに広がっていくのである。「地平」とは，このように私たちの見方を規制すると同時に，新たな可能性も開いてくれるものなのだ。

▷4　池田理知子＆E・M・クレーマー（2000）『異文化コミュニケーション・入門』有斐閣を参照。

○世界と私

　グローバル化というすべてが流動的で波及効果があらゆるところに及びかねない，ある意味で予測不可能な世界に住む私たちは，自分がどこに立脚しているのか確認する必要性に迫られている。日常がグローバル化しているなかで，様々な他者との出会いがあり，自分は何をどう考えるのか，他者とどういう関係を結ぼうとしているのかを考えざるを得ないのだ。コミュニケーションとは他者との関係性であり，世界と私たちを結ぶものである。グローバル化のなかでコミュニケーションを考えていくことは，自分と異なる他者とどう関係性を構築していくのかを自らに問い続ける行為でもあるのだ（XI-7 参照）。

（池田理知子）

II 文化

1 文化を定義することの困難さ

1 抽象概念としての文化

　文化とは，自然に存在しているものではない。文化とは，集団生活を営む人間が，自然状態から解放されつつも，自然を利用し，自然とともに生きていくために後天的に学ぶものであり，同時代の人びとへ広まったり，次世代の人びとに継承されたりする認識や実践，あるいは創造的構築物である。

　しかし，こうした文化の定義はあいまいであり，突き詰めて考えれば考えるほど，文化が何を意味するのかわからなくなる。これは，つまり，文化には厳密で決定的な定義が存在しないということであり，意味を安定（確定）させることができないということでもある。これには，いくつかの理由が考えられる。

　まず，「文化」ということばが，「りんご」や「日の出」といったことばと違い，予め明確な差異や特徴，固有性をともなって立ち現われる事物や行為，現象に対して名づけられたことばではない点があげられる。むしろ，それは概念である。概念としてのことばは，物事や行為に意味や輪郭，存在感を与え，認識や眼差しの対象を存在させ，未決の問題を解決したり，それまで気づき得なかった問題を存在させたりもする。「文化」という概念も，そのように呼ぶことで，呼ばれた物事を，ある特定の意味をもつものとして存在させていく手段となる。

　つぎに，文化を語る語り手の企図が多様であるため，文化が何を意味するのかも必然的に多様となる。これが，文化の定義をさらに決着つけがたいものにしている。ある者は，捕鯨は食文化だといい，別の者は，捕鯨は違法行為または倫理的に逸脱した行為だという。つまり，ある特定の企図をもって文化が語られるときの意味は，その語りの文脈によって決まるだけでなく，その文脈が多様であるため，文化の意味を決定できないのである。

　そして，文化の意味をさらにむずかしくしている要因として，その多様な定義の多くが，集団的思考習慣や話し合いのスタイルを含めていることである。そもそもことばを定義してから議論を進めていくという行為自体が集団的思考習慣すなわち文化なのである。つまり，文化は定義の対象でありながら，同時に，定義するという行為習慣そのものでもある。

2 文化の多様な定義を知ることの大切さ

　このように，決定的な文化の定義を発見していくことは困難であるが，それ

にもかかわらず,「文化」ということばがどのように定義され,その定義行為がどのような変遷を辿ってきたかを知り,そこに参加していくことは決して無意味ではない。なぜなら,文化の定義の変遷,複数性,および定義同士の関係性を考えることは,人間の創造的かつ政治的営みの意味とその複雑性について考えることになるからである。

したがって,文化の定義を確定しがたいからといって,それを放棄・断念してしまうのではなく,こうした困難さの事情や背景について検討していくことが大切であろう。しかし,これは,異文化コミュニケーション研究者や文化人類学者のような文化にかかわる「専門家」のみに与えられた特権的な仕事ではない。たしかに,C・ギアーツのような一部の文化人類学者は「文化の番犬」と自称し,文化の定義に携わる仕事を占有しようとしたこともあった。

▷1 クリフォード・ギアーツ／吉田禎吾＆中牧弘允＆柳川啓共訳(1987)『文化の解釈学〈1・2〉』岩波書店,などがある。

けれども,文化の名の下に様々な政治的思惑がその政治性を隠蔽したり,必要以上の共同体的アイデンティティ形成を求めたりする現代社会に生きる人びとにとって,文化がどのような意味で語られ,それがどのような別の意味と対立し,その力関係によって,どのような共通認識が支配的なものとなり,それがどのような共同体的利益や弊害を生み出すのかを考え発言していくことは,社会参加者としてのコミュニケーターにとって,重要な実践になるであろう。

3 文化の定義論争に参加することの必要性

まず,文化とは,それが指し示す対象がそのように呼ばれることを待っているかのように予め存在するものではない,という認識が必要である。つまり,ある事物や現象,イメージや行為・行動が文化ということばによってある特定の意味で語られ,そのような意味として存在感を醸し出すようになる文化の語り方がどのような社会的・政治的意味をもつのかを考える必要がある。

つぎに,文化の意味を定めようと努力することは不可能でも無意味でもないし,実際,多様な定義が提唱されてきたが,それを厳密で決定的なものに収斂・確定していくことは困難であることを認識すべきである。ただし,それが困難であるからといって,放置しておけばよい,すなわち色々ある定義を多様なまま維持あるいは傍観すればよいというわけではない。なぜなら,多様な定義同士が政治的な力関係を取り結んでおり,この力学や関係性を読み解くことこそが,文化や異文化の語りの政治的意味を読み解くことに他ならないからである。

最後に,人間すべてにかかわる概念であり,実際,人口に膾炙している「文化」ということばの意味を定めようとしてきた歴史を知り,そこに参与していくことは,複雑な現代社会の文化現象と密接にかかわるコミュニケーションの諸問題に気づく感性を高めることにもなる。現代を語るうえで,「文化」は重要な鍵概念の1つであり,それゆえ,文化の定義をめぐるプロセスにおいては,現在を生きる人間すべてにとって重要な問題が提起されているのである。　　　　(板場良久)

II 文化

2 文化とコミュニケーション

1 文化とコミュニケーションの関係性

　異文化コミュニケーション研究にかかわる場合，文化とコミュニケーションという2つのことばは最も基本的な概念であり，それぞれを別個に理解するだけでなく，それぞれがいかなる関係を結んでいるかを把握することが必要である。
　この2つの概念の関係を論じる際の視点（可能性）は，主に2つある。1つは，文化とコミュニケーションは相互に関係しているという視点である（II-6参照）。もう1つは，文化とコミュニケーションは重複または相即不離の関係にあるという視点である。以上の2つの視点は厳密に分類されるものではないが，ここではこれらを異なるものとして概説しておく。

2 相互関係としての文化とコミュニケーション

　まず，文化とコミュニケーションは相互関係であるという主張は，文化はコミュニケーション行動に影響を与え，同時にコミュニケーションは文化の生成や維持に影響を与えるという発想である。さらに，相互的な影響過程として文化とコミュニケーションを捉える場合でも，どちらか一方向の影響関係を強調する場合が多い。文化がコミュニケーションに影響を与える関係を重視する場合，コミュニケーターの「文化的背景」という表現が多用される。子どもが親の教育を受けて育つように，文化がその構成員にコミュニケーションのあるべき姿を教育すると考えるのである。したがって，この側面を重視する論説は，親が尊敬されるべき人格であるように，文化は重んじられるべきであるという立場，すなわち自文化尊重という政治的に保守的な立場との親和性がある。
　一方，コミュニケーションが文化に影響を与える側面を強調する場合は，文化を共同体の営為が生み出した産物とみなし，その結果，文化は共同体にとっての象徴であり，その構成員のアイデンティティやプライドの源泉として構成員に還元されると捉える。この場合も，自文化というものを特定し，それを大切なものとして保持していこうとする立場との親和性があるが，それに批判的・革新的な立場へつながることもあり得る。すなわち，文化がコミュニケーションの結果であれば，文化をコミュニケーションによって問題化し，修正し，作り直せるという発想や，あるいは，これまでの文化への反省から独創的な文化を新たに築き上げる動きを起こせるという発想につながり得る。

しかし，従来の異文化コミュニケーション論では，文化をコミュニケーションの産物と捉えるよりも，文化がコミュニケーションに影響を与える側面を強調する場合が多い。したがって，相互関係であると言いつつも，「文化的背景」の異なる者同士がコミュニケーションを行なう際には，相手の「背景文化」を理解しておく必要があるという主張のみが強調・反復される傾向がある。

こうした従来の発想に基づく諸々の異文化論は，馴染みのない地域や人間関係に移動しようとしている「新参者」にとって，不安解消の手がかかりを提供してくれるというメリットがある一方で，問題もはらんでいる（Ⅷ-2 参照）。

まず，コミュニケーションを行なう自分たちを育んでくれた文化とは，敬意をもって理解されるべき対象であり，「子ども」や「異質な他者」を含めた「新参者」は文化の価値や要請を知り，それを身につけていくべきであるという「適応」の思想と結びつきやすい。外部からの移住者には自他（内外）の区別が強く求められる。このため，その前提となる自他の区別を可能にする線引きの政治に加担するため，こうした要請に批判的な者は，排他・差別・罵倒・無視などの対象となる。そのとき文化は，コミュニケーションを規定する主要因であるよりも，境界化の政治的手段と化す。

また，そもそも相互関係という位置関係は，文化をコミュニケーションの外部に置くことになり，説明上のわかりやすさは得られるものの，そこから生じる問題もある。それは，文化がコミュニケーションの外部に位置し，相互の関係にあるという前提で語ること自体が，文化がコミュニケーション（言語的・記号的交換など）の内部にしかないことを暗示してしまうという矛盾である。

③ 重複または相即不離の関係

このように，文化とコミュニケーションが相互関係にあると反復的に語り，そのイメージが広く受容されると，結果として，文化がコミュニケーションの外部にあるように思えてくる。しかし，この誘惑に負けず，文化とコミュニケーションは重複または相即不離の関係にあると捉え直せる可能性もある。

この考えに基づくならば，文化は語られることで初めて存在感やリアリティをもつものである。文化はコミュニケーションから独立しつつ相互依存する関係にあるのではなく，コミュニケーションによって，コミュニケーションのなかで，それと共時的に，そのつど生命が与えられる記号的なものである。

したがって，今後の異文化コミュニケーション論の課題は，単に自分や他者が置かれている「文化的背景」に関する理解を深め，それに基づいたコミュニケーションの方法を探ることではない。むしろ，「文化」ということばがどのような意味・文脈・思惑で用いられ，それによってどのような共同体的行為や微妙で気づきにくい排他的行為が遂行されようとしているのかを考察するための鍵概念として「文化」に注目することが大切になるであろう。　（板場良久）

II 文化

3 「生活様式の全体」としての文化

1 現代における「生活」とは何か

　文化を生活様式との関係で捉えていく場合，まず，生活とは何であるかを考えておく必要がある。生活とは，生きていくための活動（vita activa）である。ハンナ・アレントによれば，それは労働・仕事・活動の3つを指し，これらすべてにかかわることで人間は人間的な生を営むことができるという[1]。

　また，別の側面からみれば，生活は経済（エコノミー）や政治（ポリティクス）と関係する。「エコノミー」とは，古代ギリシャ語の「オイコス」（生存のための家計）と「ノモス」（法則）の合成語から派生したことばで，「ポリティクス」とは，やはり古代ギリシャ語の「ポリティコス」を語源とし，「ポリス」に関することを審議する行為を意味していた。したがって，ポリスの男たちはオイコスとポリスを行き来する生を営んでいた[2]。

　しかし，現代の資本主義社会では，エコノミーは生存のための家計という意味を超越し，社会と呼ばれる領域で提供する労働力の対価を給与として稼ぐ仕組み全般を意味することばとなった。また，ポリティクスは職業化され，構成員による直接的なポリス運営を意味する以上に，「政治家」と「行政官（官僚）」に占有される専権的な活動領域を意味するようになった[3]。

　その結果，多くの人びとにとっての生活とは，政治と経済を行き来するというよりも，家庭と職場を行き来すること（すなわち経済圏内での動き）のみを意味するようになった。そして，政治は，生活としての経済活動を管理する特権的地位を維持しているというのが現代社会の特徴である。

2 「生活のあり方」としての文化

　生活観察を重視するレイモンド・ウィリアムズは，これまでの文化の定義のされ方に注目しつつ，「理想としての文化」「記録されたものとしての文化」「生活のあり方としての文化」という3つの捉え方に言及している[4]。このうち「生活のあり方」が「生活様式の全体」に対応する。生活を文化の発現の場として観察することの利点は，理想ではなく実態に迫れること，そして，記録されたものではなく，記録されていない日常・非日常の出来事を記述・分析できることにある。

　この研究スタイルは生活観察者の目線から多様な記述を導き出してきたが，

[1] ハンナ・アレント／志水速雄訳（1994）『人間の条件』筑摩書房。

[2] ただし，女や子ども，奴隷はポリスのメンバーではなかった。

[3] マックス・ヴェーバー／脇圭平訳（1980）『職業としての政治』岩波書店。注意すべきは，このなかでヴェーバーは，政治は職業としてのみ存在すると述べているのではないということである。

[4] レイモンド・ウィリアムズ／若松繁信他訳（1983）『長い革命』ミネルヴァ書房。

そのなかで一貫しているのは，まず，現在の生活者の観察を中心とすること，つぎに，その観察を通じ，過去に存在した人びとの生活様式も推察すること，そして，それらの社会生活のあり方を記述したものを文化として理解するということである。このような生活観察を通して立ち現われる文化とは，伝統芸能や芸術作品のように人間が特定の企図を意識しながら創作した作品ではなく，日常的・非日常的な実際の社会生活全般にかかわる様々な仕来たり・ルール・制度および生活習慣のなかに存在するものを指す。

このような文化の分析は，人びとの生活で現実に起こっていること，すなわち記録に残りにくいものを文化として観察する意義を認めた考察である。

3 生活観察から文化を知る限界

しかし，この分析には限界もある。まず，文化を生活の観点から記述するということは，観察という経験に基づいた記述であり，生活の違いというものは経験的に多様に観察されるという点がある。つまり，それらの違いを文化の違いとして本質化し，さらにそれを決定的な違いとして判断・記述してしまう傾向がある。例えば，長い昼休みに昼寝をしたりする生活習慣などの観察から，それとは経験的にまったく異なる生活様式を本質的な文化の違いとして決定づけてしまうことがある。しかし，自分の置かれた環境で昼休みがいつも短いからといって，それが本質的に勤勉な文化である根拠にはならない。なぜなら，実際には，仕事中に休息を表に裏に断続的にとっていることもあるからである。

また，観察されない生活にも文化の重要な機能（例えば文化の排他性）があるとする視点を欠いている。何らかの理由で生活を見られたくない者，最低限の生活水準を下回る生活を強いられている者——こうした生活者は，観察記録から漏れ落ちる可能性が高くなるだけでなく，文化がないとか文化的生活を送っていない人びととして暗示されることもある。したがって，観察された生活のみに基づいて，そこに発見されたものだけを文化と決定することに問題はないかという問いも大切である。

そして，そもそも，文化が生活様式に現われるという発想自体が問題となり得る。なぜなら，ある生活習慣が文化であるという理由で正当化され，その生活習慣がたとえ改善されるべきものであっても，文化の名の下にそれが維持されるべきだという言説に力を与えないとも限らないからである。つまり，こうした文化に関する記述が，生活に関する問題を文化の名の下に隠蔽または抑圧してしまうこともあり得るし，そのような文化なのだから仕方がないと何気なく諦めさせる保守的な機能を果たしてしまうこともあり得る。

したがって，文化を分析する目的で生活様式に注目した記述を行なう場合でも，生活様式の可変性や状況的な不可視性を視野に入れた文化論の展開が必要となることは明らかである。

（板場良久）

II 文化

4 「闘争様式の全体」としての文化

1 区別から融合へ向う途中

　コミュニケーション，とりわけ異質性を視野に入れた異文化コミュニケーションの研究においては，考察を単純明快な比較文化論の記述に変換していく本質主義的志向性をステレオタイプ促進の思想として拒絶し，異文化コミュニケーションの複雑性を正面から受けとめ，それを前面に出す動きが広がりつつある。特に自己のアイデンティティ形成が国民文化によってなされるといった単純で一義的な前提を否認している。こうした動きは，国民国家を一枚岩のような文化として理解してしまう従来の異文化コミュニケーション論への批判に起因するものである。また，そうした批判は，これまでの異文化コミュニケーション論が，文化的アイデンティティは同質的・平和的・調和的でなければならないという強迫観念によって知らぬ間に基礎づけられてきたためであるという考察にも基づいている。[1]

　こうした複雑性を認識した新たな異文化コミュニケーション論における鍵概念は，文化的アイデンティティのハイブリッド性や流動性，あるいはそれに類することばである。[2]

　このような議論展開において，自己／他者や自文化／異文化のように境界化する従来の二項対立的視点は，多文化混交環境における自他の融合という視点に移行しつつある。この新たな視点の利点は，異質な他者を異質なものとして固定したうえで理解するのではなく，自己は他者でもあり得たという「偶有性」によって自己主体から他者主体への想像的移動を可能にすることの重要性の提言とも通底する (Ⅲ-6 参照)。[3] 自分は自分が異質だと思っている他者でもあり得たという想像力は，固定された自己領域を越境して行為する主体性（エイジェンシー）を自己に取り込ませるのである。

2 せめぎ合いの場としての文化

　こうした新たな展開において注目すべき概念に「闘争の場としての文化」という立場がある。これは，文化とは闘争の場であり，文化にかかわる研究はその闘争様式の分析であるというものである。この概念を推進するJ・マーチンとT・ナカヤマによれば，闘争の場としての文化とは多様な意味とその解釈がせめぎ合う磁場であり，そこには常に支配的な力が働いている。[4] そのため，そうした力が

▷1 Thurlow, Crispin (2003). *Relating to Our Work, Accounting for Our Selves: The Autobiographical Imperative in Teaching about Difference*. Keynote paper presented at the 4th annual IALIC conference, Lancaster Univ., 16 Dec. 2003.

▷2 英語で書かれた異文化コミュニケーション論においては，例えば，「文化間 (between cultures)」という表現は，「どっちつかずの文化間 (betwixt and between cultures)」という表現に取って代わろうとしている。

▷3 東浩紀＆大澤真幸 (2003)『自由を考える——9・11以降の現代思想』日本放送出版協会。

▷4 Martin, Judith & Nakayama, T. (1999). "Thinking Dialectically about Culture and Communication." *Communication Theory*, 9, 1-25.

様々な文化的状況でどのように機能し，そのなかでコミュニケートする人びとが支配的な力にいかに抵抗できるかを考察していくべきであるという。

文化にかかわる闘争には，組織的なものと内面的アイデンティティをめぐるものがある。共同体間における支配と抵抗の緊張関係は，組織的な文化闘争の典型的なものである。その最も大きなものが，戦争に発展し得る宗教闘争であろう。共同体間の闘争関係には2つの次元がある。1つは対抗関係で，もう1つは論争関係である。対抗関係の次元に発展している場合には，コミュニケーションの可能性すらないことが多いが，論争関係の場合は異文化コミュニケーションの実践の場そのものである。したがって，論争関係は，対話的交渉や議論コミュニケーションの問題としても引き受けることができる関係である。

例えば，キリスト教徒とイスラム教徒の間で起きた宗教戦争のような対抗関係に至らない次元の宗教論争というものがある。この宗教論争には，イスラム教徒がキリスト教徒に敵対心をもっているという主張や，それは偏見・ステレオタイプであるという主張，あるいは，そもそもイスラム教自体がユダヤ・キリスト教の神の恩恵対象から排除された人びとを救済し力を与えるためにできた教えであり，それゆえ敵対的にならざるを得ないという主張が混在する議論闘争が有名である。

3 アイデンティティをめぐる闘争

文化は構成員のアイデンティティを形成し，形成されたアイデンティティの意識が反復されることで文化はその拠り所として維持・継承される。しかし実際には，そのような単純な相互作用ではなく，特にヒト・モノ・情報などが多様化しつつ移動する世界状況では，アイデンティティは安定的・同質的・単一文化的であるよりも，キメラ的・可変的・流動的である。

また，資本主義社会においては，変動する経済環境と切り離すことのできない所属先に対する帰属意識も変動する。こうした状況下では，構成員が永続的で安定的な帰属意識をもって所属する会社や国家を信頼していることは稀である。むしろ，帰属意識は状況に応じて意識されるに過ぎず，例えばスポーツの国際試合の時期になると国民文化的な帰属感を覚えるが，別の状況では疎外感を感じたり，「本当の自分」（の帰属先）が何であるかを模索したりしているという状況が常態化している（Ⅶ-10 参照）。こうした文化的状況は闘争の一種であるが，意味としては「心理的葛藤」や「もがき」というものに近い。

また，自己の不確定なアイデンティティのみならず，他者のアイデンティティも含めたアイデンティティを確定する「言語の政治性」に関する議論も行なわれるようになった。これは，言語活動が同質性と異質性を生み出す結果，当事者に違和感・抵抗感を覚えさせ，もがき・闘争状況を招くという点に注目しており，今後も重要なテーマであり続けるであろう。

（板場良久）

▷5 もちろん，組織間の闘争と個人の内面的闘争とを切り離すことはできない。例えば，宗教闘争においては，常に信者個人が自己確認（自分は何に仕える存在かという問い）を含めた内面的アイデンティティ闘争をともなう。

▷6 ギリシャ神話のキマイラという生物に由来する語。生物学では，1つの個体内に異種の遺伝情報をもつ細胞が混在していることを表わすが，一般的には，由来が異なる複数の部分から構成されている状態を表わす。

▷7 板場良久（2009）「政治の言語と言語の政治性」岡部朗一編『言語とメディア・政治』朝倉書店，139-165頁。

Ⅱ 文化

5 高級文化と低俗文化

① 高級文化と低俗文化のダイナミックな関係

　最初に気をつけなければならないことは，これは，かつての「文明と野蛮」という対立軸が「高級文化と低俗文化」に変換されたのではないということである。「高級文化と低俗文化」は通常，共同体内の階層対立の動きのなかから生じたものだからである。したがって，この2つがどのような内部対立的なプロセスを経て存在するようになり，その関係はどのような現在的意味をもつに至ったのかという考察が必要である。

　まず，低俗文化であるが，これはポピュラー・カルチャーの蔑称である。ポピュラーとは，多くの人びとを惹きつける，あるいは，一般大衆としての人びとの利益・関心に応じる，という意味である。そして，一般大衆の人びとを表わす「ピープル」と「ポピュラー」という2つの語が同じ語源から派生したものであるように，ポピュラーとは一般大衆に主体性を与えることばでもある。

　欧米が産業化する19世紀になると，特権階級のエリートたちは，都市部に集まり独自の文化を創設しはじめた「ピープル」をいかに支配・主導していくかについて悩んでいた。また，エリートたちは，「ピープル」が，産業化・都市化によって生まれた無教養な中産階級に導かれようとしている様子を懸念した。▷1

　こうした不安なエリートたちは，大衆を導くべきものは高級文化でしかあり得ないという理想を掲げており，したがって，「ポピュラー」ということばを，低俗な，安っぽい，堕落した，望ましくないという否定的な意味で用いることで，都市部の新興中産階級が率いる低俗文化としてのポピュラー・カルチャーを批判した。彼らは同時に，都市化によって民俗文化が衰退していく様についても，郷愁的なもの，嘆かわしいものとして感受していた。

② 資本主義と大衆文化（マス・カルチャー）の勃興

　ここで，しばしば混同されるポピュラー・カルチャーとマス・カルチャーの違いについて触れておきたい。なぜなら，この関係はポピュラー・カルチャーを低俗なものとして捉える高級文化を語るうえで欠かせないものだからだ。

　フランクフルト学派の分析によると，資本主義原理に基づいて産業が発達すると，文化が産業化され，交通網と情報通信網（マス・メディアなど）が発達した。こうした発達は，同質・同種の製品や情報を消費する巨大な大衆を形成し，▷2

▷1　こうした懸念や不安を最も雄弁に表現したマシュー・アーノルドの『教養と無秩序』（岩波書店，1965年）は，とりわけ有名である。

▷2　フランクフルト学派は，主に，ナチス・ドイツを逃れて渡米した社会理論研究集団で，社会適応ではなく社会変革に重きを置いた研究実践を行なった。

その一方で，ローカルで継承伝統的な民俗文化を消滅させていった。

資本主義は，また，人びとの労働時間だけでなく余暇も市場原理によって管理・包囲した。その結果，資本主義的なもの以外の経験をもたない大衆が生まれ，こうした人びとは資本主義を批判することさえ困難となった。

このような状況において，それまで高い教養がないと理解し味わうことのできなかった高級文化が手軽なものに成り下がり，教養などなくても大衆が容易に触れることのできるものとなった。モナリザ像の複製は大量に出回り，モーツァルトの音楽はデパートの店内でも聞けるようになってしまった近現代社会において，資本主義を批判する拠点となり得た高級文化の多くは，民俗文化と同様に，急速に消滅の一途を辿り，それと反比例する形で，マス・メディアとマス・プロによるマス・カルチャーが社会生活を基礎づけるようになった。

③ 低俗だがポピュラーな文化の可能性

このように，マス・カルチャーは，労働と余暇，職場と家庭を行き来する大衆を産業・消費構造の秩序維持にとって都合のよい「従順な大衆」を形成する装置となった。そして，その秩序にとって都合の悪い人びとの個別的アイデンティティを否認しながら，大衆をその構造のなかに組み込もうとしてきた。

しかし実際の大衆は，そうした産業資本主義の構造のなかに組み込まれながらも，それを従順に受け入れてきたわけではない。なぜなら，産業・消費構造に取り込まれる際に否認された個別的アイデンティティの痕跡が必ずいくつか刻印されているからだという。

マス・カルチャーは，大衆に消費されることを意図して生産される文化である。一方，ポピュラー・カルチャーの側は，それを自分たちの都合によって，とりわけ自分たちの個別的アイデンティティを保護したり強めたりするために，マス・カルチャーからの提供に応じながらも，独自のやり方で選び，ツイストしていく。大きな興行収入を目論んで作られた数々の映画を，大衆の多くは映画館ではなく格安セール日のレンタルDVDなどで観ることも増えた。テレビ番組も，録画技術の発達を逆利用し，録画しておいたものの見たいところだけを選び出し，コマーシャルは飛ばし，極端な場合であれば，1.5倍速以上でドラマを見終えてしまい，テレビを消して，それ以外のことに時間を使うのである。

要するに，高級文化に低俗なものというレッテルを貼られたポピュラー・カルチャーは，高級文化をも衰退させたマス・カルチャーの産出物を逆利用しながら，資本主義的経済構造で否認されがちな個別的アイデンティティを保持することで，自己が文化のなかで生きていく主体の力を温存・発揮していると考えることができるのである。したがって，ポピュラー・カルチャーの研究は，こうした大衆の抵抗力をいかに引き出していくかにも関心を払うことになる。

（板場良久）

▷ 3　ジョン・フィスク(2001)「ポピュラー・カルチャー」フランク・レントリッキア＆T・マクラフリン／大橋洋一他訳『続：現代批評理論——＋6の基本概念』平凡社，11-41頁。

II 文化

6 文化志向 vs コミュニケーション志向

1 複数の関係性と志向性

　文化とコミュニケーションは相互関係にあるといわれてきたが，II-2 で述べたように，重複あるいは相即不離の関係にあるともいえる。つまり，志向の決定や表明そのものが文化でありコミュニケーションである。文化志向であると表明しても，文化の存在はコミュニケーションなしでは認知されないし，コミュニケーション志向であると表明しても，志向性の表明という言語行為自体が文化以外の何ものでもないのである。

　しかし，文化とコミュニケーションがたとえ相即不離であっても，それぞれの志向性を同じものの別側面と捉えることは可能である。また，それぞれの志向性をみていくことは，それぞれがどのような課題に価値を置き，それがどのような実践と結びつくのかを示唆するため，無意味なことではない。

2 文化志向

　異文化コミュニケーション研究において，文化を志向する場合，従来であれば，予め異質であるとされている人間集団の習慣やその背景すなわち歴史や宗教，制度などを中心に調べることを意味する。また同時に，自分たち自身の習慣やその背景を調べることも行ない，異質な他者の文化と比較する。

　しかし，文化を複数の相反する解釈・アイデンティティ・欲望などが交錯する闘争の場と捉える場合，そうした闘争を引き受けているコミュニケーターたちの言行よりも，コミュニケーターたちを管理する（育て導く）ときの力関係に注目する研究を志向することになる。例えば，都会の公園のような文化施設を考えてみよう。この公園を文化志向で分析する場合，この施設がどのようにコミュニケーションが促進するような構造になっているかに注目して，その価値を文化として記述するかもしれないし，それまでその地域の文化的価値として記述されたものがあるならば，それとの整合性をみていくことになるだろう。

　また，批判的にアプローチをするのであれば，その公園のベンチにパイプで凸部が設けられていることに注目し，ホームレスがそこに寝そべるのを不可能にする管理の意味を考えるかもしれない。あるいは，砂場を取り囲む柵に注目することで，そこで遊ぶ子どもたちが犬猫の糞尿交じりの砂で汚れないよう管理していることを問題化するかもしれない。したがって，こうした考察から，

▶1　ベンチの例も砂場の例も実際に東京都内の公園で行なわれはじめている対策である。

共生文化とは名ばかりであり，この公園構造が示すように，実際には，「自分たち」にとって望ましくない人や動物を隔離しておくことを重視する文化であることを看破する文化研究の実践が生まれるかもしれないのである。

③ コミュニケーション志向

　一方，コミュニケーション志向の研究を行なう場合，記号を操り記号に操られるコミュニケーターおよびその記号が考察の対象となる。例えば，従来の異文化コミュニケーション論者が，前述の公園でのコミュニケーションを観察する場合，ベンチに腰掛けている人たちにインタビューするかもしれないし，詳しく行動パターンを観察するかもしれない。そして，そこに「外国人」のような，言語的・視覚的に異質にみえる人びとが集まっていたら，さらに注目度は高まるに違いない。あの外国人の親子は，どのように公園を利用し，そこで，どのように子育て（しつけ）をしているかといった問いをもちながら，自分の馴染みのある親子のコミュニケーションとの違いをよく観察し，例えば親が子どもに投げかけることばや子どもの背負い方，スキンシップのとり方などで異質にみえるものがあれば，それらを中心に記録するかもしれない。

　しかし，異文化コミュニケーションにかかわる事象に批判的なアプローチで臨む場合，先ほどの批判的文化志向の場合と同様に，その公園の対象となる利用者がどのような人びとで，その企図がどのようにコミュニケートされているかを探る一方で，その公園がどのような人びとを異質な他者として排除の対象としているのかを，「不在者」が誰であるかを想像することで洞察するであろう。

　また，そうした批判的な観点から，その公園の利用者たちの会話に注目することもあるだろう。その場合，例えば，公園の利用者の会話観察やインタビューなどを通じて，その公園について，どのようなことばが多く聞かれ，どのようなことばがほとんど聞かれないかに注目するかもしれない。その結果，この公園が「綺麗」「安全」「安心」といった類の表現が多く聞かれる一方で，「臭い」「見苦しい」「汚い」「哀れ」「危ない」「心配」といった類のことばがほとんど聞かれず，たとえ聞かれたとしても，「昔は危なかった」という表現であることに最大の関心を寄せるであろう。

　そのとき，ここでの異文化コミュニケーションは「外国人」のコミュニケーションを意味するものではない。公園という場が，誰が異質な他者であるかを暗示し，どのように排除していくかを探っていくことになるからである。

　このように，文化志向とコミュニケーション志向は，焦点の違いはあるにせよ，2つの志向性を横断する志向性が複数あるという点も忘れてはならない。つまり，どちらの志向性で考察を行なうにせよ，文化はコミュニケーターの背景にあるのか，相即不離の関係にあるのか，批判的態度でアプローチするのか，といった問いをもたなければ，立脚点は定まらないのである。　　（板場良久）

II 文化

7 文化と権力

① 異文化コミュニケーション研究における権力論

　文化と権力の関係を知ることは，比較的まだ新しい学派である「批判的異文化コミュニケーション研究」を理解するうえでも必要不可欠である。この学派を率いるJ・マーチンとT・ナカヤマによれば，そもそも批判的な研究の根幹となる実践面では，まず，文化と権力の交錯する様子に照射することが基本となる。そして，そのような研究実践においては，単に人間の行動パターン（の違い）を理解するだけではなく，日常的にコミュニケーションを行なっている人びとの生活全般を変えていくことが目標とされなければならないという。

　権力は文化を通して生活を管理しようとする。生活を管理することで，生活の影響を受ける意識も管理する。例えば，引きこもろうとする意識は，働かなくては生きていけない劣悪な生活環境にある人びとには生じないという。よって，引きこもりを望ましくないものと意識する文化は，生活の経済状況と密接にかかわっているし，またそのような意識が支配的になるのは，そのようなものを望まない権力が作用している結果であることは明らかである。

　文化が権力と何らかのかかわりをもっているという認識は，我々を文化の政治性について考察する段階へと導く。一方で，異文化コミュニケーションを勉強することは政治的ではないし，また，そうであってはならないと考える人も少なくなかった。しかし，そのような立場表明そのものが，そうでない立場と弁証法的な関係を取り結んでいることになるため，政治的なのである。また，文化は政治的ではないという立場表明は，文化ということばの使われ方が，文化の政治性を隠蔽する機能を果たしてきたという主張を裏づけるものでもある。

　文化と権力の関係を指摘したE・サイードは，まさにこのことを問題にしてきた。サイードによれば，文化ということばの使われ方がその政治性を不可視なものにしてきたが，実は，文化を語る立脚点そのものが政治的であり，文化を理解しようとする者は，その立脚点から自由になれないと主張した。

　以下，「オリエンタリズム」と「白人性（ホワイトネス）」という2つの例をあげて，こうした関係の輪郭をさらに明確にしておきたい。

② オリエンタリズム

　オリエンタリズムは，西ヨーロッパに不在の東洋文化に対して抱かれた好奇

▷1　J・マーチンとT・ナカヤマらが推進する学派で，従来の異文化コミュニケーション論の再検討を，批評理論・文化研究・メディア研究・レトリック研究といった複数の領域を横断・融合する形で遂行している。

▷2　Martin, Judith & Nakayama, T. (1999). "Thinking Dialectically about Culture and Communication." *Communication Theory*, 9, 1‒25.

▷3　エドワード・サイード／今沢紀子訳 (1993)『オリエンタリズム（上・下）』平凡社。なお，原書の出版は1978年である。

心などを意味することばであったが,サイードの『オリエンタリズム』(1978年)によって,東洋の地域や民族などを気づきにくい仕方で見下す西ヨーロッパの傲慢さを指すことばとなった。また,そもそも「オリエント(東洋)」とは,西ヨーロッパによって作られたイメージであり,その諸々の文化活動の至るところにみられるが,しばしば西ヨーロッパの優越性や,欧米の帝国主義の根源の構成要素にもなったとされている。したがって,それまで一見すると客観的であるかに思われた「東洋的なもの」のイメージが,西ヨーロッパの歴史記述を通して「オリエント」に押しつけられたものであるという認識が可能となった。

こうした押しつけは,政治的に無色中立であるはずがなく,それどころか西洋思想や価値体系の構造を築く権力の作用に他ならないという認識が示されたのである。つまり,このような「オリエント」を「異質な本質」をもつものとしてイメージ化する権力関係の効果として,「東洋文化」の不気味さなどが欧米人に感得されているのだという。総じて,サイードによって展開されたオリエンタリズム論が示唆することは,文化は,これまで政治的に無色中立的であるかのような取り扱い方をされてきたが,実際には政治的(地政学的)であり,その力関係は,地域文化なるものをある特定の方向で色づけ,格づけ,特定の眼差しや偏見を生み出す磁場であったということであろう。

③ 白人性(ホワイトネス)

米国の白人性に関する研究と議論は,文化を支配する権力がどのような性質のものであるかを知るうえで,重要な手がかりを提供してくれる。白人性とは,日常的な表象行為のなかで構造的に「普通」や「正常」を再生産する白人中心の規範であり,その表象のなかでは白人が中心であることにすら気づかないほど「当たり前」の光景をもたらす主要因となっているものである(X-4参照)。したがって,例えば,いかに白人中心に作られたテレビ番組であっても,「見慣れた普通の光景」であるがために,人種差別として告発されないどころか,むしろ自然な形で受け入れられてしまう。

映像における白人性の議論でしばしば引用されるリチャード・ダイアーによれば,「普通」かどうか判断する必要すら感じさせないほど自然に思える規範こそが白人性の現われであることを看取することで,「普通」も構築されたものであることを示せるという。ダイアーは,また,有色人種をカテゴリーとみなす白人中心の文化では,白人だけが,様々な場所に存在するためにカテゴリー化できず,よって,白人が分析や把握の対象にならないと主張した。[4]

このように,どこにでも存在するがために,逆に不可視であった白人性が正常化され規範化された形での支配的権力が維持されてきた。したがって,白人性研究が示唆することは,支配的権力が「正常」で「普通」に思える表象行為のなかでいかに維持されているかを看破することなのである。　(板場良久)

▷ 4 Dyer, Richard (1988). "White." *Screen*, 29(4), 44–65.

Ⅲ　コミュニケーション

1　コミュニケーションを学ぶ意義

1　ライフ・スパンを超えたコミュニケーション

　コミュニケーションは人生そのものである，というわけではない。それは一人の人間の誕生以前からあったし，その後にも続くであろう。人間は，この世に生を受けてコミュニケーションの場に入り，人生というドラマをはじめ，継続し，やがて去っていくが，その後もコミュニケーションは続いていく。コミュニケーションは人生を超えた存在である。ケネス・バークは次のように語る。

　　ある客間に入ったときのことを想像したまえ。われわれが到着したときはすでに遅刻で，すでに多くのものが会話にふけっている，とする。人びとは議論にあまりにも熱中しているために，話題やその経過についてわれわれに説明している余裕はない。実をいえば，彼等が到着するまえにもすでに話ははじめられていたのであり，だから誰も筋道をたどって説明することはできないのである。われわれは仕方なしにしばしば聴手にまわるだけだ。そのうちに議論の内容がややわかってくる。そこでちょっと探りを入れてみる。すると誰かが答える。またその男の問いにわれわれが答える。別の男がわれわれに賛同し，また他の男が反論する。こうして論敵や仲間ができてくるが，仲間の弁護の仕方でもって敵は当惑したり喜んだりする。しかし議論はつきない。もう遅い，帰る時刻だ。そして退室する。が，その後でも人びとの議論は熱心に果てしなく続けられるだろう。◁1

　また，人間はそのライフ・スパンを超えたコミュニケーションに参加するとき，言語や非言語を使うというだけではない。言語や非言語に使われてもいるからである。我々は，自分でことばを選んでいるように思うかもしれないが，ことばおよびそのことばの選択理由や適切性は，通常，我々の人生を超えた次元に存在する（Ⅳ-3 参照）。我々は，それを生活の糧として取り込んで，それに支配されながらも自らそれを用いて他者とかかわったり，かかわらないようにしたりする。

2　コミュニケーションを再考する

　コミュニケーションは，好き嫌いにかかわらず，すでに，そして常に，起こっている。人生劇場は，バークの「客間」のようなものである。かつて，米国のコミュニケーション研究グループ「パロ・アルト」は，「ひとは，コミュニケートしないということはできない」と述べた。◁2　それは，たとえコミュニケーション

▷1　ケネス・バーク／森常治訳（1974）『文学形式の哲学——象徴的行動の研究』国文社，81頁。

▷2　Waltzlawick, Paul, Beavin, J. & Jackson, D. (1967). *Pragmatics of Human Communication: A Study of Interactional Patterns, Pathologies, and Paradoxes.* Norton, p. 51.

を拒絶しても，その拒絶自体がコミュニケーション行為に他ならないことを意味していた。不在や沈黙さえもがメッセージなのである。

このように，我々はコミュニケーションから自由になることはできない。しかし，そのなかで，コミュニケーションについて考察し，問題があるのであれば，少しでも良くしていくことを模索する自由はある。生活しないということを生活しながら実現することが不可能であるように，我々はコミュニケートしているしかないのである。そうであるならば，様々な事情はあるにせよ，それをよく知り，よりよいものにしていくことを学び考える方が望ましいのではないだろうか。

③ コミュニケーションに支配されないために

そうはいっても，コミュニケーションがこのように大きなものであることは，逆にコミュニケーションを学ぶときの対象が何であるかをつかみづらくする。さらに，いよいよ高度な情報化社会が到来すると，各種メディアを通してアクセスできる大量の情報と付きあう一方で，人間同士の直接対話の時間と機会は減りつつある。コミュニケーションの形態が大幅に変化しているため，コミュニケーションの問題はより一層複雑化している。

人との直接的なコミュニケーション不足を嘆く人も，インターネットのブログや投稿欄に入力し，ついでに別のホームページを閲覧していたり，ケータイやパソコンで電子メールをチェックしたりしている。かつて，テレビゲームのやり過ぎを親から叱られた子どもたちも，定年退職して時間を持て余している親たちにパソコンを教えることで，親子の絆を深め直していることもあるという。

コミュニケーションを取り巻く環境変化の速度と情報の多さのなかで暮らしている我々は，コミュニケーションにかかわる問題や矛盾をじっくり考えてみることをしない。情報が更新され増えれば，それまで思ってもみなかったことができると思えるようになった社会では，人びとが忙しくなった。このことも，コミュニケーションの問題を考えさせない理由の1つであろう。家では，夕食の準備に取りかかる時間がくると，インターネットでレシピ検索をしてから行動を開始し，余暇はサイバー空間の内外に広がった趣味の活動で休む暇がなく，新聞はインターネットで関係のある記事だけを読む。

総じて，すべての人間がかかわっているコミュニケーションでありながら，日々のコミュニケーションで忙しすぎるがゆえに，コミュニケーションの問題や矛盾に気づかないのである。しかし，コミュニケーションについて学び考えることは，コミュニケーションに支配されないということでもある。我々は，人生のどこかの時点で，コミュニケーションの状況，問題，そして矛盾について考えはじめることで，知らぬ間に通り過ぎてしまうかもしれなかったコミュニケーションを豊かなものにすることができるのである。

（板場良久）

Ⅲ　コミュニケーション

2　コミュニケーションの流行

1　流行について

　我々は個性を求めると同時に他者に同調しようともする。階級社会では，下層は上流を模倣し，模倣された上流は新たなシンボルを創造して差異化をはかる。「階級」が古めかしければ，マス・メディアが作りだす「中心と周縁」でもよい。周縁は中心の提案をいち早く取り入れることで，自身の周囲から差異化し個性を獲得する。そして，多数がそれを取り入れてしまうと流行となるが，差異が消えるため，新たな個性が求められ，その流行は衰退する。[1]

　こうした同調行為は「模倣」と呼ばれる。しかし，人が模倣する場合，偉大な何かに「感染（ミメーシス）」したがゆえに模倣することもあり，そのような模倣は一過性で終わらない。しかし，宮台真司によると，現在，我々の文化は「感染力」が奪われているという。現在の模倣は一過性の流行へ向かうものばかりであって，感染による偉大さの伝染ではないという。[2]

　「コミュニケーション」ということばは様々なところで聞かれるようになった。しかし，それは，「偉大なるコミュニケーター」の一挙手一投足を真似ようという感染動機によるものではないようだ。むしろ，「コミュニケーション」ということばを使っておけば，何かを説明した気になれるし，周囲に同調した気にもなれる。はたして「コミュニケーション」とは一過性の流行語なのだろうか。

2　コミュニケーション重視の外国語教育

　日本の外国語教育は主に英語教育であるが，そこでは文法訳読教授法が伝統的に用いられている。この教授法は，ラテン語を翻訳する過程と結果の両方から教養と技能を修得することを目的としたヨーロッパの伝統に由来する。明治維新以降の日本は，それまで以上に欧米から思想や技術を取り入れてきたこともあり，国家の方針と外国語の文法訳読教授法との間には親和性があった。

　しかし，これとは別の動きもあり，それが「コミュニケーション重視」の現在的風潮に関係している。それは，英語の教育現場とは別に，大衆を巻き込む形での「英会話ブーム」という動きである。3カ月で300万部が売れた『日米会話手帳』，「カムカム・エブリバディ」ではじまる平川唯一のNHKラジオ「英語会話」，それを引継いだ松本亨の「英語で考える」という理念などは，英語教育がコミュニケーション重視の流れを作りだした象徴的な事例であろう。[3]

▶1　流行に関しては，ゲオルク・ジンメル／円子修平＆大久保健治訳（1967）『文化の哲学（ジンメル著作集七）』白水社，などを参照した。

▶2　宮台真司＆石原慎太郎（2007）「『守るべき日本』とは何か」『Voice』9月号，88-89頁。

▶3　最近では，英語教育関連のテレビ番組などに出演する松本茂が明確に「コミュニケーション重視」の標語を掲げている。

しかし、こうした動きは本当に一過性の「ブーム」なのだろうか。いわゆる「英語の達人」と呼ばれる人びとは、ある意味で神格化され、その偉大さは多くの入門者を生み出した。

このように、英会話能力を理想とする動きを一過性とするのは一面的な捉え方であろう。むしろ、コミュニケーション重視の動きが「感染なき流行」であり得るのは、それとは別の、産業構造の変化と関係が深いようだ。

❸ 産業構造の変化とコミュニケーションの流行

まず、大きな社会構造の流れとして、欧米からの知識や技術の輸入だけでなく、人と情報が移動するようになったことがあげられる。近代日本は、富国強兵の標語の下、兵力増強にも役立つ製造業を発展させてきたが、そのなかには人や物、情報を移動させる交通や通信の技術・製品も含まれていた。航空機や無線・ラジオなどの開発は、人や情報の移動速度を急激に高めた。

そうなると、それまで見知らぬ同士であった人びとが、住みなれた共同体の境だけでなく国境までも越えて、ことばを交わしながら交渉する機会が増大した。そして、お互いをよく知らない者同士が話し合うようになると、それ相応の関係を築くためのスキルが必要とされるようになった。

また、このような「移動」の動きに合わせるかのように、近代の学校教育においても、自らが好き好んで付きあう相手とは別の人びとと「クラスメート」を形成する構造も生まれた。クラスメートをあてがわれた生徒たちは、そこでうまくやっていくことが求められるようになったのである。したがって、生徒や親たちは、コミュニケーション重視の原初的表現である「友達たくさんできるかな？」というお決まりの問いをもたざるを得なくなった。

さらに、製造される品物が飽和状態になり、価格においても差別化できないと競争に負けてしまう経済状況に追い込まれると、製造主導から低価格で物を売っていく構造へとシフトされ、国内の製造部門は海外に移転され、国内製造は空洞化しはじめた。その結果、国内では、海外生産するための企画や管理、国内の消費者向けの市場調査や広告活動といった、黙々と物を作るのではない仕事、チームで知恵を出しあい取りまとめていく仕事などが中心となってきた。

その結果、偉大なるコミュニケーターへの感染動機よりも、単にその方が仕事にありつけるという動機で「コミュニケーション」という記号の価値が流通し受容されていくのである。つまり、そこには「偉大なるもの」のミメーシスなど不在であり、良い仕事にありつけている人びと（中心）を仕事にありつきたい人びと（周縁）が模倣しようとしている姿が見られるだけである。

しかし、流行とは模倣と感染が複雑に絡み合って起こる現象であるため、「コミュニケーションの流行」と「流行はコミュニケーション現象である」ということを混同してはならないことも付言しておきたい。

（板場良久）

▷4 例えば、戦前に米国に留学し、戦時に捕虜となり、収容所で「米国と日本のどちらを支持するか」と問われ「戦争に反対するだけだ」と応じたエピソードなどを交えて戦後の米国で講演行脚した松本亨は、一定の人びとへの「感染力」を確かにもっていた。

III　コミュニケーション

3　コミュニケーション能力

1　4つの技能

　コミュニケーション能力という概念が比較的長い間用いられているのは，言語の獲得や運用の科学的研究においてであるが，実用的な外国語を普及させるための教育標語として用いられる場合や，最近では就職活動における重要な採用基準としても用いられることが多くなった。

　言語獲得にかかわる基礎科学研究では，コミュニケーション能力を，視覚（文字や非言語の認知）と聴覚（音声や周辺言語の認知）を連合させる脳の構造および機能を指す場合も少なくない。一方，従来の外国語教育法などの研究では，学習している言語を話す・書く・聞く・読むという4技能のことを指す用語であったが，昨今のグローバル化によって生じてきた多言語環境や異文化適応という社会的現象・ニーズも視野に入れ，母語や外国語・第2言語の日常的運用能力を超えて発揮されるべき能力のことを指すようになった。この場合，特に応用言語学の分野では，コミュニケーション能力とは，文法的能力・社会言語的能力・談話的能力・方略的能力という4技能の総体として捉えることが多い。

　以上のようなコミュニケーション能力の捉え方に共通している点は，この能力が個人に備わっている（べき）能力であり，それが「社会適応」というニーズに応えるために発揮される（べき）能力であるという前提である。

　しかし，「コミュニケーション」が個人のレベルを超えた共同体的な過程や現象であるのに対し，「能力」が個人に内在する（べき）技能であるため，この両概念を結合させたものを普遍的な概念として捉えるむずかしさもある。自分の能力を発揮すれば何とかできそうなことと，自分の力ではどうしようもないことが混在しているのがコミュニケーションである。自分がいくら正確かつ効果的に話をして，それが客観的にも正確で効果的だと評価されたとしても，肝心の相手がよく聞いていないこともあり得る。そのとき，コミュニケーション能力は発揮されたがコミュニケーションは成立していないことになるのであろうか。コミュニケーションが成立しなかった責任は，聞かなかった相手にあるのか，聞かせられなかった自分にあるのか，それとも両方にあるのか，そして，その判断基準が妥当なのはなぜか，といった問題も生じてくる。

　また，コミュニケーション能力は測定可能なのかという問題もある。例えば，外国語の能力検定試験などでは，面接でコミュニケーション能力が測定できる

ことになっている。そして，そのような場面で期待されるコミュニケーション・モデルを4技能に基づいて専門家が考案し，それを抽象化・マニュアル化し，評価のための審査用紙が用意されている。[1]しかし，面接で発揮された能力が実際の様々なコミュニケーション状況で評価されるというわけでもない。コミュニケーション能力とは，具体的状況や人間関係上の力学によって，そのつど求められる能力と理解されるべきであろう。その際，「誰が誰になぜそのように求めるのか」も問うべきである。

❷ クリティカル・シンキング

　古代ギリシャ・ローマ時代に発達したレトリック学の伝統を継承するコミュニケーション学では，4技能とは別に，論理的で批判的な思考法に基づくコミュニケーション能力を重視している。この思考法は，純粋な理性的客観主義に基づくものではなく，見解の相違や利害の対立，権力関係といったことも考慮に入れて議題を検討・判断をしていくというもので，これに実践的価値（社会参加としての意味）を与えてきたのがフランクフルト学派である。

　例えば，理由づけの怪しい発言（誤謬）を見抜く能力がある。この怪しさは，因果関係の説明が誤っていたり，少ない例から一般論を強引に導き出したりすることから生じるため，そのようなことに気づける能力が意味をもつ。

　また，演繹法や帰納法といった思考法を活用できる能力もある。演繹法は，すでに受容されているとみなされる一般的原理から個別的判断を導き出すことである。最も有名な演繹法としては，「人間は死ぬ（一般的原理）。ソクラテスは人間だから死ぬ（個別的判断）」である。そして，一般的原理が文化的ステレオタイプで成り立っていることもよくあるため，演繹法は，異文化に関する言説を判断する際にも有用である。

　帰納法とは，個別的事象から，それらの共通性や因果関係を介して一般的原理を導き出すことである。例えば「AもBもCも，みんな制服が嫌いだった（個別的事象）。3人ともユダヤ人だ。ユダヤ人は制服が嫌いだ（一般的原理）[2]」というのは帰納法的推論である。したがって，これも文化的ステレオタイプの温床となりうる議論検証にも有用である。

　なお，クリティカル・シンキングは日本ではまだ導入が始まった段階であり，[3]4技能と同様に，重点が個人的能力開発に置かれている。しかし，個人的能力中心であれば，フランクフルト学派の伝統である社会参加という側面が軽視される。したがって今後は，社会のニーズに「適応」する能力だけでなく，自ら社会的ニーズを作り主導していく力も必要であるし，社会的ルールを守るだけでなく，それが守られるべきルールかを判断し問いかけていく力も必要である。総じて，権力に立ち向かえるだけの力も必要なのである。

（板場良久）

---

[1] 例えば，面接で説明や意見を求められるのは決まって受験者であるが，実際には，説明を求めたり，質問をしたりする場面も多いし，口かずが少ないほうが気に入られることもある。したがって，面接はコミュニケーションの一般的状況ではない（そもそもコミュニケーションの一般的状況など存在しない）。

[2] ユダヤ人が制服を嫌がる理由として，戦時中のナチスを連想させるからだという説明がある。しかし，そのような因果律には，一定の理解を示すと同時に，それを「ユダヤ人らしさ」として本質化してしまわないようにすることも大切である。

[3] 鈴木健&大井恭子&竹前文夫編（2006）『クリティカル・シンキングと教育——日本の教育を再構築する』世界思想社。同書は，日本の教育現場への導入を視野に入れた好著である。

Ⅲ　コミュニケーション

4　異文化コミュニケーション能力

1　知識と技能

　異文化コミュニケーション能力があるという場合，異文化の知識があることだけを意味するものではない。また，単に交流ができるという意味でもない。実際に交流できれば能力があるというわけではないからである。
　まずは知識であるが，能力の一部としての知識とは，物事を知っているという以上のことを意味する。それは情報やメッセージを判断して使える能力のことまでをも指す。そうした能力の例として，事実と意見を混同せずにコミュニケーションが行なえる能力という人もいるが，これでも不十分である。
　例えば「昔に比べて最近は離婚する日本人が増えた」というのは一見すると事実のようだが，事実認定するのはむずかしい。「昔」や「最近」とはいつを指すのかが不明であるうちは事実のような意見であろう。[1]
　別の例として，医師の診断書は事実資料として受容されるが，診断が「判断」であるため，それは医師の意見でもある。例えば腫瘍が十二指腸と胃の境目に見つかった場合などは，どちらの腫瘍にするか迷うというし，精神鑑定になるとさらにむずかしく，三者三様の鑑定結果になることも多いという。
　したがって，事実か意見かという二項対立で思考するよりも，意見（推論）には事実として認められるものとそうでないものがあり，そうでないものも状況によっては事実認定され得るし，逆に事実認定を取りさげる可能性もあるという柔軟なスタンスが求められる。いずれにせよ，コミュニケーションというのは意識的・無意識的な承認事項に基づいて遂行されるものであるという認識に立ったうえで，文化に関する様々な知識と向き合うことが必要である。

2　効果性と適切性

　自分が異文化でコミュニケーションをしていこうと思っている場合，それをうまく遂行していくためには，2つの能力が欠かせないという。1つは効果性，すなわち置かれた関係のなかで，自分の目的が達成できることであり，もう1つは適切性，すなわち状況に応じた，臨機応変で適切な行動がとれることであるという。[2] ただし，この考え方には注意も必要である。まず，自分の目的が，その関係を通して，本当に達成されるべきものなのかを考えてみるゆとりが必要である。目的が達成された結果あるいはその過程で，相手に弊害がもたらさ

▷1　実際，江戸や明治の初期〜中期の離婚率は現在よりも高かったという報告もある。縄田康光（2006）「歴史的に見た日本の人口と家族」『立法と調査』第260号，90-101頁。ただし，自分が事実だと信じていることを相手も事実認定している場合は，その対話では事実になるということである。

▷2　上原麻子（1997）「異文化コミュニケーション能力」『異文化コミュニケーション・ハンドブック』有斐閣，17-21頁。

れないかという問いは必要である。また，自分の目的を達成するときに，相手を自分の単なる手段としてみていないかという問いも大切である。主体性は自分にあるだけでなく，相手も目的をもった主体であるという認識が必要である。

▶3 このような認識に基づいた行動を「利他的行動」という。

このようなことに鈍感な例として，英語のネイティヴ・スピーカーを自分の英会話力を伸ばしてくれる手段としてしかみていないような場合である。もちろん相手が商売で英会話を教えているならお互い様であるが，ネイティヴ・スピーカーを見かけると英語をブラッシュ・アップするための手段としか思えてこないようであれば，じつに利己的である。

また，適切性の判断も実際には複雑である場合も多く，判断は常に暫定的なものと考えておいた方がよい。なぜなら，同じ文化だと思っている人びとの間でさえ適切性に関する意見衝突があるし，たとえ不適切だと思われる行動を自分がとってしまった場合でも，その原因が自分以外のところにある場合もあるからである。したがって，適切であろうとすることは大切だが，相互に許容する幅をもって，互いの人格・主体性を尊重し，しかし，あまり神経質になりすぎずに，友好的な関係が築けるよう努力をしていくということに尽きる。

3 判断保留と描写的表現

以上で述べたことに共通する点は，賢明な判断をするという行為が非常にむずかしいということである。したがって，この分野の教育実践として，我々が判断をくだす前にはワンクッション置いてみるという提案がなされている。

これは，まず，文化に関する判断そのものは即座に行なわず，保留しておくということである。これを判断保留という。そして，判断保留をしている間に，判断の対象となった事象について，できるだけ落ち着いて相手に描写をし，意味の説明を求めるが，この時点では，自分でその事象の解釈は行なわず，相手に説明してもらうというものである。それが相手の不可解な行動に関することであれば，その行動を冷静に描写する。これを描写的表現という。描写的表現をすることで，自分が理解したいと思っている行動が何であるかを相手に伝え，その意図を説明してもらうのである。このように，判断保留と描写的表現ができることも異文化コミュニケーション能力の重要な要素とされている。

以上のような姿勢は非常に重要であるが，これも実践するのがむずかしいというのも確かである。実際，巷の異文化コミュニケーションに関する指導書において，一方では，判断保留のような態度の重要性を示しておきながら，他方では，自分自身が判断保留をせずに，どこそこの文化特性がこうであるから日本人は気をつけようといった紋切り型の比較文化論を出している場合が多いのである（Ⅱ-7 参照）。つまり，異文化に精通しているという自己判断もさることながら，異文化に関する判断についても，保留することができないほど，この態度を獲得することはむずかしいともいえる。

（板場良久）

▶4 このような紋切り型の比較文化論は，文化内を同質・均質・単一として捉えてしまう本質主義であることが明らかであり，本質主義批判の有効性が常識である現在では，あまり訴求力はないものと思われる。

Ⅲ　コミュニケーション

5　新しいコミュニケーション能力

① 自主規制の必要性を問う

　昨今の「コミュニケーション能力ブーム」について、萱野稔人は警鐘を鳴らす。
　　確かに、いまの産業のあり方をみると、コミュニケーションが富を生み出す経済活動の中心にきていることがわかる。（略）社会のあり方が、工場中心からコミュニケーション中心へと大きく転換しているのである。しかし、コミュニケーション能力が、人びとの価値を決める独占的な尺度になることは、はたして健全なのだろうか。（略）コミュニケーション能力をめぐる過当な競争は、人間関係にひずみをもたらすだろう。（略）コミュニケーション能力をめぐる競争が激しい社会は、それにつまずいてしまった人にとても冷淡だ。（略）空気を壊してはならないという圧力は、人びとにコミュニケーション能力をさらに要求するだろう。しかしそれが進めば、社会のなかで同調圧力が強まり、社会そのものが萎縮してしまうだけである。[1]
　この記事を引用した理由は2つある。1つは、コミュニケーション能力という価値観が推進されさえすればよいというわけではないことを端的かつ雄弁に語っているからである。もう1つは、この記事におけるコミュニケーション能力の捉え方が保守的なものであるがために、逆に問題を継続させてしまう可能性があるという点を指摘する必要があるからである。
　まず、コミュニケーション能力というものが人間を判断するものにもなってきたために、それが浸透し常識化されると、つまずく人間が輩出されてしまうという指摘は重要である。これについて、コミュニケーション能力推進者は、どのように応答するのであろうか。本人の努力が足りないとか、やればできるとか、動機づけられない周囲にも責任があるといった具合に、とにかく能力開発を促す力を加え続けるのであろうか。萱野の問題提起を経たいま、こうした疑問に応じていくことが、能力推進者に新たに求められているといえよう。
　さて、その一方で、萱野はコミュニケーション能力というものをどのように捉えているのだろうか。萱野によると、コミュニケーション能力が要求されるのは、「組織をまとめあげる、アイデアをだす、交渉する、プレゼンをする、ディスカッションをする」といったことだという。確かに、このようなことをコミュニケーション能力と呼ぶのであれば、それは「できる人」と「できない人」という対立軸を生み出すことになる。しかし、コミュニケーション能力とは、社会

▷1　萱野稔人「空気の読み過ぎ——社会を萎縮させる同調圧力」『朝日新聞』（2009年4月10日付）。

的に要請された方向でコミュニケーションをする能力ばかりではない。コミュニケーション能力には，コミュニケーションを分析する能力が含まれるからである。それはコミュニケーターを媒介し，コミュニケーション活動を支配・管理する時代の精神(ツァイトガイスト)の批判的分析や問題提起も含まれる。▶2

　萱野が意味するコミュニケーション能力とは，人間がコミュニケーションをする能力であり，人間中心主義(ヒューマニズム)的なものである。これは，人間をメッセージ送受信のラインの両極に置くため，コミュニケーションがうまくいくかどうかの責任を人間個人に求める構造であり，自己責任のレトリックとも親和性が高い。▶3

　一方，コミュニケーションを分析する能力は，人間がコミュニケーションを行なうという面よりも，コミュニケーションが人間を介してどのように管理されているかを看取していくことである。そして，我々のコミュニケーションを管理している時代の精神や言説・法・文化といったものへの批判的介入をしていけることもコミュニケーション能力と呼び得るのである。

❷ 人間中心主義以降のコミュニケーション能力とは

　我々人間は自らコミュニケートしているともいえるし，知らぬ間に条件づけられた形でコミュニケートさせられているともいえる。人間中心主義以降のコミュニケーション論は，後者の側面にも目を向け，人間を条件づけ管理する時代の精神・言説・法・文化などを批判的に分析し，問題提起を行なう。問題提起は人間に向けられるものであるが，人間はあくまでエージェントである。うまくコミュニケートできたかどうかの責任を負わせる評価対象ではない。

　新たなコミュニケーション能力とは，メッセージを正しく効果的に伝えあうキャッチボール的な能力ではない。そもそも，正しく伝えあえればいいというわけではない。意図された説得効果があがればいいというわけでもない。もちろん，そのようなことに価値がある場面も多いであろう。したがって，従来からのコミュニケーション能力というものの無効性を主張するものではない。

　しかし，我々はこれまで，あまりにも伝達の正しさやうまさにこだわる一方で，相互に了解してしまっていることに条件づけられながら，そのことに気づかぬままコミュニケートしてきたのではないだろうか。

　人を媒介しながら，人の感性や志向を動かしていく時代の精神などに介入し，逆にそれを動かしていくこともコミュニケーション能力なのである。境界線の向こう側の異文化を学ぶだけでなく，何がその境界線の存在を実感させるのかを問える能力。そこにその境界線を引いたままにしておくことで，どのような文化政治(管理)が行なわれているのかも問える能力。こうした能力獲得への希求は誰にでも開かれている一方で，誰かを判断するものではない。そして，個々の人間の人生を超えた時代の精神と交信し影響を与えていく能力が発揮されたとき，もはや文化はコミュニケーターの背景にはいない。

（板場良久）

▶2　「コミュニケーション能力」ということばを，コミュニケーションを管理する時代精神の看取力・洞察力という意味に近い形で用いているのが姜尚中である。姜尚中(2000)「コミュニケーション」『トレイシーズ』創刊号，岩波書店，331頁。

▶3　つまり，萱野のコミュニケーション能力が意味するもの自体が，うまくいかない人びとに責任を感じさせる要因となってしまうのである。

Ⅲ　コミュニケーション

6　〈想像／創造する力〉としてのコミュニケーション

1　自己と他者との関係性

　2009年1月19日の朝のNHKニュースでも報じていたが，若い女性の間で「戦国武将ブーム」が起きており，気に入った武将ゆかりの地を訪ねる人が後を絶たないという。例えば，伊達政宗の家臣であった片倉小十郎が居城としていた白石城では，小十郎ファンの女性たちが次々と訪ねて来るらしい。こうしたブームはいずれ去るのかもしれないが，お城や神社仏閣といった歴史的建造物を見に行くという行為は誰しもが行なうものである。では，なぜ私たちはこうした場所へわざわざ足を運ぶのだろうか。それは，一言で言うと他者と対話をするためではないだろうか。小十郎ファンは，彼が何を考え，どのような生活を送ったのか知りたい，つまり彼とのつながりをもちたいからこそ，そこへ行くのである。

　歴史的建造物には，その時代に生きた人びとの意識が反映されている。なぜ白石城のような居城が当時必要とされたのか，石垣や天守閣の意味するものは何なのかと問いかけることによって答えが見つかるはずだ。明らかに，都市に乱立する超高層ビルとは異なる意識の結集が，白石城を生み出したのである。このように，私たちは目の前にいる他者だけではなく，あらゆる他者と対話をすることができるのである。

　コミュニケーションとは，他者との関係性である。様々な他者と交わることによって自己が変化し，またまわりも変化していく，その関係性が変わっていくプロセスがコミュニケーションなのである。そして，ここで言っている他者とは，目の前に存在する生身の人間だけにとどまらない。先に見たように，片倉小十郎のようにすでに亡くなった人かもしれないし，これから生まれてくる人かもしれない。あるいは，アテネのパルテノン神殿の写真を通して，その当時の人たちと関係を結ぶこともあるかもしれない。

　例えば，日記を書くといった一見他者がかかわっていないかのように見える行為であったとしても，そこには他者の存在がある。その日に起こった出来事自体が他者との関係性によって成り立っているのであり，日記を書く行為とは，いわばその関係性を書き記すことに他ならないのだ。[1]

図Ⅲ-1　白石城（宮城県白石市）
出所：http://www.shiro-f.jp/shiro-oishijo/1.htm

[1] 柿田秀樹編（2006）「現代コミュニケーション学の可能性――大澤真幸氏との対話」『ヒューマン・コミュニケーション研究』第34号，5-34頁に掲載されている大澤真幸の発言より。

2 意味生成のプロセス

　コミュニケーションとは，他者との関係性によって意味を作りだすプロセスでもある。私たちは，他者とかかわっていくなかで絶え間ない意味づけのプロセスを辿っている。いや，むしろ意味生成のプロセスの只中で私たちは生きていると言った方がいいかもしれない。だが，コミュニケーション行為が私たちの日常を構成する当り前のものだからこそ，私たちは他者とどういった意味を作りだしているのか，立ち止まって考えることがほとんどないのだ。

　他愛ない友人との会話が，例えばステレオタイプを再生産しているかもしれないのに，そのことに気づかない。「オバマ大統領って，黒人なのにアメリカの大統領になるってすごいよね」という発話が，黒人に対するステレオタイプを再生産する力をもっていないとは言い切れないのだ。

▶2　池田理知子＆E・M・クレーマー (2000)『異文化コミュニケーション・入門』有斐閣。

3 想像／創造する力

　私たちは，何気ない普段の言動が何を生み出しているのか，もう少し意識的になる必要がある。その私たちの何気ない言動に隠された意味を可視化するのが，コミュニケーションの〈想像／創造する力〉である。例えば，「オバマ氏は黒人初の米国大統領となった」という言説にどういった意味を見出すのか，つまりその言説に何が隠されているのかを想像することが大事になる。それは，「黒人初」ということばに惑わされずに，彼の政治家としての資質を見極めることかもしれない。彼の母親が白人であっても，彼が「黒人」と名づけられることの意味なのかもしれない。そして，その言説の矛盾に思い至ったならば，そこから新たな意味を創造する可能性が生まれてくる。イラクやアフガニスタン，パレスチナのガザ地区が置かれた状況を見ると，米国が介在しないまったく別の〈関係・秩序〉を見つけていかなければならないだろうし，〈人種・民族〉に捉われない関係性を見出していかなければならない。つまり，私たちの創造力が試されているのである。

　私たちのまわりは，「偶有性」に満ちている。「偶有性」とは「他でもあり得る」ということだ。今，本を読むという選択をせずに，他のことをすることもできたはずだし，あるいは，自分は今の自分ではなかったかもしれない，と考えることもできるはずだ。今，ここで本を読むという行為を行なっている自分がいるということ自体が，偶有的なのである。そして，この「他でもあり得る」可能性を引き出すのが，まさにコミュニケーションの〈想像／創造する力〉なのであり，それによって他者との関係もまた別のものになり得るのだ。

▶3　東浩紀＆大澤真幸 (2003)『自由を考える　9・11 以降の現代思想』日本放送出版協会。

（池田理知子）

IV 言語

1 ことばと権力，ことばの権力

1 ことばの不可避性

「ことばはコミュニケーションの道具ではない」。ことば（例えば外国語）をもっぱら（異文化）コミュニケーションのツールとして学んできた方にとっては，奇異に感じられるかもしれない。ここでは，ことばが必ずしも私たちが意のままに使うことができる道具ではないことを確認し，人間に先立つ存在としてのことばの存在を「力学的」視点より論じたい。

日常私たちは，当り前にことばを使っている。何気なく，まるで呼吸するかのごとく，大した理由もなく，そして何をするにも。実際，私たちの多くにとって，ことばなしに日々生活するのはほぼ不可能に近い。物は試し，ことばにまったく触れず一日過ごしてみるとよい。誰ともことばを交わさず，テレビも点けず，もちろんケータイもネットもチェックせず，たとえ可能だったとしても，かなり退屈，また「不自由」を感じるのではなかろうか。

「ヒトはコミュニケーションから逃れることはできない（One cannot not communicate）」[1]（Ⅲ-1参照）。幸か不幸か，今日私たちが生きる社会の仕組みはコミュニケーションを前提に成り立っている。そしてそのなかでも，ことばは特別な地位を与えられているといってよいだろう。例えば，国の最高議決機関である国会は（少なくとも制度上は）もっぱらことばを介したコミュニケーションの場であるし，法廷での審理においてもことばの使用は不可欠である。また，ことばを使うことなしに学校教育は恐らく成立しない。ことばによるコミュニケーションへの参加が半ば義務化されている世界，それが人間社会の正体である。

2 ことばの力学に向けて

○「コトバのチカラ」

私たちはことばを単なる「情報伝達の道具」と認識すべきではない。ことばは時に自らの「救い」であり，時に人を「励まし」，また時に「説得」する「力」だ。「家族や友人が投げかけてくれたひと言，夢や希望，情熱を与えてくれる歌詞……そうしたさりげないコトバが，時に人を感動させ，勇気づけ，そして喜ばせたり，悲しませたりする」[2]。近年，そういったことばの力を求め，『世界の中心で，愛を叫ぶ』等の小説や映画に代表される「感動できる・泣ける物語」を好む若者が増えているという[3]。また，時にことばの力はネガティブに作用し，

▷1 グレゴリー・ベイトソン／佐藤良明＆高橋和久訳（1982）『精神の生態学』思索社。

▷2 日本民間放送連盟ラジオ委員会編（2004）『コトバのチカラ』PHP研究所，2頁。

▷3 岩田孝（2005）「多元化する自己のコミュニケーション――動物化とコミュニケーション・サバイバル」岩田孝他編『若者たちのコミュニケーション・サバイバル――親密さのゆくえ』恒星社厚生閣，3-16頁。

人を「騙し」「悲しませ」「傷つけ」る。例えば，アドルフ・ヒトラーのことば（『我が闘争』）がもたらした「憎悪」そして「破壊」，あるいはインターネット上の「カキコ」による「誹謗」「中傷」「いじめ」，そしてそれによる悲惨な事件の数々。2007年，全国の警察に寄せられたネットでの中傷被害の相談は9000件近くになるという。

▷4 ケネス・バーク／森常治訳（1974）「ヒットラーの『我が闘争』における修辞」『文学形式の哲学』国文社，205-223頁。

▷5 「（社説）ネットの中傷 無責任な書き込みの怖さ」『朝日新聞』（2009年2月6日付，朝刊）3頁。

○ **はじめにことばありき**

同時に，たとえどんな「権力者」であっても，ことばの力を無視することはできない。ヨハネ福音書の冒頭に「はじめに言（ことば）が在（いま）し……」という行があるが，これにはキリスト教信者でなくとも，私たちにとって否定し難い事実だ。母語であれ，外国語であれ，あるいは手話であれ，ことばは私たちに先立つ存在である。さらに言えば，ことばを司る様々な「文法（grammar）」は私たちが生まれる前からすでに取り決められており，多くの場合，私たちはそれに対して異議を唱えることはできない。

例えば，日本語において「『ワンワンと鳴く四つ足の哺乳動物』を『イヌ』と呼ぶ」ことは，私たちがこの世に生を受ける前からすでに決まっていた。そしてその取り決めを守ることで，私たちが「イヌ」について語ったり，またお隣さんが飼っている可愛らしい「ペット」と向かいの庭先で睨みをいつも利かせている「恐ろしい獣」を「同種＝イヌ」と認識することが可能となる。「言語は意識とおなじように古い――言語は実践的な意識，他の人間にとっても存在し，したがってまた私自身にとってもはじめて存在する現実的な意識である」。コミュニケーションをダンスになぞらえ，「It takes two to tango」（コミュニケーション＝タンゴは一人では踊れない）と比喩的に称されることがあるが，もう少し厳密に言えば，私たちが生まれる前からすでにことばによるコミュニケーション（タンゴ）は存在しており，それに参加するためにはことばの文法（タンゴの踊り方，リズム等）を自分のものとして受け入れることで，他者のコミュニケーションに参加することができるのだ。

▷6 カール・マルクス＆F・エンゲルス／古在由重訳（1956）『ドイツ・イデオロギー』岩波書店，38頁。

上記の福音書の行は「……言（ことば）は神と共に在（いま）し，言（ことば）は神であった。」と締めくくられている。信教の自由を鑑み，神の存在可能性の問題をとりあえず括弧に括ったとしても，私たちにとってことばが「神的」な存在であることを理解するのはさほど難しくはないだろう。キリスト教信者にとっての神のごとく，ことばは偏在（omnipresent）している。私たちは何時も，何をするにもそれから逃れることはできない。また，私たちがことばを獲得・会得・修得しコミュニケーションに従事することは，ことばを自分のものとして受け入れ，その「教え」に従って生きることに他ならない。「言語の牢獄」でコミュニケーションに参加すること，これは好むと好まざるとにかかわらず，古今東西，人間の宿命なのだ。

▷7 池上嘉彦（1984）『記号論への招待』岩波新書。

（青沼 智）

Ⅳ 言語

2 ことば・グローバリゼーション・階級への眼差し

1 ことば・モノ・カネの共犯関係

　ボーダーレスな大資本によるメディア産業の独占・寡占，多国籍企業による文化のマクドナルド化（McDonalization），またこれらに対抗するオルタナティブな運動の発生。ここではモノ・カネ・コトのグローバル化とことばの力との関係性を考える際に必要な視点をいくつか提示したい。

　グローバリゼーションとことばとの関係を考える際，真っ先に私たちの頭に思い浮かぶのは「英語」の問題かもしれない。日本の教育において「英語＝グローバル化時代のことば」という位置づけがなされているのは事実であり，みなさんのなかにもグローバルビジネスに必須なスキルとして英語を学んでいる方も少なからずいるだろう。また，巷に見られる「カタカナ英語」をグローバリゼーションの一側面として意識せざるを得ないという見方もあるだろう。

　グローバリゼーションにはらんだ英語特有の問題に関する詳細はⅣ-6 Ⅳ-7に譲るとして，まずここで考えたいのはモノ・カネとことばを巡る「そもそも論」である。Ⅳ-1で見たように，私たちは何をするにもことばによるコミュニケーションからほぼ逃れることはできない。そしてそれは私たちが「経済」と一般的に呼ぶ活動においても例外ではない。例えば，最近，街の商店等に「外国語」の表示（値札，商品説明）が増えたり，また「I speak English」「我能说中文」「나는 한국어를 할 수 있습니다」等と書かれたバッジを胸に着けた店員を見かけることが少なくない。これらのことばは単なる「親切心」の表われや「公共サービス」というより，外国語によるコミュニケーションが売り上げ，つまり経済的利益につながる，という事実を如実に反映した事象として考えた方がより妥当だろう。少々野卑な言い方をすれば，ことばによるコミュニケーションとカネ儲けは「共犯関係」にあるのだ。

2 ことばと支配構造

○支配者のことば，召使いのことば

　ことばと経済との共犯について，さらに私たちが見逃してならないのは「階級（class）」「階層（social stratification）」との関連性だ。グローバル化社会に生

▷1 これらグローバリゼーションが私たちの社会にもたらした様々な変化についてはⅠで述べた通りである。

▷2 橋本健二（2006）『階級社会——現代日本の格差を問う』講談社。
橋本健二（2007）『新しい階級社会　新しい階級闘争』光文社。

きる私たちにとって、橋本健二の言う「階級へのまなざし」を抜きにしてことばをそして文化を考えることはもはやできない。OECDの調査等を見ても、今や日本は世界的にみて経済的な不平等度が高い国の1つであり、その背景には、市場原理にすべてを委ね、「Winner takes it all」「弱肉強食」の旗印の下、大資本が世界を席巻することを良しとする「ネオリベ」グローバリズムの理念があることはいうまでもない（XI-1参照）。また、後藤道夫や、吉川徹、林信吾らが指摘するように、経済格差が社会システムまた私たち自身の意識のなかで硬直化し、「勝ち組」「負け組」といったことばが人を区別する際の常套句として当り前のように使われるようになっている。

「人間は象徴を使う生命体である。象徴を支配する者こそわれわれを支配する」。時にことばの力は色眼鏡のごとく機能し、私たちのまわりに存在する現実を見えやすくしたり、あるいは見え難くする。友人の何気ないことばやJ-Popの歌詞は日常のよしなしごとをしばし忘れさせてくれる。かたや「自己責任」ということばは、「ワーキング・プアー」に代表される、個人の努力のみでは如何ともし難いモノ・カネをもつ者・もたざる者とのギャップ（階級差）を、「不都合な真実」として処理したい勝ち組にとってはまさに好都合だ。このような言語実践のイデオロギー的な側面、つまりことばの力が生活様式や経済活動における格差を隠匿しかつ正当化する機能については、古くはエヌ・ヤ・マルの著作に代表される「ソビエト言語学」や唯物論的言語哲学、またB・バーンスタインやR・ホッジ&G・クレスらの研究がよく知られている。さらには、波多野完治が指摘する、近代日本の言語教育にみられる階級の問題、具体的には「標準語」の普及の裏に存在した〈主人〉の命令を正しく理解しそれを効率良く遂行することができる、コミュニケーションに長けた質の高い労働力（「召使い」「臣民」）の（再）生産という動機づけについても私たちは認識しておく必要があるだろう。

○ 抵抗のことば

他方、ことばの力は支配階級の独占物ではない。ことばは誰にも帰属しない。それ故ことばは支配の力にも、またそれへの抵抗の力にもなり得るのだ。私たちは「女性、東洋人、黒人及びその他の『ネイティブ』のような従属階級の人物たちが注意を払われ、いわば呼び入れられるのは、やはり彼らが十分に騒音を立てたときのみなのである」ことも知っている。そしてそれは人種・民族的な見地からの従属階級のみならず、モノ・カネそしてことばの重層的な支配構造の中で生きざるを得ない私たちにとっても同様だ。例えば1968年のフランス「五月革命」のスローガンであった「異議申し立て（コンテスタシオン：la contestacion）」は、当時世界で同時多発的に噴出したラディカルな闘いの共通精神でもあった。私たちが支配の構造に異議を唱え変革を欲する時、ことばの力は私たちの味方にきっとなってくれるに違いない。

（青沼 智）

▷ 3 橘木俊詔（2006）『格差社会——何が問題なのか』岩波書店。
▷ 4 ネオリベ＝ネオリベラリズム＝新自由主義。詳しくは白石嘉治&大野英士（2005）『ネオリベ現代生活批判序説』新評論、等を参照。
▷ 5 後藤道夫&吉崎祥司&竹内章郎&中西新太郎&渡辺憲正（2007）『格差社会とたたかう——〈努力・チャンス・自立〉論批判』青木書店。
▷ 6 吉川徹編（2007）『階層化する社会意識——職業とパーソナリティの計量社会学』勁草書房。
▷ 7 林信吾（2005）『しのびよるネオ階級社会——"イギリス化"する日本の格差』平凡社。
▷ 8 アルフレッド・コージブスキー&クラウス・ミューラー／辻村明他訳（1978）『政治と言語』東京創元社、28頁。
▷ 9 尾関周二（1983）『言語と人間』大月書店。
▷ 10 Bernstein, Basil (1972). *Class, Codes and Control, Volume 1: Theoretical Studies Toward a Sociology of Language*. Routledge, p. 172.
▷ 11 Ian Vere Hodge, Robert & Kress, G. (1992). *Language as Ideology*. Routledge, p. 6.
▷ 12 波多野完治（1991）「現代レトリック」『波多野完治全集3』小学館、7-292頁。
▷ 13 エドワード・サイード／姜麦端訳（1998年6月）「被植民者たちを表象＝代弁すること——人類学の対話」『現代思想』第26巻第7号、76頁。
▷ 14 「特集 異議申し立て」（2007年春）『季刊 現代の理論』11号、1頁。

Ⅳ 言語

3 自分のことば，他者のことば

1 「人間」のことば

　「人間」ということばには2つの読みそして意味があることをみなさんはご存知だろうか。1つは「にんげん」，そしてもう1つは「じんかん」である。「にんげん」としての人間は，例えば「人間は考える葦である」といった風に，集団としてあるいは個人としての私たちを指すことばであり，霊長目・ヒト科・ヒト属の動物（ホモ・サピエンス）の意味で広く一般的に用いられている。一方「じんかん」は，あまりなじみのないことばかもしれないが，「世の中」「世間」あるいは天界・仏界に対する「俗世界」「人の世」を表わす。例えば「人間万事塞翁が馬」という故事があるが，意味は「世の中には良いことも悪いこともある。だからくよくよせず生きよ」である。

　ことばによるコミュニケーションを考える際，この「人間＝じんかん」という概念が示唆するところは大きい。私たちはことばによるコミュニケーションから逃れることができない動物であり，ことばを介して他者とかかわり合い，そしてそのかかわり合いの蓄積が私たちが暮らす世の中，すなわち「人間」なのだ。また，世間は私たち個人の思い通りにならないのが常であり，そこには俗世界ならではの，権力構造，すなわち支配する・される関係が存在する。「人間」を単なる人間関係（ヒトとヒトとの間柄）と混同してはならない。

　さらに重要なのは，世の中・世間としての「人間」は私たち個人に先立つ存在であり，そこで使われていることばは，先人の「手垢」がついた，いわば「おさがり」であることだ。それに対して私たちは排他的（exclusive）な独占所有権を主張することはできないし，ましてや「中古品」が嫌だからといってまったく新たに「自分のことば」を創ることは骨折り損だろう。「私的言語（private language）」は，極々個人的な，例えば「私」と「あなた」といった関係においてはまだしも，こと「人間」においては，残念ながら私たちの助けにはならない。他者に理解されず，コミュニケーションからはじき出されるのがオチかもしれない。

2 ヘテログロシアとポリフォニー

○「人口密集地」の「カーニバル」

　「人間」における「自分のことば」のこのような不確かな存在を，ミハイル・バフチンはヘテログロシア（heteroglossia）と呼んだ。彼によれば，基本的に「こ

▷1 「私的言語」を巡る議論については，Wittgenstein, Ludwig (1991). *Philosophical Investigations: The German Text, with a Revised English Translation 50th Anniversary Commemorative Edition*. G. E. M. Anscombe, trans. Wiley-Blackwell. Kripke, Saul A. (1982). *Wittgenstein on Rules and Private Language*. Basil Blackwell 等を参照。

▷2 Bakhtin, Mikhail M. (1981). "Discourse in the Novel." In Michael Holquist (ed.), *The Dialogic Imagination: Four Essays*. (C. Emerson & M. Holquist, trans.). University of Texas Press, pp. 259-422.
Thibault, Paul (1989). "Semantic Variations, Social Heteroglossia, Intertextuality: Thematic and Axiological Meanings in Spoken Discourse." *Critical Studies*, 1 (2), 181-209.
Biancofiore, Angela & Ponzio, A. (1989). "Dialogue, Sense and Ideology in Bakhtin." *Critical Studies*, 1 (2), 65-75 等を参照。なお，P・N・メドヴェージェフ，V・N・ヴォロシノフ名義の著作もバフチンの手によるものだといわれている。

とばは人口密集地」であり、そこには「他者」の意図が常に存在する。そして、ことばを自分のものとして使ったつもりになっている私たちが実際に行なっているのは、その「使用済み」のことばを借用し、それに自分なりの「アクセント（accent）」を加えていることに他ならないと彼は主張する。例えば私たちの「母語」は「母親」からの「おさがり」であるし、それ以前に、私たちの母親が生まれる前から「人間」に存在し続けてきたものだ。

さらにバフチンはポリフォニー（polyphony）という概念を用い、「複数の矛盾し合う声が同一空間に存在し互いに声を出し合う」、いわば「にぎやかな・騒がしい」状況をポジティブなものとして評価した。私たちの発話は多分に「多声的」であり、それ故ことばを狭義のコミュニケーション手段、つまり「私の考えを伝えるための道具」とみなすのは不自然であると彼は言う。あるいは小説といった文芸作品の場合、そこに確固として存在する（と私たちが思いがちな）「著者の考え」ではなく、登場人物たちの「それぞれに独立してお互いに融け合うことのないあまたの声と意識」が繰り広げる「カーニバル」にこそその神髄があるとバフチンは述べる。

○「借りもの」としてのことばの力

日常私たちが発するひと言ひと言は、私たち以外の誰かによってすでに発せられた、手垢の付いた借り物である。それが「人間」コミュニケーションを時に複雑化・カーニバル化し、また時にそれに力を与える。例えば、学校の試験やレポート、就職の面接等、私たちが「自分のことば」の使用を余儀なくされる場面を考えてみよう。他人の答案の「覗き見」「ネットからのコピペ」「マニュアルの暗記」等々といった行為はもちろん問題外であるが、厳密に「自分のことば」（のみ）を使うことは可能なのだろうか。また、「外国語」を「自分のことば」としてみなすことは可能だろうか。例えば「共通語（lingua franca）としての英語」を自分のことばとして使う際、バフチンのいう「アクセント」はどの程度まで許されるのだろうか。

その一方、「人間」において何度も言及・引用（citation）されてきたことばには、そこに「住む」先人の意図・意思そして歴史が蓄積されている。そして私たちは、時にことばを介してそういった先人の力を譲り受け、大きな仕事を成し遂げることも可能だ。ヘルバート・マルクーゼが言うように、ことばによる社会変革は、新たな発明（invent）ではなく、すでに「人間」に存在する、「使用済み」のことばの戦略的使用によってのみ可能である。あるいは、カール・マルクスがかつて述べたように、革命は過去をすべて全面否定するのではなく、「あたえられた、過去からうけついだ状況のもと」でなされるのであり、そこで私たちは「気づかわしげに過去の幽霊を呼びだして自分の用事をさせ、その名前や戦いの合い言葉や、衣装を借りうけて、そういう由緒ある衣装をつけ、そういう借りもののせりふをつかって、世界史の新しい場面を演じる」のだ。

（青沼 智）

▷3　Bakhtin (1981:294).

▷4　Bakhtin (1981: 293-294).

▷5　ミハイル・バフチン／望月哲男他訳 (1995)『ドストエフスキーの詩学』筑摩書店（原著初版 1929）。

▷6　小坂貴志 (2009)「多声化する異文化コミュニケーション研究・教育——分野を取り巻く成長痛を乗り越えるために」『スピーチ・コミュニケーション教育』第22号, 82頁。

▷7　パヴェル・N・メドヴェージェフ (2005)「文芸学の形式的方法——社会学的詩学のための批判序説」磯谷孝他訳『ミハイル・バフチン全著作　第二巻』水声社, 217 - 515 頁（原著1928）。

▷8　バフチン (1995：15)。

▷9　国際共通語の1つとしての英語とヘテログロシアの関係については, Barlett, Tom & Erling, E. J. (2006). "Local Voices in Global English: The Authenticity and Legitimation of Non-Standard Ways of Speaking." *The Proceedings of 33rd International Systemic Functional Congress*, 88-116 等を参照。

▷10　Marcuse, Herbert (1972). *Counterrevolution and Revolt*, Beacon Press.

▷11　カール・マルクス／村田陽一訳 (1971)『ルイ・ボナパルトのブリューメル十八日』大月書店, 17 - 18 頁（原著 1852）。

IV 言語

4 ことばの力とイデオグラフ

1 ことばに歴史あり

　『グレート・ディベーター（*The Great Debaters*）』は，人種差別が「合法」であった前世紀初頭のアメリカ合衆国に実在した黒人大学ディベートチームの「戦い」を描いた映画である。その冒頭，デンゼル・ワシントン演ずるトルソン教授は，ことばを「武器」とした社会変革への参加そして人種差別への徹底抗戦を，ディベートを志す黒人学生にこう説く。「『de-nigrate』！ウェブスター辞書の定義では『汚す，侮辱する』。この単語の語幹（root）が我々『NIGRO』と同じ，つまり『黒』という意味合いがある故だそうだ。が，諸君，ウェブスターの間違いは明らかだ！」。

　ことばとコミュニケーションの問題を力学的な視点から考える際，私たちはこのエピソードから少なくとも2つの事実を確認すべきだ。1つはことばの「作り」を変えることは社会変革と同等の困難がともなうということ，そしてもう1つは，IV-1で述べた「言語の牢獄」は歴史的かつ社会的に構築されたものであるということだ。ことばには長い歴史があり，私たちの一存でそれに手を加えることはむずかしい。ことばとそれが指し示すモノ・コト（意味）との関係は，フェルディナン・ド・ソシュール[1]らの構造主義的言語学が明らかにしたように，多分に恣意的であり必然性はない。しかしだからといって，その関係を私たちの意向で勝手に変えることは多くの場合許されない[2]。

2 イデオグラフの力

○ことば＝凝縮された物語

　ことばは「文化と政治に方向を与える指導体型（guidance system）」であり「そこには過去からの遺産であるさまざまな価値が貯蔵されている。個人や集団が所与の文化や政治体と一体化する手段は言語によって与えられる」[3]。例えば，アメリカ合衆国の政治文化における「liberty」「freedom」「equality」ということばを考えてみよう。これらには，合衆国がこれまで辿ってきた過去の物語がすでに詰まっており，マイケル・マギーがいうようにそれらは自己を「アメリカ人」[4]と認識する人たちの大衆意識（mass consciousness）に深く根づいている[5]。

　それ故「liberty」「freedom」「equality」は，多種多様な政治的信条をもつ「アメリカ人」たちによって，同様の意味をもつことばとして繰り返し言及され続

▷1　フェルディナン・ド・ソシュール
スイスの言語学者，言語哲学者。

▷2　例えば，私たちが辞書を引いた際，トルソン教授のように，そこに掲げられている定義が間違っていると確信をもって言えるのはまれだし，ましてやそれが私たちにとって未知の「外国語」であればなおさらだ。

▷3　石田雄（1989）『日本の政治と言葉（上）』東京大学出版会，2頁。

▷4　例えば「独立宣言」「南北戦争」等。

▷5　McGee, Michael Calvin (1980). "The 'Ideograph': A Link Between Rhetoric and Ideology." *Quarterly Journal of Speech*, 66, 1-16.

けてきた。単なる（一般・固有）名詞としてではなく，政治的慣用句（political idiom）として，大統領の演説から社会運動さらには反体制運動のアジテーションに至る様々な政治的状況において，その力を発揮してきたのだ[6]。辞書の「改訂」をもってしても，合衆国の政治文化においてこれらのことばが指し示すところ（意味）を変えるのがほどんど不可能なことは明らかだ。

○イデオグラフと説得コミュニケーション

合衆国における「liberty」「freedom」「equality」のように，所与の政治文化において「凝縮された歴史の物語（condensed historical narrative）」として機能し，その力を発揮することばをイデオグラフと呼ぶ。その意味が歴史的に構築され，そしてそれがすでに話し手・聞き手の間で共有されているため，イデオグラフには「立証」や「説明」の義務がない。「議論」や「ロジック」による説得とは違い，イデオグラフはそのボキャブラリーとしての存在自体が力だ[7]。そして，私たちが漢字の視覚的，つまり「グラフィック（graphic）」な側面からその意味を半ばオートマチックにイメージさせられるように，イデオグラフ（ideo + graph）は，聞き手に対し自身が内包する物語を瞬時に喚起させ，それ故「反論」の余地を与えない[9]。例えば，戦後日本の政治文化において，〈広島〉〈長崎〉[10]は地名（固有名詞）であるとともに，「戦争の悲惨さ」や「核爆弾の恐怖」を瞬時に思い起こさせるイデオグラフであり，たとえ核武装論者のタカ派であったとしても，それが指し示す意味の雄弁さに異議を唱えることはできないだろう。

さらに，ことばをイデオグラフとして用いたが最後，私たちはその力の源たる歴史の物語から逃れることはできない。前述したように，私たちの今は過去という「幽霊」によって常にそしてすでに条件づけられており，その幽霊は直接ではなくことばに形を変えて私たちの前に現われることがしばしばある。そして，私たちのことばが多声的であると同様，その過去は多種多様である場合が少なくない。例えば，「愛国心」ということばの使用が数年前の教育基本法改定の際議論となったのは[11]，それが内包する（ネガティブな）過去の遺産や様々な価値感の存在による部分が大きい。

説得（persuasion）というコミュニケーションは，ことばを道具として用い他者に影響を与える行為ではない。むしろ力学的な見地から，私たちがことばを介して他者あるいは他者の考えと「一体化」あるいは「同化（cosubstantial）」する現象と捉えた方がより妥当だ[12]。どんなに強大な政治権力をもってしても，自分たちの意のままにことばの過去と現在を切り離し，イデオグラフを操ることは困難だ[13]。それ故，政治的慣用句としての「愛国心」は，戦後日本における「一体化」・「同化」＝説得のことばにはなり得ない。それは，モノ・カネ・ヒトのグローバル化が進み，「一国史観」の重要性および現実性が薄れつつある今においてはなおさらのことだ。

（青沼　智）

[6] 例えば Condit, Celeste M. & Lucaites, J. L. (1993). *Crafting Equality: America's Anglo-African World*. University of Chicago Press 等を参照。

[7] McGee (1980: 7).

[8] 例えば「輪」という字の「辺（へん）」（車）＝「円形状のもの・こと」。

[9] McGee (1980: 7).

[10] Condit & Lucaites に準じ，ここではイデオグラフとしてのことばを〈　〉で括ることにする。

[11] 厳密には政府中央教育審議会の最終答申では「国や郷土を愛する心」，またそれを受け国会に提出され審議承認された改定教育基本法においては「国や郷土を愛する態度」ということばが採用された。

[12] 例えば，Bryant, Donald C. (1953). "Rhetoric: Its Functions and its Scope," *Quarterly Journal of Speech* 39, 401-424. Burke, Kenneth (1969). *A Rhetoric of Motives*, University of California Press 等を参照。

[13] McGee (1980: 13).

IV 言語

5 ことば・文化・帝国主義

1 「国家＝文化＝言語」

「移民の国」オーストラリアで，1990年代躍進した「一国家党（One Nation Party）」。「白豪主義」「移民排斥」「多文化主義反対」を掲げる彼らは，他の既存政党やマスコミによる「人種差別の党」との批判にもかかわらず，多くの支持者を集めた。党首（当時）である上院議員ポーリン・ハンソン氏の演説会に集まった聴衆の一人はこう話す。「政府は金のため（貿易相手の）アジア諸国にすり寄って，自国文化を守らない。英語もしゃべれない移民は追い出せばいい」[1]。

ところ変わって中欧の「永世中立国」オーストリア。極右・自由党の前党首イエルク・ハイダー氏が知事を務める南部のケルンテン州では，憲法裁判所が認めたドイツ語・スロベニア語併記の「2カ国語標識」の設置に対する反対運動が勃発した。「スロベニア語の標識？ そんなもの立てたら，ナチス時代のように，やつらを壁の前に並べて撃ち殺してやる」。こういった過激なことばを口にする住民もいたという[2]。

世界には7000もの言語が現存するといわれているが，その各々が文化・国家，ましてや宗教・民族と「等式」で結ばれているとはおおよそ考えにくい。例えば，つい最近までバルカン半島に存在した，「6つの共和国，5つの民族，4つの言語，3つの宗教，2つの文字，1つの国家」（ユーゴスラビア社会主義共和国連邦）。また日本国籍をもつバイカルチュラル・バイリンガルな人びとの存在や，フィリピン共和国という一国家で約100の言語が話されているという事実も私たちは知っている[3]。それにもかかわらず「国家＝文化＝言語」という等式は私たちにとって時にわかりやすく，時にもっともらしく，また時には便利に見える。そしてそのわかりやすさ・もっともらしさ・利便性に対する過度の希求が，私たちを暴走させ，世界各地で悲劇を生んできたこともまた事実である。

2 国境を越える言語

◯言語多様性の危機

世界の言語の多数は今後100年のうちに死滅する可能性があるとされている。そしてその主な要因は言語自体（文法構造の複雑性，発音の難易性等）にあるのではなく，それを取り巻く環境の変化であり，かつ人為的なものだ。特筆すべきは，交易の拡大（モノ・ヒトの移動）と共に外から持ち込まれた疫病によって

▷1 「根を張る豪の極右政党『一国家党』 非難浴びつつ85支部も」『朝日新聞』（1997年7月25日付，朝刊）8頁。

▷2 「少数民族圧迫，標識巡り再燃 オーストリア」『朝日新聞』（2002年6月29日付，朝刊）6頁。

▷3 アジアのマルチリンガル・マルチカルチュラルな状況については，例えば石井米男＆千野栄一編（1999）『世界のことば100語事典 アジア編』三省堂等を参照。

話者が死滅したケース，またヨーロッパ人による植民地化の過程で先住民が殺戮されたケース等々，その多くがモノ・カネ・ヒトの越境と密接なかかわりがあることだろう。[4]

○帝国主義とことば

ここで注意すべきは，言語の喪失はモノ・カネ・ヒトの越境の単なる「副産物（by-product）」ではないことだ。国家が覇権を拡張しその支配を外に向かって展開しようとする時，ことばが通じない「他者」の存在ははなはだ不都合・不便である。それ故，近代国家は「国家＝文化＝言語」の旗印のもと，他者を「殺す」代わりに，彼らのことばを奪い自分たちのことばを強要することで，彼らをその内側に取り込んできた。例えば，明治政府による「北海道の開拓」は，異民族の地であった「蝦夷地」を名実ともに日本国家の領土に編入し，アイヌを「国家権力が直接支配する国家の構成員とした」試みであり，それには本土より開拓者を大量に送り込むと共に，他者（アイヌ）の「和人」化，つまり自分たちと「国家＝文化＝言語」を共有させる必要があったのだ。[6]

あるいは明治政府の国策としての「国語」の「発明」および普及は，方言を抑圧し，国民を帝国臣民として文化的に統合するための装置であった。そこには「国民は均一的一体性をもたねばならない」そしてそのためには「国家は国民を何らかの形で掌握しなければならない」という近代国家の発想が見て取れる。さらに国語は，帝国日本の拡張とともに植民地・占領地にも普及がはかられていく。日本語話者の主体を「国民」とみなし，植民地語に対する「国語」としての日本語の優位を理論的に論じた時枝誠記が日本占領下の京城帝国大学で教鞭をとっていたのは決して偶然ではない。

○ことばの帝国主義に抗して

田中克彦によると「近代の知的心性の奥ぶかいところには，すぐれて規範的で立派なものは，自分のところにはない」という「どれい根性」があるという。[8] 確かに「国家＝文化＝言語」の等式を所与とみなし，かつそれに利便性を見る時，私たちはしばしば他者のことばを自分のものとして自ら進んで受け入れることがある。中世ヨーロッパの知識層の間では，ラテン語がかつて似たような地位にあった。当時，知識人たちは自分たちのことば（vernacular）を使うことがいかに卑しいことであるかと自らに言い聞かせ，唯一無比の知的言語であったラテン語「帝国」にこぞって参加したのだ。その一方，『神曲（Divine Comedy）』を母語である「イタリア語」で著した詩人ダンテ，また『論理術（The Arte of Reason, Rightly Termed, Witcraft, Teaching a Perfect way to Argue and Dispute）』を，当時「非論理的」とされていた島国のことば＝「英語」で発表した哲学者ラルフ・リーバー等々，知識活動において自らのことばをあえて用いることでラテン語「帝国主義」への抵抗を試みた知識人の存在も私たちは忘れてはならないだろう。

（青沼　智）

▷4　ダニエル・ネトル＆スザンヌ・ロメイン／島村宣男訳（2001）『消えゆく言語たち――失われることば，失われる世界』新曜社。例えば，オーストラリア，ニュージーランドはキャプテン・クック（ハワイ，タヒチ，オーストラリア，ニュージーランドを発見したとされるイギリスの海軍士官・海洋冒険家）の「功績」なくして「英語圏の国」とはなり得なかっただろうし，また「イベロ・アメリカ」と総称される地域の国々の公用語・国語がスペイン語なのは，それらがイベリア半島の大国スペインの植民地であってこそだ（厳密には「イベロ・アメリカ」にはかつてポルトガルの植民地であった非スペイン語国のブラジルも含まれる）。

▷5　関秀志＆桑原真人（1995）『北海道民のなりたち』北海道新聞社，38頁。

▷6　小熊英二（1998）『〈日本人〉の境界――沖縄・アイヌ・台湾・朝鮮植民地支配から復帰運動まで』新曜社。

▷7　安田敏朗（2006）『「国語」の近代史――帝国日本と国語学者たち』中央公論新社，33頁。

▷8　田中克彦（2000）『スターリン言語学』精読』岩波書店，11頁。

IV 言語

6 国際英語・世界諸英語

1 世界のなかの英語

　英語を話したり，使っていて，「ああ，『ネイティブ・スピーカー』のようになりたい」と思ったことはないだろうか。英語学習者であれば，一度ならず感じる思いであろう。ここには，英語を使用するときに，ネイティブ・スピーカーを「正しい」モデル／目標にするという視点がある。私たちは，ネイティブ崇拝に近いものをもっているのではないだろうか。英語だけでなく，英語母語話者やその社会（例えば，米国）に対して，強いあこがれのようなものをもっていないだろうか。また，英語を国際語として，その効用を実際以上に考えていないだろうか。

　ところが，「英語＝母語話者のもの」という認識には大きな問題がある。第1に，英語には多様な話者がおり，英語は母語話者よりも非母語話者のほうが多いのである（図IV-1参照）。3.5億人ほどの英語母語話者に対して，少なく見積もっても，その3倍ほどの非母語英語話者がいる（「第二言語としての英語話者」と「国際語としての英語話者」）。このことは必然的に，英語を非母語話者同士で使用する可能性が高いことを示唆する（例えば，日本人とスリランカ人が英語でビジネスをするなど）。第2に，これらの話者がすべて同じ英語を話しているわけではない。つまり，それぞれの地域で，多様な英語が存在しているのである。

　このような点を考慮すると，英語 English はもともと，「英国の」「英国人の」という意味であるが，現在では，この意味を大きく離れ，ディアスポラとして英語が存在することになる。つまり，英語は，もはや，母語話者のものではないのである。英語を英米語圏と切り離し，母語話者とその文化や社会と結びつける考え方から少し離れてみる必要があるだろう。現在，英語話者の最も多い地域はアジアである。

2 リンガフランカ（共通語）としての英語

　上に述べたような英語の特徴や，英語話者が世界にまんべんなく存在することを踏まえ，英語を国際コミュニケーションの手段，リンガフランカ（共通語）として積極的に推

母語としての英語［中心円］
アメリカ カナダ オーストラリア イギリス など
3.2-3.8億人

第二言語としての英語［外円］
フィリピン パキスタン シンガポール インド など
3-5億人

国際語としての英語［拡大円］
日本 韓国 中国 タイ ベトナム バングラデシュ など
5-10億人

図IV-1　多様な英語話者

出所：Crystal, David (2003). *English as a Global Language* (2nd ed.). Cambridge University Press より作成。

進しようという立場がある（国際英語論）。これは，様々な地域で人びとに使用されている，それぞれの英語を尊重する立場であり，世界諸英語（World Englishes）と呼ばれる。英語を単数形，つまり母語話者の標準英語で捉えるのではなく，複数形で捉えるのである。例えば，シンガポール，インドなどで，イギリス英語やアメリカ英語を国内で使用する必然性がそもそもなく，現地の英語でお互いに通じる。インドでの調査によると，現地の人びとは，イギリス人の話す英語よりもインドの教養層の英語を話したいという結果であった。

3 「英語」は誰のものか

この「国際英語」あるいは「世界諸英語」の立場は，英語を用いること／学ぶことから，「母語話者を規範（＝正しい）とする」という発想を退ける。英語を非母語として学習しつつも，どうしても残る表現上の特徴を，英語変種として積極的に認める立場であるからだ。また，非母語として英語を使用する者が増えることによって，英米標準英語にはない，非母語話者発想による新たな表現が加わり，英米標準英語に新たな味付けがなされ得るという面も見逃せない。

そもそも，英語はイギリス人やアメリカ人の所有物ではないし，すべての言語は，日本語も含めて，母語話者が所有するものではない。言語とそれを担う／所有する集団という発想が，そもそも，どのように誕生したのかに目を向けなければならない。また，グローバル化は，言語が，想定されている集団を容易に超えること，それにともない，多様な変種が生じること，そして，それらが等価であり，尊重するという認識が必要である。

かつては，「郷に入りては，郷に従え」という，その社会の言語／文化への適応や同化が強く主張されたが，「私たちが英語に近づくのではなく，英語を私たちに近づける」という発想がもっと理解され，実践される必要があるのではないだろうか。とりわけ，非母語話者英語に対する否定的態度や自分自身の英語への自信のなさが指摘されている日本の英語学習者には，このことはもっと認識されてよいだろう。

（丸山真純）

▷1　Kachru, Braj B. (ed.) (1992). *The Other Tongue: English across Cultures* (2nd ed.). University of Illinois Press.
こうした世界の様々な英語の諸相については，例えば，本名信行の著作を参照されたい。本名信行（2003）『世界の英語を歩く』集英社，本名信行（2002）『事典　アジアの最新英語事情』大修館。

▷2　藤巻光浩（2008）「もう一つの1492年」奥田孝晴＆藤巻光浩＆山脇千賀子編『新編　グローバリゼーション・スタディーズ』創成社，18-32頁。

▷3　例えば，「日本語」も，世界に多様な話者がいる。Englishes のように，「日本語」も Japaneses が発想されてよいはずである。

▷4　日本人学習者は自らの発音を通じないと評価するのに，英語母語話者は日本人発音を容認できると評価する傾向があることなどはもっと理解されてしかるべきだろう。

IV 言語

7 英語帝国主義

1 支配言語としての英語

　現在では，英語の国際的な支配的地位は自明のようにみなされるが，歴史的には比較的近年のことにすぎない。それは，「パックス・ブリタニカ」と称される，大英帝国の経済・政治的，とりわけ，軍事的な国際的地位の高まりと，その後20世紀の「パックス・アメリカーナ」を背景としている。▷1

　英語の国際的普及や影響力を自明のものとし，現実的処方箋として英語を推進する立場が「国際英語」「世界諸英語」である（IV-6参照）。これに対して，このような言語を単なる中立的道具や貨幣のような媒体とみなす立場，英語の国際的地位を所与のものとすることに批判的な立場がある。英語（言語）が支配・不平等の生産・再生産の構造を推進させるとするものである。それは「英語（言語）帝国主義」を問題視し，「英語と他の言語とのあいだの構造的・文化的不平等の構築とたえない再構築によって，英語の支配が打ち立てられ保持されること」に批判的な立場をとる。例えば，英語の世界的普及が英米の国益拡大の必須条件として言語政策をすすめたことなどを明らかにしてきた。▷3 ▷4

2 英語が国際共通語になることの問題点

　英語は特定の民族，国家の言語を背景としているため，様々な点で，母語話者に優位であり，逆に，非母語話者には不利である。例えば，英語の非母語話者は自らの母語でコミュニケーションできないばかりか，英語学習に多大な労力・金銭・時間を費やさなければならない。それでも，なお，実際のコミュニケーションに制約がかかる。また，母語話者の英語が「正しい」とされ，非母語話者は母語話者に近づくものとされる。このように，非母語話者はコミュニケーションで不利な立場に置かれることになる。

　国際機関では，そのため，いくつかの公用語があり，コミュニケーションの平等を担保しているように見える。例えば，国連には，6つの公用語がある。しかし，これらの公用語間は対等ではない。そもそも，職員はニューヨークで勤務できるよう訓練された者だけが派遣され，職員間では英語で意思疎通がはかられる。国連のフランス語話者は自ら抵抗もなく英語で話しかけ，英語を話すことがいかに内面化されているかが指摘されている。▷5

　母語話者／非母語話者の不平等性に加えて，英語やその母語話者への肯定的

▷1 例えば，①母語話者数，②第二言語話者数，③その言語が使用される国の数と人口，④その言語が国際的に使用される分野の数，⑤その言語を使用する国の経済力，⑥その言語の使用が社会的な威信／名声につながるかという指標から，英語は最も影響力のある言語とされている。Weber, George (1999). Top Languages: The World's 10 most influential Languages. *AATF National Bulletin*, 3, 22-28.

▷2 デイヴィド・クリスタル／國弘正雄訳 (1997)『地球語としての英語』みすず書房。
それ以前は，オランダ語，スペイン語，ポルトガル語，フランス語といった言語が国際語としての役割を担っていた。

▷3 Phillipson, Robert (1992). *Linguistic Imperialism*, Oxford University Press, p. 42.

▷4 Phillipson (1992). 英語を非母語話者に効果的に教授するための「応用言語学」「外国語としての英語教授法」が飛躍的に拡大したのはこのためである。

▷5 マルク・フェテス／木村護郎訳 (1999)「言語政策の新しいパラダイムに向けて――エスペラントからの提言」言語権研究会編『ことばへの権利』三元社，129-143頁。

▷6 「ネイティブ・スピーカー」という概念自体が，均質な言語集団が存在し，彼（女）らは自分の母語を

意味（例えば，優れた，有用な，価値のある）と自らや自らの言語への否定的意味（例えば，劣った，有用ではない）の付与によって，精神的従属関係を作りだす。英語や，そのネイティブ・スピーカーは，白人性と結びつき，崇拝の対象として構築される（Ⅱ-7　X-4 参照）。日本の英会話学校が英語効用の誇大視，西洋人（≒白人）崇拝を促すものであることが，かつて指摘されたが，このような精神構造は現在でもさほど変わっていない。

さらには，非母語話者間の英語を学べる者／学べない者の序列構造がある。英語を非母語話者間で使用すれば，互いに「外国語」となるので，コミュニケーションは対等と考えられるかもしれない。しかし，そこでは，個人の能力だけではなく，非母語として英語を学ぶ労力，時間，経済力を備えた者だけが英語を習得可能で，コミュニケーションに参加でき，そもそも，それができない者は最初から排除されていることを見逃している。さらには，英語ができない者は，それを自らの能力の至らなさと納得する／させられるかもしれない。

英語の母語話者，非母語話者の両者にとって，英語は大きな資本となる。英語を母語とすることは，それだけで，経済的成功へのパスポートとなるかもしれない（Ⅲ-2 参照）。また，非母語話者にとっても，英語ができることは，より高い収入への条件となるであろう。そして，必ずしも，その必要性がない者にも英語学習へと駆り立てることによって，英語支配の構造に巻き込み，その構造を再生産・強化していることも見逃せない。つまり，それによって利益を得ているのは誰なのかという視点が重要になるのだ。

3　自然性・自発性への問い

英語帝国主義の問題は言語間の不平等を生産・再生産することだけではなく，むしろ，それを可視化／問題化させないことにある。その際，英語の影響力拡大に関し，主として，2つの正当化がなされる。第1は，「政治経済力や文化力がある英語が影響力を増すのは自然なこと」という自然性による正当化であり，第2は「影響力のある英語の選択は話者自身の自発的なもの」という話者の自発性による正当化である。

私たちは，こうした言説に同意してしまいがちである。しかし，英語の支配的地位は，決して自然な現象ではなく，そこに至る植民地支配の歴史があり，言語を含め様々な権力が介在している。また，地球規模で政治経済的優位な英語が力をもった結果として，私たちは英語を選択せざるを得なかったにもかかわらず，それが自発的な選択とされることによって，そこに働く権力や歴史性は不可視化され，英語の支配構造を維持・拡大していくことにつながっている。このことに疑問を感じさせない／はさませないことこそ英語帝国主義の重要な側面なのである。

（丸山真純）

完全にマスターしているというイデオロギーによって作りあげられたものであることを確認する必要がある。ドーア根理子（2008）『「通じること」の必要性について——標準化のイデオロギー再考」佐藤慎司＆ドーア根理子編『文化，ことば，教育——日本語／日本の教育の「標準」を越えて』明石書店，63-82頁。
▷7　ここでは，白人のもつ特権を非白人が自発的に引き受けること。
▷8　ダグラス・ラミス／斎藤靖子他訳（1976）『イデオロギーとしての英会話』晶文社。
▷9　糸魚川美樹（2006）「差別論をかたることば」ましこ・ひでのり編『ことば／権力／差別』三元社，193-215頁。
▷10　かどや・ひでのり（2006）「言語権から計画言語へ」ましこ・ひでのり編『ことば／権力／差別』三元社，107-130頁。
家庭の経済・文化環境の違いが，個人の能力に還元されることによって，前者が不可視化され，その能力の至らなさは自己責任であると説得されたり，逆に，能力を得た者も，本人の家庭環境の恩恵が不可視化され，自己の努力・才能を過大に評価するという側面もある。
▷11　糟谷啓介（2000）「言語ヘゲモニー——〈自発的同意〉を組織する権力」三浦信孝＆糟谷啓介編『言語帝国主義とは何か』藤原書店，275-292頁。
▷12　糟谷（2000）。これは「自発的同意」「自発的従属」と呼べる。つまり，権力はこのように自らがすすんで，それに同意するとされるときに強力に作用し，その権力関係を不可視化する。

IV 言語

8 言語・文化の消滅と画一化される生の様式

1 生物言語（文化）多様性の消滅

　地球上には約7000の言語がある。このうち，100万人以上の話者をもつのは，300言語足らずであり，これらの話者が地球人口の95％を占め，話者上位10言語が地球人口の半分を占めている。重要なことは，英語が地球上で確固たる地位を築くにつれ，他の言語やそれを取り囲む生活様式が大きく失われつつあることである。というのは，生物種の消滅と異なり，「言語死」とはそれにとってかわる言語が勢力を伸ばしていく過程でもあるからである。世界の90％あまりの言語が，今後100年で消滅すると予測されている。

　人類の生み出した言語の多様性は，地球上の環境の多様性と密接にかかわっている。図IV-2からわかるように，地球上の生物多様性は言語多様性と大きな相関関係がある。したがって，単に，生物多様性という言い方ではなく，「生物言語多様性」「生物文化多様性」と表現される。

　これは，生物が多様な地域では，その多様性と共存するような生活様式を育んできたことと密接に関係がある。彼らは，自然環境と密接にかかわって生活しているため，自然に関する知恵（例えば，薬草など）を数多くもっている。しかし，これらの多くの言語は，文字をもたず，様々な儀礼・儀式・呪術といった生活慣習のなかにこれらの知恵を含んでおり，彼らはそれらを独立した知識とみなさない。また，彼らは，自らの自然環境の厳しさを自覚しているため，自然災害などによる不作を他の作物で補うため，多様な作物を育てている。重要なのは，彼らの具体的な知恵・技術そのものではなく，そうした知恵を保存・伝承することを含めた，彼らの生の様式そのものである。

　近年の生物言語（文化）多様性の急速な消滅は，都市化・工業化といった先進国的様式のグローバル化によって引き起こされている。そして，ますます画一的な言語を使用するようになっているばかりでなく，内面的な意識や価値観も含めて，効率や能率を多様性よりは均質性を重視する，似たような生活様式で暮らすようになってきている。とりわけ，「都市」という環境で，人びとは「自己家畜化」した／された暮らしをしている。

　「自己家畜化」とは，都市環境に暮らす人間が，自らを家畜に似た生活環境においていることを表現したものである。例えば，家畜が人間によって人工的環境に囲い込まれているのと同様に，人間もまた，都市という人工的環境に囲い

▷1　Ethnologue: Language of the world (www.ethnologue.com).

▷2　Maffi, Luisa (2001). "Introduction." In L. Maffi (ed.), *On Biocultural Diversity.* Smithsonian, pp. 1-50.

▷3　「言語死」「言語消滅」は言語が自死するような表現なので，「言語殺害」の方が適切な比喩かもしれない（ロバート・フィリップソン＆T・スクトナブ＝カンガス／木村護郎訳 (1999)「言語的不正と言語権」言語権研究会編『ことばへの権利』三元社，95-128頁）.

▷4　ダニエル・ネトル＆S・ロメイン／島村宣男訳 (2001)『消えゆく言語たち』新曜社。
Maffi (2001).

▷5　例えば，大規模単一栽培農業などによって，1903年のアスパラガス13品種は1983年に1種，人参は287種から21種に減少した（UNEP: Globalization Threat to World's Cultural, Linguistic and Biological Diversity; www.unep.org/gc/gc21/NR%20_18.doc）。動物種の減少も同様である。こうした問題はWWF (www.wwf.or.jp) などを参照。

込まれて暮らしている。また，野生動物と異なり家畜が食糧を自動供給されるように，人間もまた，自らが食糧を生産するのではなく，食糧を購入する。さらには，こうした人工環境が環境問題などを抱えていながらも，その快適さを捨てられず，そうした環境に自発的に束縛されている[6]。ここには，不快なもの，予測不可能なものを徹底的に排除しようとする傾向がある。

2 コミュニケーションの画一化

　生活様式の均質化で，より見えにくいのは，コミュニケーションの画一化であろう。近年，日本においても，「コミュニケーション（能）力」の重要性がいわれるが，そこでは，「コミュニケーション・スキル」を身につけたり，「コミュニケーション上の問題」をうまく扱えることが重要とされる（Ⅲ-3, Ⅲ-5参照）。コミュニケーション研究者は，自らの言語を捨て，別の言語を使用するという直接的な画一化を推奨するのではなく，コミュニケーションを通じて他人とかかわる規範，そうした規範に従うことの重要性を主張する。デボラ・キャメロン[7]は，ある著名な研究者の「グローバル時代に必要な統一的な話し方，そのための規則がある」という主張を批判的に取りあげている。そこで述べられている望ましいとされる規範とは，例えば，「間接的よりは直接的に話すこと」「批判するよりは肯定的に」「議論よりも交渉」「押し黙ったり，遠慮するよりは自分の気持ちを共有」といったものである。彼女は，それが，アメリカで育ち，教育を受けた中産階級の白人に望ましいとされるコミュニケーション・パターンであるとし，こうした規範がグローバルに広がりつつあると懸念しているのだ。

　こうしたコミュニケーション・パターンの画一化は言語のそれのように直接的ではないゆえに，より容易に受容されてしまう可能性がある。これは，言語多様性は容認する一方で，その様式として，特定のコミュニケーション・パターンが推進されるという点で大きな問題があろう。このようなフォーマット化されたコミュニケーション・パターンが「誰によって」「誰に向けて」「何のために／なぜ」推進されているのかを批判的に考察する必要がある。

（丸山真純）

▷6　森岡正博（2003）『無痛文明論』トランスビュー。森岡は，自己家畜化の側面として，自然の脅威からの解放（河川整備・食料の大量生産），繁殖の管理（人工受精・人工避妊），品種改良（選択的受精・遺伝子診断），死のコントロール（安楽死，「予期しない死」の徹底排除）などをあげている。

▷7　Cameron, Debora (2000). *Good to Talk?*, Sage.
Cameron, Debora (2002). "Globalization and the Teaching of 'Communication Skills'." In David Block & D. Cameron (eds.), *Globalization and Language Teaching*. Routledge.

■　言語動物多様性の両方で上位25
▨　高等脊椎動物多様性上位25
▩　言語的多様性上位25

図Ⅳ-2　生物的多様性と文化的多様性の重なり

出所：Maffi, Luisa. (2001). "Introduction." In Luisa. Mafi (ed.), *On Biocultural Diversity*. Smithsonian, p. 9.

IV 言語

9 国家と標準語

1 近代の発明としての「標準語」

　私たちの多くは，「日本人」あるいは「日本」の国語は「日本語」であると考えているのではないか。ここには，過去から永続的に「日本人」「日本語」が存在してきたという前提が働いている。しかし，近代において，統一的な「日本語」を創造することによって，それを用いる集団（＝民族・国民）を「日本人」として創造し，その結果，「日本」という国家や「日本人」を人びとは想像するようになったのである。そもそも，近代以前は，人びとは自分の用いることばに愛着は感じても，それを集団の境界としては認識していなかったし，地域・階級によって通じないのが当然であった。したがって，「近代国民国家」は，「想像の共同体」と表現されるのである。

　統一的な言語がはじめからあったのではなく，国家が統一的な言語を求め，この単一の言語が「想像の共同体＝国民国家」を作りだし，人びとを結びつける力をもつのである。この意味で，言語はきわめて政治的であるといえる。「日本語」の創出と「日本人」，「日本」という国民国家の創出は一体をなしているのである。

　このような言語の統一化・標準化・規範化（＝標準語・国語）は，他の要素の標準化と並んで，均質な国民を創造し，国民国家の形成に不可欠なものであった。メディアや学校教育が，この一端を担っていることは容易に想像できるであろう。

2 標準語と資本主義

　標準語を含めた様々な標準化によって，近代国民国家が成立する。つまり，標準化は政治的，経済的，文化的統一の過程の一部である。国民国家は19世紀ヨーロッパの発明で，この国民国家モデルが世界に広まり，そこには，均質なコミュニケーション空間として領土を組織するための「国語」「標準語」というモデルがともなったのである。つまり，近代国民国家は，産業資本主義経済，市場主義経済の進展に不可欠であったために，成立してきたのである。それは，国内市場の統一（経済統合）と，そこで用いられる言語の統一を要求する。近代以前の農耕を中心とした社会とは異なり，労働者は，都市で，それまでの地域社会を越えた他者とのコミュニケーションや労働のためのマニュアルを理解す

◁1　日本には，裁判所法第74条に「裁判所では日本語を用いる」とある以外は，国語や公用語の規定はない。安田敏朗（2003）『「脱」日本語への視座』三元社。

◁2　木村護郎クリストフ（2005）「言語イデオロギー」真田信治&庄司博史編『事典 日本の多言語社会』岩波書店，7-10頁。
安田（2003）。

◁3　ベネディクト・アンダーソンは，ヨーロッパにおいて，ことばが統一され「出版語」となることで，しだいに，その使用者に共同体意識が生まれたことを指摘している。ベネディクト・アンダーソン／白石さや&白石隆訳（1997）『想像の共同体』NTT出版。

◁4　近年の議論では，民族とは構築されるものというコンセンサスが出来上がっているが，研究者以外では，依然として，民族の「本質」が実在するという本質主義的な理解の仕方がなされていることが指摘されている。塩川伸明（2008）『民族とネーション』岩波書店。

◁5　「空間」「時間」「習俗」「身体」「国語と思考」の統一化・標準化・規範化がその要素としてあげられている。西川長夫（1998）『国民国家論の射程』柏書房。

◁6　ノーマン・フェアクロー／貫井孝典訳・監修（2008）『言語とパワー』大阪教育図書。

るために，標準的な言語が必要とされる。

現在のイギリス標準英語とされている英語は，もともと，中世末期のロンドンの商人階級のことばであった。この商人たちが最初の資本家となり，それが標準として広がったものであるとされている。ここに，標準英語の進展と資本主義的経済世界の進展との関係が見てとれる。◁9

このような標準語の制定には，2つの側面がある。第1は，今，考察したように，資本主義の進展にともなう，国内（市場）における効率的なコミュニケーションのために，言語の均質性が要請されたという「功利的側面」である。第2は，先に考察したように，人びとを束ねる国家統合のシンボルとしての共通する言語という「情緒的側面」である。

③ 日本における標準語

森有礼は，日本の言語を英語にしようと，1872年，米国のホイットニーに手紙を送るが，◁10 統一された「日本語」がないことが彼にとってのその時の悩みであった。つまり，その当時には，私たちが想像するような意味での「日本語」は存在しなかった。それゆえ，「日本語」は創造されなければならなかったのである。

日本における標準語（＝国語）は，1902年に文部省に設置された国語調査委員会による全国調査に基づき，1916年にまとめられた「口語法」によって制定されたものである。それは，東京の山の手方言，つまり，教育ある階層（≒中産階級≒中等教育経験者）のことばを基礎にしたものである。◁11 したがって，「中立」なものではないことに注意する必要がある。そして，それは，標準英語と同様，このことばが言語的に優れていたからではなく，東京が政治経済の中心という理由からである。◁12 しかし，この標準語は文学者／言語学者が人為的に創造した体系であり，標準語とは現実の言語現象というよりは，「規範」である。◁13 標準語とは，それゆえに，みながそれに従うべきであるという規範をともなったものであり，現実に存在する言語ではない。この意味で，標準語を話すというのはおかしく，「標準語のようなもの」を話しているとするのがより正確である。

標準語の制定は，学校などで繰り返し教えられることによって，標準語が「正しい」ことばであり，自分の話すことばは「間違った」「劣った」という認識を強く植えつけることになった。もちろん，それまで，そのような意識を人びとはもつことはなかった。そして，標準語の制定は，国内のアイヌ語や琉球語といった言語や方言を激しく抑圧したことを忘れてはならない。◁14

（丸山真純）

▷7 ダニエル・バッジオーニ／今井勉訳（2006）『ヨーロッパの言語と国民』筑摩書房。

▷8 アーネスト・ゲルナー／加藤節監訳（2000）『民族とナショナリズム』岩波書店。
フェアクロー（2008）。

▷9 さらには，現在の英語の地球的展開も，この資本主義の世界的展開とともにあることを見逃してはならない。

▷10 山本真弓＆臼井裕之＆木村護郎クリストフ（2004）『言語的近代を越えて』明石書店。

▷11 このことは，当時は認識されていたが，いったん正当化されると，その認識は薄まった。ドーア根理子（2008）「『通じること』の必要性について──標準化のイデオロギー再考」佐藤慎司＆ドーア根理子編『文化，ことば，教育──日本語／日本の教育の「標準」を越えて』明石書店，63-82頁。

▷12 ましこ・ひでのり（2003）『イデオロギーとしての「日本」』三元社。
そもそも，標準語政策のなかで「東京語」という架空の表象が現われたのである。イ・ヨンスク（2009）『「ことば」という幻影』明石書店。

▷13 イ・ヨンスク（1996）『「国語」という思想』岩波書店。

▷14 もちろん，日本が帝国化していくなかで，朝鮮や台湾のことばが抑圧されたのはいうまでもない。むしろ，こうした植民地で「日本語」を教えるために，統一的な「日本語（国語）」が要請された側面もある（イ1996）。

IV 言語

10 標準語・方言

1 標準語の普及

　東京圏の大学に入学し，自分の方言を恥ずかしく思い，懸命に標準語で話そうと努力した経験のある者もいるのではないだろうか。多くの者が標準語を理解できるようになった現在においてでさえそうである。標準語がまだ普及していなかった頃は，いかなる様子であったのだろうか。戦後20年くらいまでに学校教育を受けた者にとって，標準語を話すことと学業の成果が結びついているという強い意識があったという[1]。また，地方出身者が自分の方言を笑った者を刺すというようなことさえあった。現在からは想像しにくいが，「日本列島」の多くの者が標準語に近いかたちで理解できるようになったのは，ごく最近のことである[2]。もちろん，それは学校教育を通じて教えられたこともあるが，高度経済成長期の地理的・社会的移動の増大とテレビの普及による「準拠集団」が地域共同体から東京・横浜をイメージする「都会」へ移ったことによるほうが大きいのである。近年は，標準語に代わり，「共通語」と表現する[3]。

2 「言語」と「方言」のあいだ

　日本には，様々な方言が存在するが，「日本語」の方言と理解される。つまり，方言は別の言語ではなく，「日本語」の変種として位置づけられる。では，これらが「日本語」の変種であるというのは，どのように決定されるのであろうか。相互が「通じる」ことであろうか。例えば，鹿児島方言と津軽方言は，相互に理解可能であろうか。おそらく，むずかしいであろう。それは，テレビで時に方言が標準語の字幕をともなうことからも想像できるであろう。しかし，相互に「通じあう」のに，別の言語であると認識されるケースもある。ポルトガル語とスペイン語はその一例である[4]。こうして考えると，言語の境界線とは，言語学が想定するように科学的に切り取れるものではなく，きわめて政治的なものであることがわかる。つまり，一方は，通じないのに，ある言語の変種とみなされ，他方は，通じるのに，別の独立した言語とされるからである。

3 方言矯正とコンプレックス

　国民国家としての日本が問われた時期には方言研究も盛んとなった[5]。方言は標準語が制定されるなかで構築されたものであり，常に標準語との関係で位置

---

[1] 工藤庸子（2009）「多文化共生社会を求めて」工藤庸子編『異文化交流と共存』日本放送出版会，230-244頁。
[2] ましこ・ひでのり（2003）『イデオロギーとしての「日本」』三元社。
[3] ましこ（2003）。
[4] ほかにも，このようなケースは，スウェーデン語とノルウェー語，オランダ語と（低地）ドイツ語，セルビア語とクロアチア語，マレーシア語とインドネシア語，ヒンディー語とウルドゥー語などがある。山本真弓＆臼井裕之＆木村護郎クリストフ（2004）『言語的近代を越えて』明石書店。
[5] 安田敏朗（1999）『「国語」と「方言」のあいだ』人文書院。
安田敏朗（2003）『「脱」日本語への視座』三元社。方言は均質性を妨げる「停滞」として排除の対象となる一方，包摂の対象でもあった。それは，「方言に古語が残る」として標準語／国語の通時的一体性を強調することで，「国語」に包摂もされた（安田 1999）。
[6] ましこ・ひでのり（1997）「国語の発明，方言の発明，国史の発明」『沖縄文化研究』23，173-200頁。「方言矯正／標準語励行」を示すものとして，学校における「方言札」の存在がある。これは，方言を使用した児童・生徒が，「方言札」「方言罰札」「普通語を使い

づけられてきた。単一言語イデオロギーをもった均質空間としての国民国家にとって，標準語によって，それを高めようとするがゆえに，標準語がもつ「正しい」規範からはずれた言語（方言）は激しく抑圧されることとなる。これは，近代国民国家が成立するなかで，世界で広く見られる。

　明治の指導者たちは，日本が植民地化されることを危惧し，人びとの交流による自然な共通語の成立を待てなかったため，地域のことばを弾圧し，標準語を押しつけた[6]。戦後においても，1947年版文部省指導要領国語科編には，「なるべく，方言や，なまり，したのもつれをなおして，標準語に近づける」とあるように，日本全国で方言矯正／標準語励行が行なわれた[7]。

　こうしたなかで方言コンプレックスが生まれた。方言コンプレックスは，標準語イデオロギー，近代国民国家イデオロギーが作りだしたものである。本来，序列関係のない言語間の関係が，ある語をもとに標準化されることによってそうした関係が構築されるのである[8]。

　「標準語―方言」の序列は，両者の知の非対称性にも現われる。標準語に近いことばを話す東京出身者と方言を使う地方出身者がいて，通じあわない場合，その責任は，標準語を使用しない地方出身者にあるとされる。意思疎通上，標準語を知らないことが問題であり，標準語話者が地域方言を知ることは期待されていない。標準語が特定の地域・階層のことばを基礎にしているという権力性・政治性は忘却され，中立性を装っている。このような「標準語―方言」の関係は，国際標準語とされる英語と他の言語の序列関係と同様である[9]。

4　「標準語―方言」と多言語社会

　「標準語―方言」の歴史や関係は，日本の多言語社会について，2つの示唆をもつ[10]。第1は，日本の多言語社会が現実となるなかで，「標準語」と「方言」の関係のような，日本語社会を頂点に，他の言語を従とする「多・言語社会」をめざすものであってはならないということである。つまり，「多言語社会＝複数の言語社会の総和」として，それぞれの言語社会が孤立し，そのなかで日本語社会を中央，その他の言語が周縁におかれるような多言語社会であってはならない。第2は，「日本語」そのものの多言語・多話者化への示唆である。現在の標準語としての「日本語」の広まりが，「日本語」が「日本人」のもの，「日本人」の「日本語」が正当で，真であるという意識を強化する可能性もある。日本の多言語社会のありようとその抑圧の歴史の考察から，国内諸語（方言）が受けたような抑圧を，外国語として「日本語」を使用する者にあてはめてはならない。つまり，多様な日本語と多様なその話者を容認することである。この2つが連動した「多言語・社会」をめざすべきであろう。

（丸山真純）

[6] ましょう」「方言ばか」「私は方言を使いました」などと書いた札を首からぶら下げるものであった（井谷泰彦（2006）『沖縄の方言札』ボーダーインク）。沖縄での使用はよく知られているが，東北や愛知においても使用された記録がある。また，フランスにおいても，同様の存在が知られている（ロラン・ブルトン／田辺裕＆中俣均訳（1988）『言語の地理学』白水社）。

[7] ヨーロッパでは，数世紀かかった標準語の普及が，日本では数世代というスピードで進んだことが特徴である。逆に言えば，激しい方言抑圧・弾圧があればこそその普及であったといえるだろう。

[8] 方言のなかでも，東北方言話者が強くコンプレックスにさいなまれたことが知られている。それは，ズーズー弁といわれるように，標準語との差，それに加えて，高度経済成長期に集団就職・出稼ぎ先が首都圏であることが多く，首都圏（中央）に直接，下位に位置づけられたということによる。日高水穂（2005）「東北方言の地位」真田信治＆庄司博史編『事典　日本の多言語社会』岩波書店，260-264頁。

[9] 「標準語―方言」の関係は，英語帝国主義と類同をなしている。つまり，「標準語（共通語）日本語帝国主義」と考えることができる。英語帝国主義を批判的に捉えつつも，「日本語」の帝国主義的側面が顧みられることは少ないのではないだろうか。

[10] 安田敏朗（2007）「多言語化する日本社会のとらえ方」『言語社会』第1号，129-144頁。

Ⅳ 言語

11 エスペラント

1 民族言語と計画言語

英語は国際語，世界語の地位を占めているし，ますます，この傾向は続くだろう（もちろん，この場合の英語とは，多様性・複数性をもった世界諸英語という意味である）。しかし，先の英語帝国主義批判において概観したように（Ⅳ-7 参照），国際英語論者はシンガポール式の英語をシングリッシュ，日本人は日本人式のイングリック[1]のように，英語の脱英米化を主張するが，現実には，こうした標準変種以外の変種は劣ったものとして，従属的な地位におかれるだろう。さらには，国際英語論は，英語が国際語の地位を得ていることを受け入れやすくする役割を演じているとさえいえるかもしれない[2]。また，英語でコミュニケーションをすることは，コミュニケーションの不平等という問題を抱えている。国際英語論者や世界諸英語論者が英語の多様性を評価し，そのような変種を等価であるとしたとしても，英語は特定の民族を母体としており，そのような者と第2言語，あるいは外国語として英語を使用する者の間には，一方は第1言語，他方は非母語というコミュニケーションの不平等が生じる。英語のみならず，すべての民族言語は，異言語コミュニケーションでの平等・中立性を担保できない。対等な異言語コミュニケーションを厳密に考えるならば，すべての人々にとって，等距離・中立の言語を考えることになる。そして，それは計画言語（人工言語）[3]しかあり得ない。

2 計画言語の理念とエスペラント

このような，すべての者にとって等距離である言語という理念，言い換えるならば，すべての人びとにとって「外国語」のように学ばれなければならない計画言語は，19世紀ヨーロッパにおいて，国民国家が誕生し，フランス語が国際（媒介）語の地位を失うにつれて，それに取って代わろうと次々に誕生した[4]。比較的高い実用＝社会化段階の計画言語には，ヴォラピュック，オクシデンタルなどがある。その他，発表されただけのものなど数多くある。

このような計画言語のうち，世界で広く使用され，最も高い実用＝社会化段階にあるとされるのがエスペラントである[5]。世界で100万人，日本に，1万人の話者がいるといわれている。エスペラントは，ポーランドのユダヤ人で，眼科医であるラザロ・ルドヴィコ・ザメンホフによって，1887年7月に発表された[6]。

▷1 鈴木孝夫が提唱した日本人式の英語を表わす語。鈴木孝夫（1975）『閉ざされた言語・日本語の世界』新潮社。

▷2 臼井裕之（2009）「媒介言語を『創出』する試み」木村護郎クリストフ＆渡辺克義編『媒介言語論を学ぶ人のために』世界思想社，82-103頁。

▷3 「人工言語」と，その対となる「自然言語」という表現は，厳密にはおかしいので，研究者たちは前者を「計画言語」，後者を「民族言語」と表現する。田中克彦（2007）『エスペラント』岩波書店。

▷4 立川健二（2000）「英語批判の手前で」『月刊言語』第29巻第8号，64-75頁。

▷5 臼井（2009）。計画言語の高い実用＝社会化段階として，例えば，「大規模な公教育」「ラジオ放送」「家庭内言語」としての使用などがあり，エスペラントはこれらを満たしている。

▷6 ザメンホフが最初に発表した時に，エスペラント（＝「希望」）博士という名で発表したことから，そう呼ばれるようになった。

その体系は，語彙などを含めて，ヨーロッパ言語の宝石箱と呼ばれるほど，ヨーロッパ語を基にしたものだが，ヨーロッパ語に広く見られるような**屈折語**の要素だけではなく，日本語のような**膠着語**や中国語のような**孤立語**の要素もある。また，このような点を含め，単純化によって，学びやすさをその特徴としている。

③ エスペラントの理念

　先に見た通り，国語・標準語の創造は，近代国民国家に不可欠の要素であり，地域のことば（方言）や少数言語は抑圧される。言語的乗り換えが起こる場合もある。あるいは，自らが言語民族主義をよりどころに，新たな国家を創造することもある。言語民族主義は内なる差異を消滅させようとする一方，外に対しては，自らの自律性を強調し，さらにそれが進むと，他者を自らの言語に同化させようとする（＝言語帝国主義）（Ⅳ-5 参照）。エスペラントは，このような言語民族主義や言語帝国主義を乗り越えようとするものである。

　エスペラントは，現存の民族語にとって代わることを企図しているのではない。つまり，地球のすべての人びとが母語を捨てて，エスペラントを習得することを主張しているのではない。むしろ，非母語としてエスペラントを学ぶことで，異言語間のコミュニケーションに介在する不平等性・非中立性を解消しようとしている。さらに，少数言語の言語権を守るという意味をもっている。少数言語は，その少数性のゆえに，その学習が限られる。しかし，エスペラントを媒介とすることで，その情報にアクセス可能になる。すべての民族語が，一度，エスペラントに翻訳され，それがまた別の民族語に翻訳されていくという民族語間の媒介語，あるいは，国際補助語であろうとしているのである。

　言語間のコミュニケーションは，通常，大言語と少数言語，あるいは，標準語（共通語）と方言の関係のように，自らの言語を相手に用いさせるか（モノリンガルモデル），相手の言語を自らが学んで用いる（バイリンガルモデル）かのどちらかであるが，どちらのモデルも不平等である。また，すべての言語を習得することは不可能であるので，必然的に話者の比較的多い言語を習得することになり，話者数によって言語が序列化される。エスペラントは，これらのモデルに対し，民族語を他の民族に強要しない唯一のバイリンガルモデルである。こうして，エスペラントは，言語間のコミュニケーションに，対等・中立なバイリンガルモデルを提供しようとしているのである。

　計画言語ゆえに，エスペラントの話者数は限られ，また，特定の地域で使用されているわけでもない。しかし，民族言語のもつ問題，とりわけ，特定の民族言語が力をもち，その他の大多数の言語が消滅する状況にあるとき，エスペラントの理念から学べるものがあるのではないだろうか。

（丸山真純）

▷7　**屈折語**
英語のように，動詞の活用（例えば，see-saw-seen），格変化（I-my-me-mine）のように語全体が屈折する語のこと

▷8　**膠着語**
日本語に見られる「食べ-る，食べ-た，食べ-ない」「私-は，私-に，私-を」といった意味を表す語に語を付着（膠着）させる語。エスペラントでは，すべての名詞は語尾を-oで，形容詞は-aで終わる。横浜 Yokohama は Yokohamo，「単純な」を意味する形容詞は simpla など。

▷9　**孤立語**
中国語のように，語の独立性が高く，語順が意味を決定する語。例えば，我愛你（私はあなたを愛する），你愛我（あなたは私を愛する）。

▷10　例えば，反対語は mal- をつけるなど。simpla 単純な/malsimpla 複雑な。

▷11　タニ・ヒロユキ（1999）「エスペラントと言語権――二つの接点」言語権研究会編『ことばへの権利』三元社，49-60頁。

▷12　田中（2007）。

▷13　タニ（2007）。

IV 言語

12 多言語主義

1 多言語主義の2つの用法

　多言語主義には、2つの使用法がある。第1は、社会的現実として、一国家内に、多言語使用が存在することを指す場合である。第2は、理念としての使用法で、一国家内での言語の多様性を尊重する理念やその実現のための政策や社会運動を指し、単一言語主義（それは、近代国家の理念だが）に対して、言語多様性の重要性を強調するという意味での使用である。また、「多文化主義・多言語主義」のように、「多文化主義」（X-7 参照）と併記される場合も多い。

　第1の「一国家内における多言語使用」は、そもそも、一国家内に複数の言語が存在する多言語状態であることと、近年のグローバルな人の移動という2つの面がある。前者は、現在、世界には約7000言語があり、それに対し200余りの国家しかないことから、必然的に、国家は多言語社会となる。後者に関しては、例えば、ドイツでは、戦後復興の労働者確保のため、トルコからの移民を受け入れた。日本でも、1990年の入管法改正によって、自動車関連工場などでの単純労働の担い手として日系人が増加したのにともない、愛知県豊田市の保見団地のように、ニューカマーと呼ばれる日系ブラジル人の集住地域が形成されている。そこでは、ポルトガル語が使用される。

　第2の「政策・理念としての多言語主義」は、2つの意味で、ポスト国民国家的といえる。第1に、それまでの「一国家一言語」に代わるという意味においてである。つまり、「一国家一言語」が、社会的現実として、乖離をきたしてきたことや、それまでの同化主義は民族紛争の要因となることから、国家内に多言語を承認することが現実的に必要であり、妥協の政策として多言語主義が採用されたということである。カナダやオーストラリアは、1970年代に相次いで、国是として多文化主義・多言語主義を採用した。オーストラリアでは、伝統的に、白豪主義をとっていたが、戦後復興のためのヨーロッパ系移民、1970年代のインドシナ難民の受け入れ増大から、1973年以降、多文化主義・多言語政策を国是とした。また、アジア・太平洋国家化により、1980年以降、中国人留学生、香港・台湾からの中国系移民の受け入れが増大し、中国系コミュニティーが形成されている。このような背景をもとに、オーストラリアでは、多文化主義・多言語主義政策を採用するに至っている。

　第2に、多文化主義がポスト国民国家的であるのは、多様性を尊重しつつも、

▷1　西川長夫（1997）「多文化主義・多言語主義の現在」西川長夫＆渡辺公三＆ガバン・コーマック編『多文化主義・多言語主義の現在』人文書院、9-23頁。「多文化主義」はMulticulturalismの翻訳であるが、-ismを「主義」とだけ捉えることには問題がある。BilingualismやAlcoholismは「二言語使用」「アルコール中毒」を表わすのと同様に、Multiculturalismも「多言語使用」を表わす。

▷2　例えば、パプアニューギニアでは820、中国で241言語である。日本でも16の言語が使用されている。これらの言語の多くは、話者が非常に少なく、消滅の危機に瀕している言語でもある。Ethnologue: Language of the world（www.ethnologue.com）．

▷3　ニューカマー
日本では、1980年代以降に急増した外国人集住者（ブラジル人・フィリピン人・ベトナム人など）のことを、「オールドカマー」（在日韓国朝鮮人や中国人など）に対して、「ニューカマー」と呼ぶ。

▷4　入管局統計（2008年末）によれば、外国人登録者数は222万人ほどであり、過去最高を記録している（出身国は190にのぼる）。『入国管理局—統計』（www. immi-moj. go. jp/toukei/index.html）．

統合体として国民国家（やそれにかかわる諸概念を用いること：文化・エスニシティ・国民・アイデンティティなど）を保持するという点では国民国家の枠組みにあるという意味である。これらは，一方で多様性の尊重，他方で，1つの国民国家としての統合という，半ば，矛盾する2つの理念を抱えているといえる。例えば，オーストラリアでは，多文化主義・多言語主義政策において，多様な価値を公的に認める一方で，オーストラリア国民として共有されるべき基本的姿勢・態度や基礎技能の習得も求めている。それは，言語については，すべてのオーストラリア人が，①他者の言語の価値を認める義務，②公用語としての「英語」を承認し公的な場で使用する必要性の2点である。このように，多言語主義政策を採用する国においても，国家語・公用語を使用することを前提としたうえでの多言語主義であることに注意を払う必要がある。

2 『「国語」という思想』と多言語主義

日本と多言語主義を考えるために，「国語」と「日本語」について考えてみたい。「国立国語研究所」は，英語で The National Institute for Japanese Language であり，National Language ではないのはなぜだろう。

「日本語」は「世界の言語の1つ」という意味で用いられ，「日本語教育」のように「日本語」を母語としない外国人向けに用いる。それに対し，「国語」は，「日本人」向けに用いられ，言語という意味以上に，それを母語とする者にしかわからない心の機微や感情を含んでいるとされる。つまり，「国語＝日本国民の母語」という構図があり，「日本」「日本人」「日本語」を統一体として結びつけているのである。イ・ヨンスクは，これを『「国語」という思想』と呼んでいる。この思想は近代国家としての「日本」を構築した言語イデオロギーであり，「日本語は日本人の精神的血液」と上田万年が1894年の講演『国家と国語と』で主張し，現在でも，連綿と受け継がれている。例えば，『これからの時代に求められる国語力について』（文化審議会国語分科会答申，2004）には，「国語は，長い歴史の中で形成されてきた我が国の文化の基盤を成すものであり，また，文化そのものでもある。国語の中の一つ一つの言葉には，それを用いてきた我々の先人たちの悲しみ，痛み，喜びなどの情感や感動が集積されている。我々の先人たちが築き上げてきた伝統的な文化を理解・継承し，新しい文化を創造・発展させるためにも国語は欠くことのできないもの」とある。

この「国語＝日本国民の母語」には，日本語を母語とする外国人定住者や学校で「国語」を強制される外国人を不可視化してしまう。つまり，「日本」「日本語」「日本人」を自明かつ均質なものと捉えることで，彼（女）らを異質な者として排除している。こうした『「国語」という思想』が日本の多言語主義・多言語社会を困難にしているといえるのではないか。

（丸山真純）

▷5　西川（1997）。

▷6　関根政美（1997）「多文化主義国家オーストラリアの誕生とその現在」西川長夫＆渡辺公三＆ガバン・コーマック編『多文化主義・多言語主義の現在』人文書院，147-176頁。

▷7　青木麻衣子（2008）『オーストラリアの言語教育政策』東信堂。

▷8　米国では，English あるいは Language（Art）である。科目名としての「英語」との対照であれば，「日本語」になるはずである。

▷9　イ・ヨンスク（1996）『「国語」という思想』岩波書店。

▷10　イ・ヨンスク（2009）『「ことば」という幻影』明石書店。

Ⅳ 言語

13 言語権と多元的社会

1 権利としての言語

「言語を身につけたり，使用したりする権利」と聞くと，どのように感じるだろうか。母語を当り前に身につけて，その母語が社会で広く受け入れられている者にとっては，そんなことは当然であり，権利とは感じられないのではないだろうか。試みに，自分が解さない言語を使用する社会に放り出されたことを想像してみるとよいだろう。そこでは，人間として基本的な生活をすることさえ困難なことが容易に想像できるだろう。言語が担っている社会的側面は，これほどに大きいものである。

しかし，いずれの国家も多言語を抱えており，自分の母語が社会で従属的な地位におかれたり，母語ではなく，支配的な言語を学ぶことを余儀なくされる者さえいる。人間にとって，言語は重要な意思疎通の手段というだけでなく，重要な文化表現手段，世界観，アイデンティティであり，基本的な社会生活を営むための条件でもある。したがって，人間にとって，「言語を身につけること，使用すること」が重要かつ基本的な権利であることがわかるだろう。

多くの国々で，多言語使用が顕在化するなかで，言語を学ぶ・使用することを権利として保障するという考え方が生まれてきた。それは，現在の少数言語のおかれた状況や言語的乗り換えが生じることが決して自然なもの／自発的なもの／不可避なものではなく，様々な権力作用のなかで，歴史的，社会的に構築されてきた「言語差別」であるという認識に立つからである。したがって，それに積極的に介入し，言語間の関係をよりよいものにするための社会的枠組みの構築をめざすことが目標となる。言語権は，近代において作られた言語差別を認識し，是正するために生まれてきた。言語権を基本的人権として捉え，言語的人権という言い方もなされる。

したがって，言語権を侵害することは，人種差別などと同様に差別として認識されることになる。しかし，言語は，他の差別と比べると，そのように認識されづらい。それは，第1に，言語が，性や肌の色と異なり，目に見えにくいものであることや，属性というよりは，獲得されたものであり，また，学習することによって，複数の言語を習得したり，多数派言語に乗り換えることが可能であるからである。第2に，近代国民国家が単一言語イデオロギーをもち，均質性を基調とするために，少数言語話者の言語乗り換えによる支配言語への同化

▷1 臼井裕之&木村護郎 (1999)「はじめに」言語権研究会編『ことばへの権利』三元社，7-20頁。

を奨励／自然なこととしてきたからである。

2 母語習得と使用・公用語学習

現在，言語権は，①自らの言語を習得することや公共空間で使用する権利，②当該地域の公用語を学習する権利を2つの核としている。言語権の対象となるのは，主として，近代国民国家が成立する過程で大言語に同化を迫られたり，抑圧された先住民言語や地域言語話者と，移民・難民，その子どもたちである。学校教育やメディアによって多くの少数言語話者が多数派言語を理解するようになっている現在においては，前者の自らの言語を学んだり，使用する権利が，世界的には，より重要な焦点となっている。特に，公教育が大言語への同化を迫る重要な制度であることを考えるならば，教育における言語権が最も重要な言語権である。

3 言語権からの視点

日本では，「平均的日本人＝標準的健康状態で標準的日本語になじんだ成人」を想定しがちである。しかし，少子高齢化という人口動態を考えるならば，今後，労働力の女性化，高齢化，外国人化は不可避である。そもそも社会的現実として，すでに多くの外国人集住者がいる。例えば，「外国人労働者」としての日系ブラジル人やペルー人の集住が進むにつれ，子どもたちのポルトガル語やスペイン語の習得が問題となる。それは，子どもたちが日本語を母語として習得することによって，家族内で言語断絶が起こり，子どもの人格形成や家族の崩壊といった問題につながるからである。

さらには，言語権の主たる対象は民族言語を念頭においたものであるが，例えば，文字に頼ることのできない盲人，弱視者，老人，音声に頼ることのできない日本手話話者は，自らの言語によって十分な社会生活を保障されていないという点で，言語差別を受けていると考えることができ，彼らの言語権を保障するという視点が開かれる。ろう者は日本語音声に頼ることができないため，日本語で読み書きができることが重要であるが，ろう学校でさえ，日本手話の学習機会が十分に与えられていないために，結果として，書きことばの習得が遅れる。これは，日本手話文法が日本語文法と異なるため，手話の指導が日本語の獲得を遅らせるというドグマのためである。ろう学校では聴者の口形のマネと発声を強要し，手話を禁じたりしている。これは，単一言語への同化主義の表われである。

言語差別という観点は同化主義的社会に再考を促す。多元的社会の基本的権利として，言語権への認識を深めていかなければならないだろう。

(丸山真純)

▷2 臼井＆木村（1999）。1996年6月，世界言語権会議によって採択された「世界言語権宣言」は，言語権として，この2つを核としている。

▷3 トーヴェ・スクトナブ＝カンガス／木村護郎編訳（2000）「言語権の現在――言語抹殺に抗して」三浦信孝＆糟谷啓介編『言語帝国主義とは何か』藤原書店，293-314頁。

▷4 ましこ・ひでのり（2005）「情報のバリアフリー」真田信治＆庄司博史編『事典 日本の多言語社会』岩波書店，33-35頁。

▷5 阿藤誠（2000）『現代人口学』日本評論社。

▷6 イ・ヨンスク（2009）『「ことば」という幻影』明石書店。

▷7 森壮也（2005）「日本手話・日本手話話者」真田信治＆庄司博史編『事典 日本の多言語社会』岩波書店，158-161頁。

▷8 ましこ・ひでのり（2006）「言語権の社会学的意義」ましこ・ひでのり編『ことば／権力／差別』三元社，65-78頁。
これは，「統合教育」，つまり，「障碍児教育をゲットー化せず，極力，普通教育に統合せよ」という観点に基づいたものである。このような統合／同化教育のために，書きことばの習得や学科の理解も遅れ，「学力不足」「ろう文（標準日本語規範からはずれた，ろう者特有の表記）」につながり，さらには，聴者の無理解・差別を助長することになる（ましこ・ひでのり（2005）「言語差別」真田信治＆庄司博史編『事典 日本の多言語社会』岩波書店，36-38頁）。

Ⅳ 言語

14 ピジン・クレオール

1 言語・文化の混淆

　先に，英語や他の大言語のグローバル化は多くの言語を死に追いやっていることを確認した（Ⅳ-8 参照）。また，英語は「母語国」を超えて，イギリス英語やアメリカ英語とは異なる特徴をもちながら，アジアやアフリカなど，世界中で広く使用されていることを見た（Ⅳ-6 参照）。一般に，2つの言語が継続的に接触・交流するとき，次の3つのパターンが起こる。①一方が他方を駆逐する（言語消滅・抹殺あるいは言語乗り換え），②2つの言語が共存する（バイリンガル・ダイグロシア），③2つの言語が混淆した言語ができる（ピジン・クレオール）。[1]

　ピジン語とは，2つあるいはそれ以上の言語が接触・交流によって，混淆したものである。日常的に使われるのではなく，ある限られた場面で用いられ，語彙や文法の面で単純化されているという特徴がある。さらに，このピジン語が使用域を拡大し，音韻・語彙・文法が複雑化，均一化，安定化し，これを母語または生活語とする集団が誕生すると，それはクレオール語と呼ばれる。

　ピジン・クレオール語は，西欧が植民地を拡大するなか，土着語と結びついたり，様々な地域からの母語の異なる奴隷たちが互いの言語を混淆させながら，ヨーロッパ言語をもとにして，言語（＝共通語）を作りだすことによって出来上がった。とりわけ，カリブ海域諸島や西アフリカの，そうした言語のことを指すようになった。[2]英語系クレオール語として，ジャマイカン・クレオール，パプア・ニューギニアのトクピシンなどがあげられる。[3]

　一般に，クレオール語はカリブ海諸島での言語混淆を指すことが多いが，現在のグローバルなヒトやモノの移動を考えれば，より広い意味で，言語，さらには文化混淆の全般をクレオールと呼ぶことができる。例えば，先の英語の様々な変種も，ピジン・クレオールであると考えることができる。[4]さらには，ある集団・地域へ異文化が影響を与えて，生活文化の基本的性格が変容する過程をクレオール化と捉えることもできる。[5]例えば，現代日本の生活は，そのままの模倣ではないにせよ，近代西洋の生活様式が基底をなしている。例えば，太陽暦や定時法，学校，靴をはく，いすに座るなど，当時の西洋のはやりが「普遍」なものとして伝わったのであるが，現在の私たちの生活の基本をなしている。それは，日本と他の先進諸国の都市生活者の類似からも明らかだろう。[6]

▷1　陣内正敬（2005）「言語接触」真田信治＆庄司博史編『事典　日本の多言語社会』岩波書店，353-354頁。

▷2　ビル・アッシュクロフト＆G・グリフィス＆H・ティファイン／木村公一編訳（2008）『ポストコロニアル事典』南雲堂。カリブ海では，新たな言語（クレオール語）が生み出された一方，土着言語は消滅してしまったことを忘れてはならない。

▷3　もちろん，イギリス植民地ばかりではなく，他の西欧列強，フランス，スペイン，オランダの植民地でも同様のことが起こった。また，日本とて，例外ではない。多くの語彙が，ピジン化して旧植民地に残っている。

▷4　インドの英語化はインドでの英語の普及を意味した一方，インドのヒンディー語がスペルを変えて，英語に入っていった（大石和欣（2009）「ディアスポラな英語の増殖」工藤庸子編『異文化交流と共存』日本放送出版会，182-197頁）。この意味で，英語もピジン・クレオールである。そもそも，英語はゲルマン語派とロマンス語派の混血である。

▷5　ましこ・ひでのり（2002）『ことばの政治社会学』三元社。

2 言語の構築性

先に，クレオールを「複数の言語が接触して混淆し，新しい別の言語ができること」とした。これは，複数の，それぞれが均質の言語を想定し，それらが混じり合うことで新たな言語が生じるとイメージされるかもしれない。つまり，純粋な言語どうしが混じり合うことによって，雑種的言語——クレオール——が成立すると思われるだろう。

しかし，ある言語は1つの均質で，閉鎖的な統一体として認識できるものであろうか。むしろ，言語はそのなかに，常に，複数性，混淆性をもっている。その複数のもの，異種混淆的なものから，1つの均質で，純粋，真正とされる言語が作られるのである。例えば，「日本語」とは，そもそも通じ合うことのなかった多数のことばが存在したところに，標準語，つまり，均質，純粋，真正なものとして，その多数のことばに覆いかぶせることによって成立したのである（Ⅳ-9 参照）。純粋なものが混淆するのではない。むしろ，雑多なもののなかに純粋，均質なものとして作りだされたのである（例えば，伝統などとして）。純粋，固有なものに対して混淆的なもの，クレオールなものがあるのではない。混淆，クレオールが常態なのである。

▷6 だからこそ，独自性神話が必要とされ，「伝統の発明」がされるのだ。ましこ（2002）。

3 クレオールのもつ意味

均質な言語，あるいは広い意味での均質性・純粋性が近代国民国家成立のために必要とされ，また，そのなかの複数性・雑種性が隠されることに加えて，「異文化理解」や「異文化コミュニケーション」での「文化」の捉えられ方が，この均質性・純粋性を前提としたものであった（Ⅶ-3 参照）。つまり，「個々の文化には固有の伝統や価値があり，それを尊重しなければならない」という文化相対主義に基づくものであり，それが良心的対応であるとされた。こうした視点では，文化は固定的なものとされ，それぞれの文化が並列的におかれ，コミュニケーションということばとは裏腹に，それらが交流・変容するという視点がない。クレオール概念はこのような見方を揺さぶる契機となるだろう。

さらには，ヒト・モノ・サービスがグローバルに移動する時代には，接触によって，既存のものとは違った新たなものを生み出していくという，クレオール性が日々増しているといえる。例えば，ジャマイカのレゲエが日本語のラップ・ミュージックを生み出したりすることや，日本語を母語としない作家が日本語で文学活動をすることなどもクレオール性を示しているといえるだろう。

このようなクレオール性は異なるものとの節合を通じて新たなものを創造する源，既存の価値に新たな息吹をもたらすものとしても評価され得るだろう。つまり，「言語」や「文化」の動態性を常態として捉えることの有効性をクレオール概念は示しているといえる。

（丸山真純）

▷7 多文化主義についても，文化相対主義に基づく多文化主義は批判されてきた。つまり，「多・文化主義」であり，様々な文化の境界線を固定的，不変的に捉えるという点で，多文化が共生しているというよりは，多文化併存であるからである。そこには交流，変容，共生の視点がない。

V 非言語

1 非言語メッセージとステレオタイプ

1 非言語

　非言語とは，言語によらないメッセージ伝達の手段と理解されているが，その機能・性質は，言語を補ったり，言語の代理の役割を果たしたり，言語で表現できない独自のメッセージを表現したり，意識とは裏腹の無意識の表われであったりと様々である。言語を補う非言語には，例えば，「あそこ」と言いながら指でその方向を示すジェスチャーなどがある。言語の代理的役割を果たす非言語には「ピクショナリー」をあげることができる。芸術作品はことばで表わせない意味を表現することができる非言語表現である。また，与えようとしている印象とは正反対の印象を無意識的に与えてしまうような表情も非言語表現である。

　異文化を視野に入れた従来の非言語コミュニケーション論では，文化によって非言語表現が異なっているため，異文化コミュニケーションを行なう者は自分と背景の異なる相手の文化で通用する非言語表現も，言語とあわせて学ぶべきだと主張してきた。そして，そうした知識は，異文化への「新参者」にとって，一定の効果をあげてきた。

2 ステレオタイプ

　しかし，そのような知識はステレオタイプ的な知識である場合もあるので，注意が必要である。ステレオタイプとは，社会心理学者のウォルター・リップマンが比喩的に用いたことばで，大量印刷のための銘版による印刷が紙型に基づいて行なわれていたことから，型にはまった物事の見方を表わすようになった。リップマンは，この比喩により，人びとが物事を見てから定義をするよりも定義をしてから物事を見る傾向にあることをステレオタイプと呼んで批判した。つまり，実態に先行する知識によって実態が把握されることへの批判である（Ⅶ-3 参照）。

　例えば，異文化コミュニケーション研究家のラリー・A・サモーヴァーとリチャード・E・ポーターによれば，日本では小柄な女性が最も魅力的だと思われているという。我々は，このような知識が該当しない事例をいくつも思い浮かべることができるであろう。しかし，日本について深く学んだことや日本に住んだことのない人が，「専門家」から言われたことに対して，そうとも限らないという反論材料を経験的かつ即座に思いつくのは困難である。むしろ逆に，

▷1 なお，音声言語に付随した声の強弱・速度・リズム・抑揚などは周辺言語として，ここでは非言語から除外する。

▷2 ピクショナリー
絵を描いてことばを当てるゲーム。ピクチャー（picture）と辞書（dictionary）の合成語。また，音声言語も文字言語も共有しない者同士が絵を描きながらコミュニケーションする場合の絵も，言語を代理する手段であるといえる。

▷3 ウォルター・リップマン／掛川トミ子訳（1987）『世論（上・下）』岩波書店。

▷4 Samovar, Larry A. & Porter, R. E. (1991). *Communication Between Cultures*. Wadsworth, p. 188.

▷5 一定の身長以上がないと採用されないことの多い客室乗務員が若い女性に人気の就職先になっていることを思い浮かべる人もいるだろう。

それは，そのような日本のイメージを抱きはじめさせる契機になり得る。

　また，この類のステレオタイプを妥当な知識として受容してしまうと，それに当てはまる事例は目に留まるが，そうでないことが起きても注目の対象にならなかったり，単に例外扱いしてしまったりするようになる。つまり，血液型別の性格診断のように，当てはまることが起きるとその知識の妥当性について信念をより一層強め，矛盾することが起きると素通りして気づかないため，結局，その知識が妥当なものであるかのように思えるのである。[6]

3　非言語メッセージに関するステレオタイプの問題

　文化に関するステレオタイプ的な知識は，人間集団に関するイメージを画一化・固定化する。そして，その画一化・固定化されたイメージが悪いものである場合，それは敵意や偏見，軽蔑などに発展しながら人間集団全体に差し向けられる。その結果，そうしたステレオタイプ的な知識は，差別や紛争の原因として，あるいはそうした対立を正当化する根拠として，政治的言説のなかで利用されてしまうこともある。

　しかし，ステレオタイプであるからといって，切り捨ててしまえばよいわけでもなく，むしろ，そのメッセージ性を考える必要がある場合もある。それは，特に，自分たちが自分たち自身をステレオタイプ化して語る場合である。例えば，メキシコ人は制服が好きだと表明し，イスラエル人は制服が嫌いだと表明するという報告がある。[7] そして，おそらくこれはステレオタイプ的な自文化の認識であろう。しかし，そうであっても，そのような語りに耳を傾けてみることもできる。語りは，事実描写であるよりも現実的な問題意識の表われとして，それそのものに，他者理解をするうえで，よく聞く価値があるからである。

　メキシコ人が制服が好きだというとき，実際はどうであれ，その語りは，制服は，それを着ている者同士の同業者意識や親密な関係作りにつながるということを教えてくれるが，それはある意味で米国の資本主義に搾取された労働市場で疎外を感じているために親密圏を求めていることが暗示されている。また，イスラエル人が制服が嫌いだというとき，実際はどうであれ，その語りには，制服が再想起させるナチス・ドイツへの抵抗が秘められている。つまり，制服が嫌いであるという表明そのものが，迫害を受けた民族としてのアイデンティティを強化しつつ発信される政治的なメッセージなのである。

　このように，非言語とは様々な語りと結びついており，そうした「非言語にまつわる声」に耳を傾けることも，非言語表現の文化差を知るのと同等の価値をもつ。確かに国別の非言語表現比較のような2次元的知識が有用なこともあるが，それがステレオタイプであることもあるし，また，実際にはもう少し複雑で奥行きのある3次元的なコミュニケーション空間として捉え直さなければならないこともあるという認識が必要である。

（板場良久）

▷6　このような思い込みを認知心理学の立場から解明したものとして，菊池聡(2008)『「自分だまし」の心理学』祥伝社，などがある。

▷7　Samovar & Porter (1991: 188).

V 非言語

2 非言語メッセージが伝えるもの

1 「むずかしい」非言語メッセージの理解

　異文化コミュニケーションにおいて，メッセージが容易に伝わるのであれば学習を必要としないが，非言語メッセージの場合，それが言語によらないだけでなく，非常に微妙かつ表現者も気づいていないものも含むため，むずかしいものが多く，思慮深さをともなった学習が特別に必要となる。そこで，まずは文化に関する「むずかしさ」について知っておく必要がある。

　我々が，文化的意味解釈について「むずかしい」というとき，大まかにいって，2つのレベルがある。1つは，知識不足のために「むずかしい」と感じるレベルである。もう1つは，深い洞察の幅や分析力が不足していたり，発想そのものが違っていたりするために理解できないレベルである。◁1

2 調べて経験すれば理解できるようになる非言語メッセージ

　まず，知識が不足しているときに生じる「むずかしさ」は，知識を得れば解消されるものである。そうした知識は，文献を調べたり，知っている人に聞いたり，自ら経験したりすることで得ることができる。

　非言語表現の文化的差異からくるコミュニケーションのむずかしさは，知識を習得することで，比較的容易に解消することができるものが多い。例えば，ジェスチャーの違いなどは，お互いに教えあうことで理解できるようになるし，理解できれば，今度は自らそれを使えるようにもなる。また，異文化コミュニケーションの行動観察による知識もかなり蓄積されてきており，ハウツー系の文献を調べれば有用な知識を手軽に得られるようになった。

　もちろん，短時間で疑問が解消されるものばかりではなく，比較的長期間そこで生活しないと理解や習得のできない非言語表現もある。会議やプレゼンテーションでの仕草や進め方に関する非言語習慣，宗教活動での習慣的儀礼行為，身分や権利の範囲によって制限される行動の自由度などは複雑で多岐にわたるため，調べればすぐに理解・習得できるものであるよりも，生活体験を通して徐々に，そして幅広く把握・実践できるようになっていくものである。

　したがって，非言語メッセージの授受を学ぶ際には，比較文化のハウツー的情報を参照しつつ，実際に生活体験をしながらよく観察し，周囲の人びとに質問などをしながら1つひとつ了解事項を増やしていくことが肝要である。

▷1　ここでは，ジョージ・スタイナーが示した「むずかしさ」4つの次元を参照しつつ，さらに大まかな2つの次元に分類した。Steiner, George (1980). *On Difficulty and Other Essays*, Oxford UP.

③ 深い洞察や分析，発想の転換を要する非言語文化の理解

　深い洞察の幅や批判的分析力が不足しているために理解できていないというレベルでは，そのことに当事者自身が気づいていない場合が多い。このレベルの難解さは，理解の対象があまりに微妙な手掛かりしか提供してくれないことや，根本的な物事の認識の仕方が違うことに起因する。

　非言語メッセージを理解する手がかりが微妙なものの典型的なものは，文化の排他性にかかわるものである。文化は，「異質な他者」を許容するが，それが許容範囲を超えたとき，微妙な非言語表現で「異質な他者」を矯正・排除の対象として扱ったりする。スティーヴン・グリーンブラットは以下のように述べる。

　　特定の社会の文化の埒外にさまよいでる者にたいしてなされる，もっとも有効な矯正手段は，重罪人のために定められている人目を引くような処罰——追放，癲狂院への収容，労役，処罰など——ではなく，一見して無害な対応である。すなわち見下したような微笑み，温情とも嘲りともつかぬ笑い，軽蔑の編みこまれた鷹揚な憐憫，冷淡な沈黙。[2]

このようなメッセージの意味を瞬時に掌握するためには，深い洞察力と幅が要求される。また，物事の認識の仕方が根本的に異なることが原因で非言語メッセージを理解できないこともある。この場合，単に知識を得れば理解できるようになるものと違い，経験の仕方や認識の方法自体に変革や転換が起こらなければ，難解であったり気づかなかったりするようなメッセージである。

　例えば，米国のメディアにおけるアジア人女性のイメージというものを改善することは非常にむずかしいという。西洋でのアジア人女性に関する認識の方法そのものが長い間の反復によって定着しており，その結果，アジア人女性とはエキゾチックで従順な純粋無垢さをかもし出す「ゲイシャ系」か，そうでなければ，悪魔的な誘惑をする「ドラゴン・レディー」的な猛女であることが指摘されている。こうした表象に対してアジア系米国人の側から異論が出されているが，認識の変更はなかなかむずかしいようである。[3]

　なぜなら，そもそも 19 世紀以降，「アジア人」というヨーロッパからの見下しのレッテルを「アジア人」と自認するようになった人びと自身も受容し，そのような見下しが刻印されたまま，自分たちをそのように自己言及的に呼びかけ連帯しているからである。したがって，歴史上の力関係における「アジア人」というレッテルの受容の歴史の深い把握によって現在の認識そのものを転換させないかぎり，つまり，新たな意味を「アジア人」というものに付与しないかぎり，「アジア人」の非言語表象は，「西洋人的なもの」から明確に区別されたままの状態でいることになる。[4]要するに，非言語表象が放つ意味を深く理解するためには，ことばや思想の歴史をも考慮に入れた深い洞察と分析および新たな存在論が必要となるのである。

（板場良久）

▷ 2　スティーヴン・グリーンブラット（1994）「文化」フランク・レントリッキア＆トマス・マクラフリン／大橋洋一他訳『現代批評理論——22 の基本概念』平凡社，478-479 頁。

▷ 3　Lay, Erica M. (1999). "Asian American Representations." *Women & Language*, 22, 48.

▷ 4　それまでは，「アジア人」という西洋から区別されたものとしての主体性は，現在のような自己認識のカテゴリーとしては存在しなかった。酒井直樹（2001）「誰が『アジア人』なのか？　呼びかけ，暴こう，普遍主義の罠」『世界』岩波書店，234-248 頁。

V 非言語

3 沈黙の意味

1 高コンテクストと低コンテクスト

日本は黙っているのに通じあえる以心伝心の国であるということを，ときどき耳にする。そして，それは，ことば以外のコンテクストに依存する度合いの高い文化特性であると考えた文化人類学者がいる。E・T・ホールである。

ホールによれば，コンテクストとは，メッセージを伝えあおうとする我々が依存するもので，社会的・心理的・時間的・物理的環境すべてを含むという。しかし，ホールはそこで終わらず，さらに，文化によってコンテクストの重要度が異なると考えた。つまりコンテクストに頼る度合いによって，予め異なるとされる複数の文化を「高低」で序列化・分類し，それによって様々な文化をよりよく理解しようとした。

そして，メッセージを解釈する際にコンテクストに頼る度合いの高い文化を「高コンテクスト文化」と呼び，その度合いの低い「低コンテクスト文化」の対極に置いた。高コンテクスト文化では，朝の出勤後に，黙っていても好みのお茶やコーヒーがデスクに運ばれてくる職場のように，構成員が行動規範をすでに共有しているため，いちいち説明したり説明を求めたりする必要がない。一方，低コンテクスト文化では，了解事項が少ないため，黙っていると何も伝達されず，あれこれと説明をしたり自己主張したりするという。

しかし，ホールやホールの継承者らが文化本質主義的であると批判されていることは注目すべきである。それは，文化を序列的に分類するために，文化を本質的に固有なものとして予め分類しておいたという批判である（Ⅶ-3 参照）。この「分類するために分類しておく」ことを誘導した発想こそが，文化にはそれぞれ固有な本質的特徴があるので予め分類できるという確信である。だが，予め分類された文化の固有で本質的な特徴が何であるかを，すでに分類したうえで探っていくという矛盾をおかしていたのである。

2 無国籍な沈黙

また，別の角度から進められてきた研究も，コンテクスト依存度が文化の分類基準にならないことを示唆している。とりわけ J・V・ジェンセンの沈黙研究などは，ホールの低コンテクスト文化においてさえも，沈黙という高コンテクストな伝達行為が重要な機能を果たしていることを示した。同情を表す沈黙，

▷1 エドワード・T・ホール／安西徹雄訳（2003）『文化を超えて』研究社出版（原著の初版は1977年に出版されている）。

▷2 E・T・ホール学派が本質主義的であると批判されてきた根拠と経緯を紹介したものとして，Ess, Charles & Sudweeks, F. (2005)."Culture and Computer-Mediated Communication: Toward New Understandings." *Journal of Computer-Mediated Communication*, 11 (1), article 9 がある。オンライン：http://jcmc.indiana.edu/vol11/issue1/ess.html

▷3 Jensen, J. Vernon (1973)."Communicative Functions of Silence." *ETC: A Review of General Semantics*, 30(3), 249-257.

不愉快なときに応答を拒絶する沈黙，反論がないことを示すための沈黙などは，低コンテクスト文化と名づけられた関係においても日常的に起こるという。

もちろん文化比較を意識させるアンケートでは，沈黙の美徳を教育されてきた社会集団とそうでない集団とでは，沈黙の価値や重要度について異なった回答をしても不思議ではない。しかし，沈黙研究は，たとえ価値観の表明に集団間の格差が現われるとしても，高コンテクストを示す沈黙表現が，地域にかかわらず，様々な人間関係で用いられているという実態を示したのである。

以上のような批判を考慮したところでようやく，我々は，沈黙の意味と文化の関係の考察というテーマにそって，はじめの一歩を踏みだすことができる。

3 沈黙に潜む権力の陰

たしかに，ホールがいうように，黙っているのに通じるのであれば，それはコンテクストにかなり依存しているはずである。しかし，コンテクスト依存度は文化を規定するものではない。どの文化であれ，新メンバー（幼児・新入生・新入社員など）にはよく説明するし，行動規範が共有されれば「言わずもがな」の部分が増えてくる。しかし，「言わずもがな」は，楽観主義者には美徳かもしれないが，問題をはらむ状況でもあり得る。

問題は，コンテクスト依存度の高さが文化を特徴づけるかどうかではなく，どのようにコンテクストに頼っているかである。黙っているのに通じるとき，それは本当に行動規範を共有しているからなのだろうか。黙ってお茶が出てくるとき，お茶を出す側は，規範や価値を静かに共有しているふりをしているかもしれないのである。黙っていても通じる関係だからといって，それが文化的調和の印と決めつけることはできないのである。

このように，コミュニケーションにおける沈黙というのは，高コンテクストの象徴のように捉えられてきた一方で，実際には力関係が微妙に交差する磁場でもある。つまり，様々な関係をよく調べてみると，何かを調和的に共有しているから以心伝心的なコミュニケーションができるというよりも，コンテクストの要請に黙って従えという力が作用している結果，そのような「言われる前に自ら察する行動」に出ている可能性がある。そのほうが得だからというのが動機かもしれないし，そうしないと排除の対象になるかもしれないという不安が静かなるコミュニケーションを条件づけているかもしれないのである。コンテクストに依存する静かなるコミュニケーションは，文化のエスニックな状態ではなく，文化の要請，力関係における支配的なものからの要請である（Ⅱ-7 参照）。

沈黙とは複雑な出来事である。破られることで意味が生じる沈黙もある。安心感の原因や結果としての沈黙もある。一方で，文化による抑圧やそれへの抵抗の結果として表われる沈黙もある。黙っている意味が本人すらわからない場合もある。こうしたことも，このあとⅤ-4で触れていく。

（板場良久）

▷4 20世紀初頭の黒人一家を題材にした映画『カラーパープル』（1985年）では，妻が夫に，ジュースに唾を入れてから出すシーンがあるが，これはジェンダー規範にしたがったふりをしながら密かに行なう抵抗を意味している。

▷5 このようなことを書くと，日本文化の平和を乱すという反論がくるかもしれない。しかし，それは誰（何）にとって都合の良い平和なのだろうか。

▷6 遠藤周作の『沈黙』は，ポルトガル出身の宣教師が信者救済のためにあえて踏絵を踏むとき，それまで沈黙していたイエスがはじめて語りかける物語であり，まさに破られる沈黙が意味をもたらすことを示すものである。

V 非言語

4 沈黙とトラウマ

1 力関係と沈黙

「KY」という流行語にまつわる陳腐な日米比較がある。「KY」は，日本人には「空気を読め」という意味だが，アメリカ人には「契約書を読め」という意味だという。しかし，それは，必ずしも実態の違いを意味しない。

「まずは黙って空気を読め」というのは文化の要請である。そのほうがコミュニケーションがうまくいくからだというのが根拠のようだが，裏を返すと，空気を読めない「日本人」が少なくないということでもあり得る。そうでないと，「KY」は流行らないからである。「KY」の普及は，黙って空気を読めない人を特定することで，更正や排除の対象にしてしまうこともある。したがって，自己は，自ら取り込んだKY的な規範によって，主張することを抑制する。つまり，沈黙というのは，自己主張を抑制した症状として現出していることもある。また反対に，自分（たち）が沈黙することで，他者と政治的に対置することもある。その有名な例に「**声なき声**」や「**サイレント・マジョリティ**」があり，また，低俗な表現に「言わせておけばいい」がある。したがって，沈黙とは，ミクロな関係においても，マクロな闘争の磁場においても，政治的な力関係と無関係ではないものも少なくないのである。

2 トラウマ

このように，沈黙は，自己抑制の結果でも手段でもある。このうち自己抑制の結果としての沈黙は，本人の自覚とともに出ている場合もあるが，本人の自覚がまったくなく，しかしなぜか本人を苦しめる症状をともなって顕在化している場合もある。後者の現象が，トラウマ症状としての沈黙である。

トラウマということばは，一般的にも使われるようになったが，その場合のトラウマとは，「癒し」の反語としての意味あいが強く，不安な自己にことばを与えて自己管理しやすくするための現代的な知恵を指すことが多い。特に不確実で不可解な出来事を包括的に説明してくれる「大きな物語」が凋落しつつあるポストモダン状況において，自分を取り巻く関係で喜怒哀楽をともなって日々生じる感情的な自己は，自分の責任で慰めたり納得させたりする資源によって安心感を得ている。

しかし，精神分析でいうトラウマとは，のちの精神的外傷の原因にもなるよ

▷1 声なき声
1960年の「安保闘争」で，当時の岸信介総理大臣が，安保反対運動に参加していない国民を「声なき声」と言い表わし，声高に叫ぶ反政府的な国民が少数派であること示そうとした。

▷2 サイレント・マジョリティ
1969年のニクソン米大統領の演説で，ベトナム戦争に反対する発言や運動をしない多くの米国市民を「サイレント・マジョリティ」（静かなる多数派）と呼び，ニクソンの政策が支持されていることを示そうとした。

▷3 ジャン＝フランソワ・リオタール／小林康夫訳（1989）『ポスト・モダンの条件――知・社会・言語ゲーム』水声社，などを参照。

▷4 それは，各種占いや性格診断であったり，ポップ・カルチャーのメッセージだったり，癒しのグッズだったりする。そして，自分が傷ついたとき，その感覚に「トラウマ」ということばを与えることで，自他ともに理解可能な感覚となり，逆に安心感が与えられるのである。

うな心の深層にまで入り込んだ「記憶にすらならない記憶」を指すことが多い。下河辺美知子のことばを借りれば、「トラウマ記憶と呼ばれる特殊な記憶は、体験しているその最中には記憶として登録されず、時間がたってから身体症状その他の形で立ち戻ってくる」ものである。それは、語られている語りの陰で語ることが困難なほど沈黙を守る声、かろうじてあがる声になりそうでならない声など、耳を傾けても聞き逃してしまうほど抑圧の深淵に沈められた記憶は、やがて思いもよらぬ形となって「立ち戻ってくる」。

下河辺は、さらに、トラウマの特質は共同体の記憶にもあてはまるとしたうえで、そうした記憶につながる「最も衝撃的な出来事は、戦争である」という。報復が報復を呼ぶ戦争の当事者たちには、自分が戦争をはじめたという記憶はなく、この認識を前提に、戦争がはじまった現状を「語れば語るほど語りそこねたことが積み重なっていく」という。

トラウマは、また、戦争被害者にも顕著にみられる症状であり、そのような人びとと、その声に耳を傾ける人びととの間のコミュニケーションが問題となっている。例えば元「従軍慰安婦」と名づけられた「性奴隷」の証言とどのように向きあうのかは、異文化コミュニケーションの問題でもある。戦後の長期にわたり語ることを抑圧されたあとにようやくあげられた声の「正しさ」を問う聞き方でよいのか。犠牲者の話を同情の気持ちで「聞いてあげる」ことで「心の救済者」としての善なる自己を立ちあげるような聞き方でよいのか。贖罪意識が聞く側に芽生えることが目標なのか。そういった微妙な感受性や倫理観が求められるコミュニケーション的課題が今なお議論されている（VI-5 参照）。

3 管理の手段としての沈黙

最後に、もう1つ、トラウマ症状に類する沈黙について触れておきたい。それは、災害や戦争のような驚愕するほどの不意打ちをくらった結果として抑圧された記憶ではなく、制度的・文化的に生まれたときから受けてきた抑圧が自然化されている場合の沈黙である。これは、自己の別のあり方を考えることさえできないほど自由を奪われた状態から生じる沈黙で、秩序の維持・管理のための文化装置として機能する。

例えば19世紀後半の米国で奴隷解放が実現したが、解放された奴隷たちの多くは、解放後、いったい何をどうしたらよいのか、自分自身の頭で考え、決断し、実行していくことができなかったという。これは、現在の自己とは別のあり方を想像する手段すら奪われていたことを意味するが、この手段とは端的にことばであるという。解放された奴隷たちは、自立（自律）への道を歩むために必要な思考をすることばも奪われていたのである。作家M・アトウッドによると、抑圧者が被抑圧者にしてはならないことは、本を与え、読んで考えることを学ばせることである。これも一種の文化的な沈黙といえよう。

（板場良久）

▷5 ジグムント・フロイトは、その『精神分析入門』のなかで、身体の傷を意味した「トラウマ」ということばを比喩的に用いて、精神的外傷がもたらされるメカニズムを解明しようとした（ジグムント・フロイト／懸田克躬＆高橋義孝訳／井村恒郎編（1971）『精神分析入門』人文書院。

▷6 下河辺美知子（2006）『トラウマの声を聞く——共同体の記憶と歴史の未来』みすず書房、2頁。

▷7 下河辺（2006：2-4）。

▷8 これに関する課題を端的かつ鋭敏にまとめたものとして、本橋哲也（2002）「性——「弱者」への応答」『カルチュラル・スタディーズへの招待』大修館、159-182頁が参考になる。

▷9 Dodson, Danita J. (1997). An Interview with Margaret Atwood. *Critique*, 38 (2), 96.

V 非言語

5 作られる身体

1 侍の身体，農民の身体

　戦国時代の農村を舞台に，農民と協力しながら野武士と戦う7人の侍たちを描いた黒澤明監督の『七人の侍』(1954年)は，身体を考えるうえでも興味深い映画である。なかでも注目したいのが，農民と侍の歩き方や走り方の違いである。侍は馬を操れるだけでなく，地上での歩き方は颯爽としており，走り方は効率的でスピード感にあふれ，走る様子を横から映したシーンでは，侍の頭の位置はあまり上下に動かない。それとは対照的に，農民が走る際には，背中を少し曲げた状態で，ややドタンバタンという具合に，ガニ股で走るのである。

　こうした走り方の違いや身体の動かし方の多くは，生活習慣的・階級的・歴史的すなわち文化的に獲得されるものである。ここでいう文化とは，政治や経済や階級の思惑や状況が交錯する場である。したがって，普段平和な村で一生を農業だけで暮らしていけるのであれば，田畑に鍬や鋤を入れ収穫するような作業に必要な身体だけが開発される。だから，この映画のように，突如，野武士が襲いかかってくると，戦闘に必要な身動きができないのである。つまり，この農村は，7人の侍との連携がなかったなら，破壊されていたのである。

　このように，自分の身体がどのように動かせるのかは，自分の自由意志や生得的なものである以上に，その身体が置かれてきた生活形態および歴史の要請によるものなのである。したがって，身体の動きから，その身体を育んできた文化がどのようなニーズを抱えてきたかを読み解いていくことができる。

2 戦争，体操，そして近代的身体

　我々は今，どのような走り方をするだろうか。個人差はあるにせよ，必死に走るときは腕をよく振るのではないだろうか。そのほうが速く走れるからである。また，整列乗車をルールとする都会の駅で電車を待つとき，3列に並ぶのがむずかしいという人は少ないのではないだろうか。こうした身体の使い方は，できて当然だと思うかもしれないが，実際には訓練をしないとなかなかできないものなのである。実際，明治初期の日本人の多くは，腕を振って速く走ることも，並んで歩くことも，整列することもできなかったことが報告されている。その頃の学校には現在のような体育の授業がなかったことが原因である。

　しかし，明治10年(1877)の西南戦争で，政府軍が西郷軍に苦戦しながら鎮

圧したことを反省し，2年後の明治12年（1879）に，小学校では週5日間毎日30分の「体操」という授業が導入された。この原因となった西南戦争での西郷軍は，イギリス式の歩兵術の訓練を積んでいた一方で，徴兵制を通じて召集された農民や町人を中心に組織された政府軍は，うまく走ることも行進することもできなかった。そして，この新しい「体操」での訓練法は，軍事力のある西洋の身体運動の訓練法を模倣したものであった。▷1

3 身体の分類から身体の問題へ

これまでの非言語コミュニケーション論で「身体」というと「動作学」や「身体接触学（触覚学）▷2」の枠組みのなかで考える傾向があった。そのうえで個人的身体動作や対面時の距離や接触の仕方における国家間や人種間の比較などを行なってきた。▷3

しかし，上でみてきたように，我々の身体とは歴史的・政治的・経済的な意味が交差する文化的な場でもある。同じ国民として分類される人びとの間でも，階級差などを無視できない身体もあるし，集落・地域・国家の政治の歴史的変化の影響も考慮しなければ理解できない身体もある。換言すれば，身体とは複数の方面からの要請への応答でもある。

ヒトやモノが移動し，日本人の単一民族神話が崩壊し，▷4 多言語社会がいよいよ到来しようとしている現在，我々の課題も転換期にさしかかっている。従来の課題は，どのような文化の人びとが，どのような身体表現を，どのような意味で用いているのかを知るというものであった。しかし，現在の複雑化した情況における我々の問題意識は，むしろ，どのような文化的要請が我々の身体に向けられ，それに我々はどのように応じてきて，今後どのように応じていくのか，といった問いにも関心の目を向けるべきであろう。

このように注目点を変えることで，これまで意識の外にあった事象を問題化できるかもしれないのである。例えば，身体が文化的要請に応じていく能動的行為の主体であるならば，その要請に応じ損ねた身体について，どのように意味づけるのかといった倫理的問題を考えることができる。それは，「正座のできない日本人」や「鈍足なジャマイカ人」といった表現の意味や用法を改めることかもしれない（Ⅶ-3 参照）。また，複数の要請が交錯する身体において，それぞれが矛盾した場合の問題について考えることもできる。それは，整列乗車後の過酷な満員電車の無秩序のなかで秩序を自分で見つけなければならないときに起こっている問題を考えることかもしれない。

総じて，今後は，地域や人種による身体の紋切り型の分類比較を研究・学習するだけでなく，（自然を含めた）様々な要請が交錯する場としても身体を捉え，そこから文化の問題を考え提起していくことも重要課題となるであろう。

（板場良久）

▷1 伴一孝（2004）『子どもが熱中する体育の授業』明治図書。

▷2 個人主義的傾向の強い米国の非言語コミュニケーション論では動作学（kinesics）や身体接触学（haptics）のように，個人の身体表現と地域の関係をデータ観察から記述するものが中心で，歴史性や政治性を考慮しない傾向がある。

▷3 例えば，フランス人は，他の人びとよりも，密接に寄り集まる傾向があるといった考察や，ヨーロッパ人はあごを前に突きだすが，日本人はあごを引く傾向があるといった意見がある。

▷4 小熊英二（1995）『単一民族神話の起源──「日本人」の自画像の系譜』新曜社。

Ⅴ 非言語

6 身体改造

1 様々な動機・思惑とその実践

　身体改造とは，同属意識の表現・確認や美容などを目的として，身体の特定の部分の形状を変更することである。この行為には，様々な動機や思惑が働いており，自主性の高いものから強要性の高いものまで広範囲にわたる一方，時とともに変化する情況によって動機や思惑も変化していく。そして，身体改造には異質性を高める実践的側面もあり，そのような実践との関係を重視する異文化コミュニケーション研究が注目すべき行為・現象でもある。

○模倣と同一化の表現

　まず，最も身近な身体改造として，ピアスなどがあげられる。ピアスは身体的には耳たぶなどに小さな穴を開けるという単純な改造の程度であるが，文化的な意味は小さくない。この類の身体改造で注目すべきは，同属意識による模倣である場合が多いことである。

　つまり，まず，周囲がやっていなければやらなかった模倣的オシャレであること，そして，周囲がやらない部位にまでピアスをつける場所を移動させることで多少なりとも個性を出しうるものであること，さらに，その部位が耳たぶのように人目につく部位から人目にさらしてはいけない部位にまで及んでいることから，単なるオシャレ感覚という動機から，限定された機会での眼差しのみを対象にしたいという動機までをも含むものであることがわかる。

○美容目的の身体改造

　永久脱毛や植毛，脂肪吸引などの痩身，ほくろの除去，豊胸，歯列矯正などは，医歯薬学の知識と技術を活用した美容目的の身体改造である。この類の身体改造の特徴は，周囲の目を気にする自己の判断に基づいて行なわれるもので，比較的自主的に行なわれるものであるが，別の誰かからの意向により，半強制的に行なわれる場合もある。また，たとえ自主的に行なっているという自覚がある場合でも，社会的に得をするからという外的な動機も同時に取り込んでいるはずである。つまり，美というのは，そもそも社会的なものだということであり，それを個人が解釈して自分の美の実践に応用していくという行為が美容目的の身体改造である。

▷1　縄文時代の「みみずく土偶」の耳にみられるものは一種のピアスであるという説があり，その歴史の長さを物語る例としてしばしば登場する。

▷2　なお，自分の性別に違和感を覚える者が自主的に行なう性別適合手術も，所属すべき性別カテゴリーへの同一化を果たすための行為と考えることができる。

2 必要と強要の狭間で

　視覚メディアに登場する芸能人が行なう各種美容整形手術や歯列矯正などは，本人の意図とは別に，職業絡みの行為としても理解できる。手術をともなわない痩身も，必要から行なわれる場合も多く，比較的よくある身体改造である。

　また，自分が取り組んでいることが，今よりもさらにうまくできたらと希求することは不思議ではない。ピアノ演奏者のなかには，手が大きければ，もっと上手に演奏できるのにと悩むこともあるという。そして，指と指の間に切れ目を入れられないかと真剣に考える場合もあるという。▽3

　スポーツ選手の身体機能向上のための訓練も一種の身体改造である。また，医学的技術の発展と社会的価値の変化とともに，科学的な身体改造の許容度も変化している。例えば，人体に害がないとされるプロテイン摂取は許されるが，筋肉増強剤の投与歴が判明した場合，その選手の活動は制限される。

　こうした身体改造は，本人の意思で行なうものであると同時に，身を置く文化の要請でもある。つまり，自分の意思と所属文化の要請との関係にも注目すべきである。なぜなら，できれば身体改造などしたくないが，現実は厳しいので身体改造の必要が生じると本人が感じることも多いからである。要は，この種の身体改造とは，純粋に自分のなかに芽生えたものではないのである。一方，自分はまったく望んでいないが，所属集団が強要するために行なう身体改造もあり，むずかしい問題をはらんでいる。▽4

3 異文化コミュニケーション研究の課題

　このように身体改造は周囲との同一化や差別化の手段として行なわれ，自主的であったり強要的であったり様々である。まず，自分にとって異質な身体改造の行為者といかに関係を取り結ぶのかという大きな課題がある。相手を許容する場合でも，その範囲はどこからきて，どのように正当化でき，その正当化は妥当なのかといった問いを考える必要がある。また，許容する自分の立ち位置も認識すべきである。「親からもらった身体に穴を開けるとは何事か」と若者を罵るヘビースモーカーは，「煙草は文化だ」とでもいうのだろうか。

　また，異質だと思うだけでなく介入も必要だと思われる身体改造は，単に文化相対主義の立場から，それぞれのやり方でよいとして，傍観するだけでよいのだろうか。集団内部からの悲鳴があがってはじめて，介入が可能となるのだろうか。内部が気づかないことは，そのままでよいことばかりなのだろうか。

　最後に，様々な身体改造が同一化や差別化，抵抗という思惑のなかで行なわれているが，そのほとんどが現在，資本主義的な文化構造内で行なわれ，消費につながっているようだ。したがって，身体改造問題を契機に，自主的な行為や強要的な行為と消費文化との関係について考えてみる価値がある。　　　（板場良久）

▽3　手の不具合を主な理由に 19 世紀の米国で行なわれたが効果が疑わしく廃れたという報告がある。Dunning, Jennifer (1981.6.14). "When a Pianist's Fingers Fail to Obey." *The New York Times*.

▽4　現在も行なわれているものには割礼や女性器切除などがあり，内外から批判の声があがっている。廃れたものには中国の纏足（女児の足に布を巻き小足のまま成長させる習慣）などがある。纏足は，不衛生で女性支配的蛮行であるという批判などもあり，衰退した。

Ⅵ 時間・空間

1 様々な「時」の捉え方

1 多様な「時」

　「時」のイメージを描いてみなさいと言われたら，あなたはどのような図を描くだろうか。ある大学の授業で試みたところ，直線と矢印の組み合わせや，円と矢印で表すもの，時計の文字盤，砂時計，太陽と月，四季で表すものなど，様々な表現があった。だが，最も多く描かれたのは，時計の文字盤だった。これは，私たちにとって最も身近なメディアが時計であることと，私たちにとっての「時」とは時計が指し示すものに還元されていることを示している。

　実は，時計が指し示すもの以外にも様々な「時」がある。例えば，真木悠介が指摘するように，牧畜作業との関連で表す「時」がある。牛舎から牛を連れ出す頃や，牧草地へ連れて行く頃，搾乳の頃といった表現を使うのである。また，農業中心の生活をしている人びとにとっては，自然の動きと共に1日の生活が営まれている。外が暗くなれば野良仕事はできないので，自ずと太陽の動きに合わせざるを得ない。

　ジェレミー・リフキンは，どんな文化も時間というそれぞれ固有の指紋をもっていると言う。彼は，これを「時間の指紋」と表現する。文化を理解する基本は，その文化の「時」を知ることが重要だというのだ。多様な「時」があることにまず気づかなければ，ある文化を理解する端緒さえ開けないのかもしれない。

2 時間意識の体系化の試み

○ポリクロニックな時間とモノクロニックな時間

　様々な時間意識を体系的に整理しようとする試みが，これまでになされてきたが，ここではその代表的な概念である「ポリクロニックな時間」と「モノクロニックな時間」を見ていく。E・T・ホールは，少なくとも時の捉え方には2つの異なったものがあり，それをポリクロニックな時間とモノクロニックな時間と呼んだ。ポリクロニックな時間とは，対人関係やその時々の出来事を優先する時間意識で，そこでは結果として同時に複数のことが行なわれることになる。例えば，ポリクロニックな時間意識が強い人は，ビジネスランチが順調に進み取引相手と緊密な関係が築かれつつある時は，次の予定を無視してランチを継続するだろう。また，井戸端会議をしながら，夕飯の支度をしたり，子どもの世話をするのも，ポリクロニックな時間意識が強いといえるだろう。つまり，

▷1　真木悠介（1981）『時間の比較社会学』岩波書店。

▷2　ジェレミー・リフキン／松田銑訳（1989）『タイムウォーズ――時間意識の第四の革命』早川書房。

▷3　エドワード・T・ホール／宇波彰訳（1983）『文化としての時間』TBSブリタニカ。

時を直線的な流れと捉えるのではなく，その時々に起こる出来事に応じて対処していくというのがポリクロニックな時間感覚なのだ。

一方，モノクロニックな時間感覚とは，スケジュールに従って次々と予定をこなしていくことに価値を置くものである。現代社会，特にビジネスの世界では，モノクロニックな時間が「基準」とさえなっている。ポリクロニックな時間意識が強い地域へ赴任した日本の海外駐在員が最も頭を悩ませるのが，現地スタッフとのスケジュール調整だという。なかなか計画通りに仕事が進まないという不満の声がよく聞かれる。[4]

○ 出来事時間と時計時間

ロバート・ラウワーの「出来事時間」と「時計時間」[5]も様々な時間感覚を体系化しようとする試みの1つである。出来事時間とは具体的に起こったことと「時」とを結びつけるもので，もう一方の時計時間とは機械時計が刻む「時」のように人工的で均質な時の流れを基本とするものである。「そろそろ時間だから……」といって話を遮ろうとする時計時間中心の生活を営む私たちには，その一言が，話が終わった頃がお互いにその場を離れるときだと思っている人，つまり出来事時間に生きている人をいかに傷つけているのか，想像すらできないのではないだろうか。

3 様々な「時」を経験している私たち

モノクロニックな時間や時計時間中心の生活を送っている私たちだが，実はそれだけではない「時」はまわりにあふれている。楽しい時はあっという間に過ぎるのに，退屈な時はなかなか進まない。こうした主観的な時間感覚は誰もがもっている。「時差ぼけ」を経験したときに気づく体内時計もある。また，私たちは「時」や「時間」といわれるとまず時計を思い出してしまうため，もっと長いサイクルでまわっている「時」のことに思いが及ばないが，暦やカレンダーもめぐり来る「時」を知らせてくれている。

機をうかがうとか，タイミングをはかることも「時」の一側面である。[6]私たちは，相手との関係にひびが入るかもしれないからと，メールの返事をすぐに出そうとする。また，相手を訪問する際は，相手の都合のいい時間を見計らって訪れるし，電話をかけるタイミングにも気を使う。万が一こうした時機を逃してしまうと，何らかの非難を受けることを私たちは知っているのだ。

このように，私たちの日常は，様々な「時」であふれている。異なる時間感覚をもつ他者と接した際，まず自らの日常を見直すことからはじめてみてはどうだろうか。

(鄭　偉)

▷4 Zheng, W. (2002). *Intercultural Interactions Between Japanese Expatriate Managers and Their Chinese Subordinates: A Qualitative Approach to the Japanese Companies Doing Business in Shanghai.* Unpublished master's thesis, International Christian University, Tokyo.

▷5 Lauer, Robert H. (1981). *Temporal Man: The Meaning and Uses of Social Time.* Praeger.

▷6 池田理知子＆鄭偉 (2006)『中国と日本における時間——異文化を流れる「時差」』国際基督教大学社会科学研究所。

VI 時間・空間

2 重層的な「時」の意識

1 潜在化／顕在化を繰り返す時間意識

　朝起きて出勤するまでの時間，テレビ画面のテロップが知らせてくれる時刻を気にしながら慌しく出かける準備をするビジネスマン。だが，ひとたび電車に乗って座れたとすると，危うく乗り過ごしそうになるほど読書やゲームに没頭する。そして，会社に着けば，業務を次々とこなしていく。だが，仕事が終われば，行きつけの店でのんびりとした時間を過ごす。こうした1日を過ごすビジネスマンは少なくない。私たちの日常も，彼の1日のように様々な「時」が入れ替わりながら過ぎていく。

　ジャン・ゲブサーは，こうした様々な時間意識が存在し，かつそうした意識が潜在化と顕在化を繰り返す現象を「意識構造理論」として体系化した[1]。ここでは，この理論が説く3つの意識・世界について見ていく[2]。

2 3つの意識世界

○マジックな意識・世界と「時」

　マジックな意識・世界では，意味するものとされるものがはっきりと分かれていない。したがって，メディア／媒介物が存在しない世界であり，その世界のことをメディアとしてのことばで伝えようとすると，どうしても無理が生じる。マジックな意識・世界における言語は，何かを表象しているのではなく，それそのものなのだ。ことばとことばが指し示すと思われるものの間に距離がほとんどなく，一体化している。例えば，名前はその名をもつ人を表しているのではなく，〈名前＝人〉なのだ。そこでは，名前を奪われるということは，その人自身の存在がなくなるとみなされるのである。

　マジックな意識・世界における「時」は，広がりや長さをもたない。一瞬一瞬が意味をもつ，濃密な「時」である。先ほどのサラリーマンが読書やゲームに没頭して，我を忘れ，時間が経過したことなどまったく気づかなかった状態が，まさにマジックな瞬間なのだ。

○神話的意識・世界と時間

　神話的意識・世界では，マジックな意識・世界における一体感が薄れ，意味するものとされるものの間に距離が生まれてくる。だが，完全に別々になったわけではなく，両者の間には情緒的あるいは感情的なつながりが残っている。先

▷1 Gebser, Jean (1985). *The Ever-present Origin* (N. Barstad & A. Mickunas, trans.). Ohio University Press. (Original work published 1949).

▷2 ゲブサーは少なくとも5つの意識・世界が認識されるとするが，それ以上ある可能性も示唆している。ここでは，その5つのなかの3つを取りあげる。3つの意識・世界については，池田理知子＆E・M・クレーマー（2000）『異文化コミュニケーション・入門』有斐閣を参照。

のサラリーマンにとっての行きつけの店は，何にも代えがたい特別な場所であり，そこに足を踏み入れたとたんに，彼は安心感を覚える。そこは，彼にとっては神話的な時空なのである。

神話的な意識・世界においては，時・時間がもつ本来の意味が生きている。クリスマスはキリストが誕生した聖なる日であり，人びとが敬虔な気持ちになる時だし，仏滅の日にはお祝い事は避けなければならない。神話的な時間意識の強い人は，そうした日のもつ意味を真剣に受け止めているのだ。私たちも，選択肢があれば，仏滅の日にあえて結婚式をしようと思わないのは，神話的な時間意識の名残りがあるからだといえよう。

○ 記号的な意識・世界と時間

記号的意識・世界では，クリスマスはキリストの誕生日という意味を失い，単にプレゼントを交換する日となり，仏滅も結婚式場が安く使える日となる。意味するものとされるものの距離がさらに広がり，両者は具体的な関係から恣意的・抽象的な関係となる。また，あえてそれでなければならないというこだわりもなくなり，交換可能な関係となる。行きつけの店にこだわる先のサラリーマンも，お腹を満たそうとするだけならどの店でも構わないだろう。

1日を機械的に区分し，その時々の時刻を知らせてくれる機械時計は，記号的時間意識を反映している。規則的に時を刻む時計は，先の出勤前のサラリーマンの行動に見られるように，私たちの体調やそのときの気分にお構いなしに私たちを次の行動へと追い立てるのだ。

3 相互理解を阻む力

私たちは，時計から逃れられない生活を送っている。どこに行っても，時計がある。部屋の中を見回せば，ビデオ／DVDプレーヤーや電子レンジなどにも時計がついている。街中でも，たとえ携帯電話や腕時計を忘れたとしてもそれほど不自由しないほど，どこにでも時計がある。このように，時計が指し示す「時」に振り回されているかのような私たちの生活だが，実は必ずしもそれだけではないことは，冒頭の例からもわかるだろう。記号的な時間意識が優勢であることは間違いないだろうが，3つの意識・世界が潜在化と顕在化を繰り返しており，しかもその意識の変化が突然起こることを考えると，私たちの日常はもっと多様な「時」にあふれているはずだ。

また，常にこの3つの意識・世界が私たちのなかに重層的に備わっているのだとすると，一見異なる意識・世界が強く現われている人であっても，お互いに理解することは可能だ。だが，実際には相互理解がなかなか進まないことも確かで，それは，むしろ他の意識・世界を認めようとしない力が私たちのなかに働いているからなのかもしれない。その力の作用を明らかにしていくことが，異文化コミュニケーションの課題なのではないだろうか。

（鄭　偉）

▷3　ゲブサーは，このような意識の重層的関係および突然の変異を，プラス・ミューテーションと定義し，直線的変化を前提とするマイナス・ミューテーションと区別している。

VI 時間・空間

3 睡眠と起床

1 「目覚まし」というメディア

　辺見庸の小説『自動起床装置』には，自然な目覚めが機械によって妨げられることへの憤りを露にする男が登場する。「産業革命期をへて目覚まし時計というものが発達していくよね[1]。眠りと覚醒を機械的に，強制的に区別しようという考え方が勢いづいていくんだ[2]」と男は言う。彼が指摘するように，私たちは毎朝目覚ましの音で1日の活動へと強制的に追い立てられる。時には，目覚ましに八つ当たりするほど腹立たしくなるのだが，結局その音に従ってしまう。さもないと，遅刻するだめな人間というレッテルを貼られかねないからだ。

　1日を機械的に等分して時を刻む時計は自然のリズムから私たちを引き離すメディアだが，「目覚まし」もそうした役目を担う。疲れているからもっと寝ていたい，という身体が発する声などまったく聞いてくれない。しかも，先の男が言うように，「すまないけれど，起きなきゃならないんだ。そういって心をこめて起こす[3]」ことなど到底できない機械なのだ。

　さらにこの男は，目覚まし時計が登場してから「だんだんに覚醒時の方が睡眠時より大事という考え方，睡眠を覚醒に従属させる発想が普通になっていくんだ」と続ける。確かに，1日の約3分の1の時間を占める睡眠は，その質と量[4]が大事だと言われているわりには，その言われ方の中身をよく考えてみると，覚醒時の活動に悪影響を与えかねないから，良質で適度な長さの睡眠が必要だといっているに過ぎないことがわかる。

2 内在化する「目覚まし」

　現代社会においては，何もしないことがあたかも悪いことであるかのように思われ，ぼんやりと1日を過ごしていると他人の目が気になってくる。同じように，睡眠時間が長いと暇な人だと思われてしまうようで，人に言うのをためらう。寝ることが，まるで何もしないでサボっているかのように，ネガティブに捉えられているのだ。

　電灯の発明とその後のテクノロジーの発達で，夜の闇は次第に消え，日中とさほど変わらないほどの明るい町並みが続く。24時間営業のコンビニは，都会だけではなくあちらこちらでまわりを明るく照らしている。まるで夜の時間が昼の時間に侵食されているかのようである。人びとの活動も，その明るさに合

---

[1] アラーム機構を備えた時計は1400年頃にすでに見られるが，その役割は目覚ましのためではなく，神への祈りの時間を知らせるためであった。現在のような用途の目覚まし時計が普及したのは18世紀頃だという。織田一朗（1999）『時計と人間――そのウォンツと技術』裳華房，96-97頁を参照。

[2] 辺見庸（1994）『自動起床装置』文芸春秋社，68頁。

[3] 辺見（1994: 68）。

[4] 辺見（1994: 68）。

わせるかのように，昼夜を問わず行なわれる。社会全体が，何も活動しない時間を作らないようにしているとしか思えないほどだ。

　私たちの生活も，そうした流れのなかで，寝る時間が次第に遅くなる。遅くまで人と会ったり，昼間やり残したことをやったり，ネットでの検索や「日記」のアップをしたりと，夜の活動は活発になる。それでも，朝は決まった時間に「目覚まし」の音で強制的に起こされる。いや，「目覚まし」などすでにいらないほど私たちの身体は決まった時間に自動的に起きるようにセットされている。休日の朝なのにいつもの起床時間に目が覚めてしまったとか，「目覚まし」が鳴る前に起きてしまう，という経験は誰しもがあるのではないだろうか。まるで，「目覚まし」が体内に埋め込まれているかのようである。

③ 私的時間と公的時間

　少なくなった睡眠時間を補うためなのか，電車のなかでうたた寝をしている人の姿が目立つ。筆者の知り合いの米国人は，東京を走る電車や地下鉄のなかで多くの人たちが寝ている姿を見て，日本人はなんと疲れた人が多いことかとあきれていた。私たちも，同じように彼（女）らの姿をだらしないと思っているところがあるのではないだろうか。猫がうたた寝をしている姿を見るとうらやましいとさえ思うのに，電車のなかでうたた寝をしている人を見てもそうは思わない。それどころか，マイナスの評価をしてしまうのはなぜだろう。

　それは，睡眠という「私的な時間」が，活動するための昼間の「公的な時間」を侵食してしまっているからなのかもしれない。しかも，「公的な時間」というだけでなく，電車という「公的な空間」でそれがなされるため，なおさら気になるのではないだろうか。ケータイの相手と交わされる私的で中途半端な会話が気になったり，若い女性の化粧をする行為が気になったりするのと同じである。

　だが，「私的な時間」と「公的な時間」とはそれほど厳密に分けられるものなのだろうか。電車のなかで本を読むのは私的な行為に違いないが，それを「公的な時間／空間」に私的なものを持ち込む許されない行為だとはおそらく誰も思わないだろう。さらに，「私的な行為／時間」とみなされている睡眠に関しても，夜更かしをする子どもと発達の関連性が議論されたりする状況を見ると，私的な行為に公的な次元がかかわってくることが容易に想像し得る。▲5 ▲6

　そうなると，電車のなかのうたた寝という行為も，それほど眉をしかめるような行為ではないのかもしれない。むしろ，うたた寝を非難してしまう私たちを通して，〈うたた寝＝無為な時間〉と考えがちな私たちの時間概念そのものが浮き彫りになるかもしれない。スペインのシエスタや中国の午睡の習慣と同じように，公共交通網が発達した日本の都会の１つの習慣として昼間の電車のなかのうたた寝をみなせば，違った様子が見えてくるのではないだろうか。

（池田理知子）

▶5　久留米大学の研究チームが行なった調査によると，平日夜10時以降に寝る幼児は，発達が遅れたり，アンバランスになったりする危険性が高いことが指摘されている（2009年4月2日14時38分のYOMIURI ONLINEより）。こうした研究が行なわれ，ニュースとなることが，私的な領域への公的な介入につながるのではないだろうか。

▶6　政治や司法などの領域を「公領域」とし，家庭を含むそれ以外の領域を「私領域」とするのが「公私二元論」である。だが，この考え方には限界があると指摘されている。山脇直司（2004）『公共哲学とは何か』筑摩書房を参照。

VI 時間・空間

4 誕生日・記念日・権力

1 見られる時計と見る時計

「大きな古時計」という歌がある。この「おじいさんが生まれた朝に買ってきた時計」は,「おじいさん」が「天国へ昇る」ときまで,「百年休まずに」動き続けてきた「何でも知ってる古時計」である。この歌が興味深いのは,時計に「見る」側の主体性を与えている点である。通常,時計は人間に「見られる」対象である。しかし,ここでは,時計が「おじいさん」の一生を見てきたことで,何でも知っている主体的存在として語られているのである。

このような描写は単なる詩的誇張として片づけられるものではない。実際,私たちは,時計を見ながら時計に見られてもいる。私たちは,しばしば,時間を有効に使いたいと思う。しかし,私たちは同時に,時間によって有効に使われてもいるのである。私たちが時計を見るとき,時計は何も語らないのに,私たちは自分の行動の速度を調整する。こうしたことは,時計がなければ起こらないことである。このように時計とは,私たちがかかわる諸関係を時間的に管理する手段であり,その管理のための力を媒介する道具なのである（Ⅵ-2参照）。

2 国家の誕生日,個人の誕生日

国家の誕生日（独立記念日）を祝賀する文化政策は,多くの国でみられる。日本では,その起源（誕生）を求める政治的努力がなされた。その結果,2月11日を「建国記念の日」としている。この日を選定した根拠は「紀元節」であるが,立証がむずかしいこともあり,原案の「建国記念日」を修正し「建国記念の日」のように「の」を入れる妥協案で審議を乗り切った経緯がある。

また,こうした政治的駆け引きがあったにもかかわらず,国家が「誕生日」をもつことが自然であるかのようなレトリックも行使された。例えば,当時の中曽根康弘首相は,個人に誕生日があるように国家にも誕生日があるのが自然であるという内容の答弁を行なった。しかし,そこでは,そもそも個人の誕生日が政治的な要因で制度化された経緯が隠蔽されていた。

「おじいさんの生まれた朝」は,「おじいさん」の誕生日であるが,当然であることは自然であることを意味しない。個人の誕生日とは,国家の記念日同様に,カレンダーの存在を前提として認定・認識されるものである。カレンダーは,地球物理学的な側面もあるが,自然そのものではなく,むしろ,文明である。

▷1 米国で発表された原詩はHenry Clay Workの"My Grandfather's Clock"(1876)で,日本では1960年代以降普及し,2002年に平井堅がカバーしたことで,21世紀に入り再び耳にすることが多くなった歌である。

▷2 「大きな古時計」の原詩"My Grandfather's Clock"が米国で書かれたのが1876年である。そこから「百年」（原詩では90年）遡ると,独立宣言（1776年）やそれを国際的に認めたパリ条約（1783年）の頃である。「おじいさん」とは初期のアメリカなのかもしれない。

また，個人の誕生日を登録することは，人口管理のための制度であるし，本人や家族，友人がそれを祝う習慣は，そうした制度の歴史と無関係ではない。

　このことは，「満年齢」の計算法が比較的遅れて定着した日本の場合を考えるとわかりやすい。日本で個人の誕生日という制度と文化が定着したのは，戦後の配給制度において，子どもたちの正確な年齢を把握し，それによって配給食糧の適切なカロリー計算をしようとしたことが主な要因であった。それまでは，「数え年」計算が主流であり，出生時に1歳，最初に迎える元旦に2歳になるというものであった。例えば，ある年の12月31日に生まれた子どもは翌日2歳となり，同年1月1日に生まれた子どもも2歳となる。ほぼ1年の差があるにもかかわらず，どちらも2歳相当の食糧配給がなされるという不具合が生じ，この解消が政府として急務であった。このように個人の誕生日を基準に「満年齢」を計算する習慣は行政がリードしていった結果なのである。

　また，「数え年」が不合理な社会状況に対応した「満年齢」制度と誕生日の密接な関係は，占星術や学年制度およびそこから派生する上下の意識を生み出してきた。したがって，一見政治とは無関係に思われる文化としての星座占いや年齢的な上下関係そのものが，実は政治と大いに関係がある。◁3

３　管理される時間とコミュニケーション

　以上のことは，時計やカレンダーなどの道具によって可能となった制度・文化である。時計やカレンダーは，端的にいえば，時間を空間化する道具である。1回転12時間の時計は半日を，カレンダーは1年間を，円環的または螺旋的空間に，置き換える。この空間化により，過去・現在・未来は円環や螺旋の線上に置かれ，管理されることが可能な対象となる。

　時間の空間化は，時間と意味を空間的に固定することで，動かしがたい力となり，たとえ矛盾していても，それに気づきにくい形で私たちを「戦略的」に管理する。◁4 この空間に書き込まれたものが文化であり，そこに付与された意味も文化が定めるものである。◁5 したがって，そこには，意味の対立や解釈の相違が生じ得るため，異文化コミュニケーションの問題となり得る。

　例えば，8月15日は「終戦記念日」だが，韓国では解放を意味する「光復祭」である（Ⅸ-5 参照）。日本でも，8月15日を終戦とせず，1952年4月28日のサンフランシスコ講和条約発効日を終戦とする少数意見もある。それを前提とすると，講和条約以前に処刑された「戦犯」は終戦前の「戦没者」となり，靖国神社が彼らを「戦犯」ではなく「昭和殉難者」とする見解が正しくなるという。◁6 つまり，8月15日を「終戦記念日」とし，靖国神社に「戦犯」が祀られているとすることは矛盾するが，カレンダーに書き込まれて自然化しているため，この矛盾には気づきにくい。しかし，私たちにとってはこうした矛盾や問題は「大きな古時計」のみぞ知る，ということでは困るのである。

（板場良久）

▷3　他国の制度と整合させるという副次的理由もあった。これについては Itaba, Yoshihisa S. (2008). "Why Should Birthdays Be Happy?" In Richiko Ikeda (ed.), *Japan Studies: The Frontier* 2008（国際基督教大学日本研究プログラム, 23-37）を参照。

▷4　ミシェル・ド・セルトーは空間化を「戦略」と呼び，時間的抵抗である「戦術」と対比させた。ミシェル・ド・セルトー／山田登世子訳（1987）『日常的実践のポイエティーク』国文社, 24-28頁。

▷5　書き込まれたものを文化と定義するものとして，キャサリン・ベルジー／折島正司訳（2003）『ポスト構造主義』岩波書店, 180頁を参照。

▷6　加地伸行（2001）「靖国神社への思い――一心に祈る日本人」『靖国神社をどう考えるか』小学館, 67-68頁を参照。

VI 時間・空間

5 記憶と忘却

1 「老人力」

　人は誰でも歳を重ねると，「ぼけたり物を忘れたりとか，だんだん人間の感覚がアバウトになってくる」。こうしたアバウトさを赤瀬川源平は「老人力」と呼び，オルタナティブな視点を提供する。つまり，「老人力」と名づけられることで，記憶力の低下が忘却する力として積極的な評価に変わるのだ。

　私たちは，忘れるということは良くないことであり，また時系列に沿って記憶していることが良いことだと思い込んでいる節がある。しかし，記憶とは本来あいまいなもので，何を記憶にとどめるのか，またそれをいつまで覚えていられるのかは誰にもわからない。忘れていたことが突然蘇ることもあるし，記憶として鮮明になった断片がつなぎ合わされて，別の物語が創られる場合もある。だが，時の流れとは直線的なものだという意識が強い記号的世界（Ⅵ-2参照）に主として生きている私たちは，こうした記憶にまつわる当り前の「ゆがみ」や「あいまいさ」を許容できないのかもしれない。そして，老人をも含めた多くの人びとが老人を眼差す際に，どうしてもそうした目で見てしまうのであろう。

2 共同体の記憶

　自らが語る過去の記憶が実はあいまいなものであるように，共同体が語る「歴史」も「事実」を断片的に拾い集めて一貫性のありそうなストーリーを組み立てただけに過ぎないのかもしれない。しかも，その「事実」でさえ，それを伝える者の主観を免れ得ない。伊藤守は，「過去は，あるいは過去にかんする記憶は，もともとの形では復元不可能なものなのであり，個人的なものであれ，公共的なものであれ，さまざまな過去にかんする記憶とは，現在の社会的政治的なコンテクストと当事者のポジションによって，つねに媒介され，その媒介の過程のなかに生成するものだ」と言う。そして，NHKが2001年1月に放映した番組『問われる戦時性暴力』を取りあげ，この番組がいかに歴史の再構成を行なったかを詳らかにする。この番組は，ETV2001シリーズ「特集・戦争をどう裁くか」の第2回目として，「女性国際戦犯法廷」を題材に制作・放映されたのだが，放送直前に番組内容が改編されたために政治的論争がその後引き起こされた。伊藤の分析では，「この直前の改編で，なにが消され，いかなる表象が削除され

▷1　1999年に行なわれた「第25回全国山村振興シンポジウム」の赤瀬川源平の基調講演要約原稿より。http://www.sanson.or.jp/sokuhou/no_776/776-9.html

▷2　1998年に出版されベストセラーとなった赤瀬川源平の著書『老人力』（筑摩書房）より。「老人力」はその年の流行語大賞にもなった。

▷3　伊藤守（2005）『記憶・暴力・システム——メディア文化の政治学』法政大学出版局，88頁。

▷4　もう1つの分析として，NHKが2000年3月から放映していた人気番組『プロジェクトX』を取りあげている。

たのか」を考えることで、「公共の記憶」として何が排除され、どういった歴史が構築されようとしているのかを明らかにしようとしている。

3 「物語る」ことの信憑性

○〈真実／虚偽〉というベクトルの一面性

1990年代になって、戦時性暴力の被害者（いわゆる元従軍慰安婦）たちが、自らが受けた被害の実態を訴えはじめた。被害を受けたときから考えると、半世紀も経ってからの訴えである。それだけの年月を経なければ語りはじめることができなかったほどの大きな被害だったことが伺える（Ⅴ-4参照）。だが、その長きにわたる沈黙は、記憶をもあいまいにする。ある部分は鮮明に覚えているが、そうでない部分は長い年月の間に彼女ら自身のなかで何らかの形に再構築されているはずだ。しかし、矛盾を含む彼女らの証言を、だからといって切り捨ててよいのだろうか。

私たちでさえ過去を語る場合、記憶の断片をつなぎ合わせ、自分なりにつじつまの合う1つの「ストーリー」として成り立つようその隙間を埋めていく。「物語る」こととは、多少なりとも虚構の要素がなければ成り立たないのかもしれない。そう考えると、〈真実／虚偽〉というベクトルのみで「証言」の信憑性を測ることができないことは明らかだ。「物語る」ことのなかの細かな矛盾を突いて「虚偽」として退ぞけてしまうのではなく、語る人の置かれた立場や経験、その人が何を伝えようとしているのかを見ていく必要がある。広義の意味でのリテラシーが問われているのである。

○「語り部」の力

自らの体験を伝える「語り部」は、忘れ去られようとする過去を私たちの前に提示する。だが、それは単なる「過去」ではない。「過去」に起こった出来事の現在の話である。語られる話は、過去の「事実」に対する現在の解釈だし、その「事実」が単に過去のものだとは言い切れない。例えば、熊本県水俣市およびその周辺の人びとと、新潟県阿賀野川流域の人びとを半世紀以上にもわたって苦しめてきた水俣病は、過去の被害ではない。現在も後遺症で苦しんでいる人たちがいるし、被害者の家族が味わってきた苦痛を過去のものとして忘れ去ることは今でもできないはずだ。

私たちはそうした過去を含めた現在、そして未来を、「語り部」が語ってくれることにより共有することができる。語られることばは、単なる「事実」ではなく、「語り部」の「思い」である。〈語る／語られる場〉を共有することによって、「思い」が時空を超えて伝わるのである。それを私たちがどう受け止め、彼（女）らとどういった関係を構築し、どのような「物語り」を共につむぎだせるのかが試されているのだ。

（池田理知子）

▷5 この部分は科研費（21530553）の助成を受けた研究内容を含むものである。

▷6 水俣市にある「水俣市立水俣病資料館」と、新潟市にある「新潟県立環境と人間のふれあい館——新潟水俣病資料館」では、水俣病患者である「語り部」の講話を聞くことができる。

Ⅵ　時間・空間

6　様々な空間の捉え方

1　空間の認識に対する思い込み

　写真で見るととてもすばらしいところだったのに，実際に行ってみるとがっかりしたという経験は誰しもがもつものだ。1つには，写真はその地のにおいや温度，音まで伝えることができないから，私たちは騙されるのである。視覚的には美しいところかもしれないが，そこが嫌なにおいが漂い，じめじめとした場所だとしたら，とても心地よい空間とはいえない。あるいは，様々な音が飛び交う騒々しい空間だとすれば，いくらすばらしい景観だったとしても落ち着いて見てはいられない。

　私たちがこうした間違いを犯すのは，私たちの空間の認識に対する思い込みからきているところが大きい。その思い込みというのは，空間とは奥行きと広がりをもち，目で確認するというものだ。だが，上記の失敗例から推測されるように，私たちは目だけではなく，様々な感覚器官を通して空間を認識している。例えば公園のなかで目を閉じてたたずんでいたとしよう。鳥のさえずりがだんだんと大きくなれば，その鳥が近づいてきていることがわかる。音によって，対象との距離を見極めているのである。さらに，いいにおいが漂ってきたとしよう。近くにレストランがあることがわかる。地図を見なくても，大体のロケーションが把握できるのだ。

　このように，私たちは音やにおいなどで位置を確認することもできるのに，どうしても地図に頼ってしまいがちである。地図で確かめないと，どこか安心できないところがあるようだ。

2　空間の認識の違い

○空間の認識と世界観

　地図とは，空間の記号化である。ちょっとした道の起伏とか，道端の花や木々の季節の変化など教えてくれない。そこが私たちにとって心地よい空間なのか，あるいはそうでないのか教えてくれるはずもない。J・ゲブサーがいうところの記号的世界を地図は象徴しているかのようである（Ⅵ-2 参照）。

　記号的世界では，空間は抽象的なものとなる。そこでは，縦と横が10 mで，広さ100㎡の土地だとか，A地点からB地点まで30kmであるといったように，数値で表されることが多い。そこでどういった人びとが生活を営んでいるのか

▷1　池田理知子＆E・M・クレーマー（2000）『異文化コミュニケーション・入門』有斐閣。

▷2　Gebser, Jean. (1985). *The Ever-present Origin* (N. Barstad & A. Mickunas, trans). Ohio University Press (Original work published 1949).

は，問題とならない。また，そこでは空間の効率的で機能的な利用が求められる。目的地に着くためにはどのようなルートをとれば最短で行けるのかを示してくれる地図は，まさに記号的な世界観を表わしている。

だが，多くの人にとっては便利な道具でしかない地図も，人によっては想像力を掻き立てるものとなる場合もある。地図を見ながら，昔バリに行ったときにお世話になったあの人はどうしているだろうかとか，この山道を登るとどんな眺望が開けるのだろうかといったことを思いながら地図を見る人にとっては，地図は単なる記号的な道具ではない。その人と地図の関係性には，神話的な意識が反映しているといえる（Ⅵ-2参照）。このように，〈空間＝対象〉とどのような関係をもつのかは，人によって変わるし，同じ空間であったとしてもいつも記号的な関係のままであるとは限らない。普段からロードマップとして使用していた地図が古くなり新しいものに換えなければならなくなったとき，単に機能的であればよいと思っていたのに，急に愛着を覚える場合もある。これは，その人と地図との関係が，記号的なものから神話的なものへと突然切り替わったと解釈することができる。

◯日常における空間の再認識

車で普段通っていた道を，たまたま車が故障して歩くことになったとしよう。おそらく様々な発見があるはずだ。こんなところに小道があったのかとか，その先にある小さなパン屋さんからいいにおいが漂ってくるなあとか，虫の音がこんなに騒がしいほど聞こえてくるのかとか，普段とは異なった風景が見えてくる。目的地まで私たちをより早く，かつ雨や風からも守ってくれる自動車という便利な乗り物は，一方で私たちのまわりとの関係も変えてしまったのである。ヴォルフガング・シベルブシュは，鉄道旅行が生まれたことにより，私たちの風景の知覚そのものが変わっていったと言うが[3]，自動車も同じなのだろう。私たちの日常の風景が，自動車というテクノロジーが生まれたことにより変わってしまったのである。

物理的には同じでも，人によって見える風景や体験する空間が異なる。私たちはわかっているはずなのに，ついそのことを忘れてしまう。例えば，足に怪我をしてしばらく車椅子の生活を余儀なくされたとしよう。普段歩いていた道の段差が多いことに改めて気づかされる。逆に，車椅子使用者も蕎麦屋などで座敷に上がることを避けたり，テーブル席でも車椅子のままで端の方に座ることが多いので，同じ座面や同じ目線を共有しにくいのだが，そのことに気がつかない。ある車椅子使用者は，次のように語っている。「前に友達とソファに座ったことがあるんだけど，その近さにびっくりしちゃいました！そっかー，みんなはこんな距離感で話とかしてるのかー，と思いました」[4]。まず，日常のありふれた空間から見直してみる必要があるのかもしれない。そうすることによって初めて，他者の目線に寄り添えるのかもしれない。　　　　　（池田理知子）

▷3　ヴォルフガング・シベルブシュ／加藤二郎訳（1982）『鉄道旅行の歴史――十九世紀における空間と時間の工業化』法政大学出版局。

▷4　岩隈美穂（2007）「障がい者，高齢者とのコミュニケーション」伊佐雅子監修『多文化社会と異文化コミュニケーション　改定新版』三修社。

Ⅵ 時間・空間

7 空間の所有と分割

1 空間の発見と征服

○地理上の「発見」

今まで見えていなかった絵が突然目の前に飛び出してくる，あの 3-D 画に驚かされた経験はないだろうか。3-D 画とは，視点をずらすことによって，あるものが突然浮き出てくる仕掛けが施されている絵のことである。私たちの意識とは，この 3-D 画のように，視点が変わることで瞬時に別の意識に切り替わるのだ。

初めて飛行機に乗り，今まで自分が住んでいた場所が点となることによって，空間の広がりを突然感じるように，ふとしたきっかけでこれまで見ていた世界が別の様相を呈するようになる。こうした空間に対する認識の変化が，より広い共同体レベルで起こったのが，15 世紀末の西ヨーロッパにおいてであった。これまで何気なく見ていた海岸からの風景だったのに，そこに地平線から徐々に姿を現わす船を見た瞬間，空間の広がりを感じ，それがいわゆる地理上の「発見」を促したのかもしれない（Ⅰ-2 参照）。しかも，その広がりを多数の人が感じない限り，「大航海」という歴史的事業は成立しなかったはずだ。あの海岸線の先には，何かがあるはずだと信じた人がいたからこそ，資金を提供する者が現われ，未知の世界へと冒険しようとする者が出てきたのだろう。そして，ひとたび「新大陸」が発見され，地球が丸いことがわかると，さらに人びとの空間への認識の変化が促されることになったのだ。

○「征服」と「所有」

地理上の「発見」が，その発見した土地の「征服」へとつながっていったことは，史実が示すとおりである。「発見」とは，もともとそこに住んでいた人びとから，土地を奪うことであった。つまり，力ずくで他人の土地を自分のものにしていく「征服」を意味していたのである。

このように，空間の「発見」と「征服」は不可分の関係にあり，空間の「発見」を促した意識が，〈支配／被支配〉および〈所有／被所有〉の関係をも生み出していった。そして，この空間を「所有」するという概念は，その後の私たちの生活の隅々にまで影響を及ぼしていくのである。

○生活空間の変化

空間の認識の変化が，様々な生活空間においても顕著なものとなったのが，

図Ⅵ-1 3-D画
出所：http://gogyoka.com/aman/magic/haru.html

16世紀末のヨーロッパにおいてであった。イーフー・トゥアンによると、その頃から広間で雑然と暮らしていた家族が個室へとそれぞれが分かれて暮らしはじめたという。宿屋でも大部屋に大勢の宿泊客が一緒に寝ていたのが、個室が当り前になったらしい。また、共同作業所で職人が一緒に作業をしていた形態が、工場でのオートメーション化されたものへと変化していった。地理上の「発見」を促した意識と生活空間の変化は相互に呼応しており、空間を「所有」するという意識が多くの人の間で芽生えてきたのだった。そして、自らが所有する空間は誰にも侵されたくないという気持ちも強くなった。つまり、自分のテリトリーを主張し、それを守ろうとする人が増えてきたのだ。空間は個別化され、それによって人びともこれまでのような緊密なつながりをもてなくなったのである。

2 恣意的な境

世界地図を見ると、国境が線で引かれている。その境とはどうやって決められたものなのだろうか。1つには、「大航海」によって「発見」された土地がヨーロッパ諸国の植民地となり、そのときの覇権国同士の取り決めによって恣意的に決められたものである。それを如実に示しているのが、アフリカ大陸の地図だ。まっすぐに引かれたたくさんの線は、地形や風土をまったく考慮せずに、大国の力関係のみで引かれたことを物語っている。

こうした線を引くこと自体がその地に住む人にとっては迷惑なことである。国境という線が引かれたことにより、これまで自由に行き来できたとなりの地域との間に、様々な制約が生まれてしまったのだ。

国境に限らず、もっと身近なところでも恣意的な線が空間を隔てている。平成の大合併で、住民の意向とは関係なく市町村の線引きが変えられたところが少なくない。また、県境も恣意的な線引きである。明治になって、藩から県へと移行する際に引かれた線が、そこに生活するものの意識と乖離している場合があり、今でもその線引きに対する違和感を抱いている人たちがいる。だが、その恣意的な線引きの結果であるはずの「都道府県」に、私たちは自己紹介をするときなど、必ずといっていいほど言及する。そして、その出身地によって、ステレオタイプなイメージが想起され、それが対人関係に影響を及ぼすのだ。「想像の共同体」(Ⅳ-9 参照)である「国民国家」体制を強化する1つの装置として機能しているこの空間上の線引きに、どうしても捉われてしまっているのである。そこから外れてみると、もっと色々なものが見えてくるのかもしれない。例えば、青森と岩手の違いよりも同じ「南部人」としてのつながりを見出すことができるのではないか。恣意的な線引きよりも、その地の風土や歴史が織り成すつながりを思えば、他者との関係においては何が優先されるのかが見えてくるはずだ。

(池田理知子)

▷1 イーフー・トゥアン／阿部一訳(1993)『個人空間の誕生——食卓・家屋・劇場・世界』せりか書房。

▷2 1999(平成11)年頃から活発に行なわれた市町村合併のことを指す。

▷3 例えば、まったく異なる地域・文化であった津軽と南部の一部を無理やり「青森県」にしてしまったことへの疑問をもつ人もいる。津軽と南部はもともと対立が多かった地域らしく、そうした地域ですら、「国民国家」形成という大義のためには1つにならざるを得なかったのだ。池田理知子(2008)「異文化コミュニケーション教育の課題と一試案——ドキュメンタリー・フィルム『六ヶ所村ラプソディー』に関する予備調査から見えてくるもの」『スピーチ・コミュニケーション教育』第21号、69-82頁を参照。

▷4 ベネディクト・アンダーソン／白石さや&白石隆訳(1997)『想像の共同体——ナショナリズムの起源と流行』NTT出版。

Ⅵ 時間・空間

8 空間の所有を巡る争い

1 水を巡る争い

　恣意的な線である国境など関係ないかのように豊富な水をたたえて流れるナイル川。この川の存在抜きには古代エジプト文明の繁栄はなかったはずだ。だが、周辺の人びとに様々な恩恵をもたらすこうした川は、その豊富な水資源があるからこそ、それを巡る争いを引き起こしてきた。いくつかの国境をまたぐように流れる国際河川は、国際紛争の火種でもあったのだ。流域10カ国の利害関係が複雑に絡むナイル川などでは、仮に上流の国で森林伐採や乱開発が行なわれれば、下流域国に影響が及ぶことは間違いない。ダムの建設にしても、どこにどういった規模のものを作るかで、その影響は変わってくる。

　水という地球を循環する物質を自らのものにしようと、人びとは必死になる。21世紀は水を巡る争いがますます激しくなるといわれており、力のある者がない者から水を奪う構図がさらに顕著となっていくのかもしれない。

　川の水だけでなく、間接水の問題も最近は様々なところで議論されている。間接水とは、農産物や畜産物、木を育てるのに必要な水のことである。直接水を買っているわけではないが、農・畜産物や木材を輸入することで、間接的に水を購入していると考えるのである。日本が1年間に輸入する間接水の量は、ある試算によると744億m³で[1]、国内での水の使用量が876億m³とされていることを考えると[2]、いかに多くの水を輸入しているかがわかる[3]。こうした輸出のための農・畜産物の大量生産や木材の大量伐採が、水源の枯渇や旱魃の被害を引き起こしているといわれている[4]。したがって、大量の間接水を消費するということは、農地や牧草地、山林を所有している現地の人たちの土地を私たちが奪うことにつながるのだ。

　間接水という考え方は、直接目に見えないものを想像することで、所有の形態を浮き彫りにしてくれる。ひいては、所有という概念自体に疑問の目を向ける契機になり得る考え方かもしれないのだ。

▷1　沖大幹氏の試算による。高橋裕（2003）『地球の水が危ない』岩波書店、108頁より引用。

▷2　2002年の国土交通省水資源部編『日本の水資源』より。

▷3　高橋（2003）を参照。

▷4　私たちは、深刻な水不足に悩む地域を作りだしている加害者でもある。郡司和夫（2003）「地球の水が危ない‼」『生活と自治』第411号を参照。

図Ⅵ-2　アフリカ北東部とナイル川流域

出所：高橋（2003：65）。

2 景観と「公共性」

　景観を守らなければならないとか，景観は「公共性」をもつのかといった議論も，空間の所有の概念と密接な関係がある。景観を作りだしているものは，個人が所有する土地や建物であることが多いからである。したがって，私有物の集積によって作られる景観が，「みんなのもの」であることの意味が問い直されなければならない。

　そもそも「公」と「私」を区別するという考え方自体は，近代になって登場してきたものである。公共の財産と私的財産は区別されるべきものであり，かつ相対するものとして，近代以降は考えられてきた。ところが，「私」に対立する形で「公」を考えると，景観を巡る「公共性」とは何なのかわからなくなってしまう。景観とは特定の誰かのものではないにもかかわらず，先に述べたように，私的所有物によって成り立っていることの方が多いからだ。例えば，京都の町並みのように特定の雰囲気を保ちたいとする地域であっても，そこにあるのは個人が所有する家である。つまり，「公私二元論」では景観について語れないことが明らかなのである。

　「公共性」には，(1) 国家に関する公的なものという意味だけでなく，(2) すべての人びとに関係するような共通のものとか，(3) 誰に対しても開かれているという意味もある。景観に関しては，(2) と (3) の意味での「公共性」について議論していく必要がある。例えば，美しい景観を守るために，個人がそこで快適に暮していく権利が犠牲にならなければならないのか，美しくないと判断されるものが排除される危険性はないのか，といったことを考えていかなければならない。また，何が美しいとみなされるのか，それをいったい誰が決めるのか，といったことも考えざるを得ない。

　景観を巡る議論は，訴訟にまで発展するような争いのみがメディアで報道されているような気がする。地上18階建てのマンション建設に対して景観が損なわれるとして住民が反対し，訴訟を起こした「国立マンション問題」や，楳図かずお氏の赤白ボーダー模様の家が景観を損ねるとして住民が訴訟を起こした事件などである。だが，問題になったものを取りあげるだけではなく，もっと身近なまわりの景観について議論を深めていくことが大切なのではないだろうか。それが，ひいては「公共性」とは何なのか，公共の空間に何が求められているのかを考える機会となるはずだ。

（池田理知子）

▷5　渡辺勉（2008）「景観という公共性――社会的ジレンマと正当性」土場学＆篠木幹子編著『個人と社会の相克――社会的ジレンマ・アプローチの可能性』ミネルヴァ書房，175-200頁。

▷6　齋藤純一（2000）『公共性』岩波書店。

▷7　1999年に問題となり，住民側が提訴。2006年3月に最高裁判決が出た。判決では，「景観の恩恵を享受する利益は，法律上の保護に値する」としたものの，マンションの20ｍ以上の部分撤去という要求は認められなかった。

▷8　2007年8月に提訴。2009年1月，住民側の請求は棄却された。

Ⅵ　時間・空間

9　都市化と監視社会

1　都市の空間

　都市は，様々な共同体的な制約から私たちを解き放ち，「自由」にしてくれた。村落共同体が課す雑多な制約から逃れた人びとは，都市で「自由」を手に入れたのだった。だが，こうして「自由」を求めて集まってきた人たちは，本当に自らが求めていたものを手に入れることができたのだろうか。多様な人びとがひしめく魅力ある空間として，都市が多くの人たちを魅了してきたことは間違いないだろうが，同時に都市とは様々な問題を抱える空間でもあるのだ。

　満員電車に一緒に押し込まれる見ず知らずの人たち，雑踏のなかを足早にすれ違う人びと，スーパーやコンビニでの機械的なやり取り。私たちは，本来他者とのつながり，つまりコミュニケーションによって自己を意味づける存在であるにもかかわらず，都市空間においてはその他者とのつながりが希薄なものとなってしまった。フリートリヒ・エンゲルスは，都市に住む人びとのお互いに対する無関心さがいかにおぞましいものかを19世紀のロンドンの雑踏のなかにすでに見出している。「だれも他人には目もくれようとしない。非人間的な冷淡さ，私的利害への各個人の非情なまでの孤立化は，これら個人が限定された空間に押しこめられれば押しこめられるほど，ますますいとわしい，不快なものとなってあらわれる」と語っている[1]。都市における人びとの生活がいかに疎外[2]されたものなのかがここでは指摘されているのだ[3]。

2　監視のテクノロジー

　現在の都市は，失われつつある人とのつながりを回復する方向には進んでいない。むしろ，他者はまず疑ってかかるべきで，自らのテリトリーを侵さぬよう，よからぬことをせぬようにと監視を強化する方へと向かっているようだ。

　その方向性を如実に示しているのが，都市のいたるところに置かれている監視カメラである。駅や高速道路，繁華街や商店街，コンビニ，スーパー，ATM（現金自動預け払い機）の設置場所，マンションの入り口や駐車場などあらゆる場所にそれはある。街中を一日中歩きまわるとすると，いったい何回ぐらいカメラが私たちの姿を捉えることになるのだろうか。300回は映るといわれているロンドン[4]ほどではないだろうが，それに近い数かもしれない[5]。

　さらに，カメラによらない監視である「生態認証（バイオメトリックス）」の技

▷1　フリートリヒ・エンゲルス／一条和生＆杉山忠平訳 (1990)『イギリスにおける労働者階級の状態──19世紀のロンドンとマンチェスター（上）』岩波書店。

▷2　疎外
人間は本来共同的な存在であり，その人間が主人公となるべき社会が，人間から疎遠なものになってしまっていることを指すK・マルクスの概念。カール・マルクス／城塚登＆田中吉六訳 (1982)『経済学・哲学草稿』岩波書店。

▷3　毛利嘉孝 (1999)「『快適』さと『孤立』──ポストモダン都市としてのキャナルシティの一考察」納富信留＆溝口孝司編『空間へのパースペクティヴ』九州大学出版会，145-165頁を参照。

▷4　世界で最も監視カメラの設置台数が多いとされている。

▷5　『神戸新聞』(2005年7月15日付) より。

術導入も進んでいる。例えば，指紋や瞳の光彩，静脈，声紋，掌形，網膜パターンなどで個人を識別できるシステムが，クレジットカードやキャッシュカードの不正使用防止や，マンションの安全管理に利用されている。

どうやら私たちが住む社会は，様々なテクノロジーを駆使して監視する／される社会となってしまったようである。だが，この監視する／される社会は，私たちに押し付けられたものではけっしてない。自らがそれを望んだからこそ，現在のような監視社会になったという側面があることを忘れてはならない。生態認証システムを売りにしたマンションが次々と登場したり，GPS機能付の携帯電話を子どもに持たせたりと，自ら監視する／されることを望む人が後を絶たないのだ。

▷6 池田理知子＆鄭偉（2006）「空間と権力」池田理知子編『現代コミュニケーション学』有斐閣，39-56頁。

3 ゲイティッド・コミュニティ

「ゲイティッド・コミュニティ」も，監視されてでも安全を手に入れたいという人たちの欲求が生み出したものに違いない。居住地全体に高い柵や堀を巡らし，外部からの侵入を未然に防いだり，24時間常駐の守衛が，四六時中そこへの出入りを管理したりと，居住者の安全を守るための念入りな対策が施された「要塞都市」が，米国の大都市近郊に次々と出現した。そして，この「ゲイティッド・コミュニティ」は，米国のみならず，いまや日本でも見受けられるようになった。警備会社による巡回や監視カメラによる防犯システムを備え，町全体の安全をうたった住宅地が各地で売り出されているのだ。その売れ行きを後押ししているのが，実際には増加していないのに，凶悪犯罪があたかも増加しつつあるかのように連日報道するマス・メディアなのかもしれない。

▷7 浜井浩一＆芹沢一也（2006）『犯罪不安社会──誰もが「不審者」？』光文社。

ところで，防犯テクノロジーは実際に私たちの安全を保障してくれるのだろうか。「ゲイティッド・コミュニティ」内の犯罪発生率低下に疑問を投げかける声も米国では上がっており，安全が保障されているとは言いがたい。さらに，コミュニティ内の人間関係の希薄化も指摘されており，管理する／されることで，お互いの信頼関係が失われてしまったのかもしれない。

▷8 エドワード・J・ブレークリー＆M・G・スナイダー／竹井隆人訳（2004）『ゲーテッド・コミュニティ──米国の要塞都市』集文社。

多種多様な人びとをひきつけ，様々な出会いを作りだしてきた都市は，どこに行ってしまったのだろうか。そこでの失われた信頼関係を取り戻すには，何が必要なのだろうか。おそらく，他者を警戒すべき者としてみるのではなく，交わることによって私たちが今まで経験したことのない何かを生み出してくれる存在としてみることが求められているのではないだろうか。そうすることによって，地縁や血縁といった関係に縛られない，流動的ではあるがエネルギーを秘めた関係が生み出されるのかもしれない。ユルゲン・ハーバーマスが，ヨーロッパのサロンやカフェといった公共の場で自由闊達な議論を交わす都市の人びとのなかに可能性を見出したように，異なる背景をもつ者同士の関係にこそ，既存の価値観を打ち破る力が潜んでいるはずだ。

（池田理知子）

▷9 ユルゲン・ハーバーマス／丸山高司訳（1987）『コミュニケイション的行為の理論（下）』未来社。

VI 時間・空間

10 空間の管理

1 囲い込みと排除

　空間とは所有するものだという考え方が浸透してくると，空間は売り買いの対象となる。そして，力のある者がよりよい場所を占拠し，力のない者は片隅へと追いやられてしまう。ニューヨークの国連本部で働く人たちには，難民キャンプに身を寄せ合って暮している人たちの気持ちがわからないだろうし，都庁の高層ビルで働く者からは寄せ場と呼ばれる東京の山谷地域の人びとの日常は見えない。難民キャンプや山谷に暮す人びとは，一旦そこに追い込まれると，なかなか抜け出すことができない。そうした彼（女）らに対し，私たちはまるで彼（女）らなど存在しないかのように視線をそらすか，あるいは哀れみの眼差しを向けるのみである。

　インターネット上でも，力のある者が「いい場所」を占拠する。お金を出せば，よりよい広告スペースが得られるし，検索エンジンでの上位表示を確保できる。ここでもスペースが売り買いされており，お金のない者は事実上締め出されてしまうのだ。

　だが，サイバースペース上での「排除」は金銭的に富裕か否かだけで決まるものでもない。例えば，ある個人のブログサイトにコメントが殺到して，そのブログが閉鎖されたり更新停止に追い込まれたりといった，いわゆる「炎上」がそれにあたるだろう（Ⅷ-8 参照）。「攻撃」を受けたブログは，インターネット上の空間から追い出されるのだが，それは今までとは比べものにならないほど短時間で行なわれる場合が多い。ポール・ヴィリリオが「速度は権力そのもの」だと言っているが，情報が伝達する速さと，その速さゆえに短期間に大量に送られるコメントが，個人をインターネット上から抹殺するだけの力となるのである。

2 利便性の追求

　インターネットは確かに便利なツールである。短時間に大量の情報のやり取りを可能にしてくれた。さらに，今では手元にある電子データの一元管理までしてくれるという便利なサービスまで登場した。『超「超」整理法』のなかで，野口悠紀雄が推奨しているのがこうしたサービスの代表的なものであるＧメールだ。検索大手のグーグルが提供する無料サービスで，メールの送受信はもと

▷1　寄せ場
建築現場で働く日雇い労働者が，そうした仕事を得る場として主に機能している。同時に，彼（女）らにとってそこは生活の場でもあり，東京の山谷や大阪の釜ヶ崎，横浜の寿町など大都市の寄せ場には，簡易宿泊所が軒を連ねる。

▷2　山　谷
東京都の住居表示からは「山谷」という名前はすでに消えてしまっている。現在の東浅草2丁目，日本堤1〜2丁目，清川1〜2丁目の地区を指す。

▷3　ポール・ヴィリリオ／暮沢剛巳訳（2001）「大陸の漂流」『現代思想』1月号，84-95頁。

▷4　野口悠紀雄（2008）『超「超」整理法——知的生産力を飛躍的に拡大させるセオリー』講談社。

より，読み書き，データ管理などをウェブ上で行なうことができるところが従来のEメールとは大きく異なる点だ。大量のデータをオンライン上に蓄積でき，いつでも必要なときに必要な情報を引き出せる，いわば自分専用のデジタル・オフィスとして使うことができるという。

だが，こうした便利なサービスに対し，懸念の声も上がっている(XI-6参照)。自らの個人情報をグーグルの管理下におくのは危険なのではないか，という声である。Gメールの売りは強力なウイルスやスパム対策だが，それが可能になったのはメールの中身をグーグルがスキャンするからである。つまり，Gメールを使うことによって，グーグルにプライバシーをすべて握られてしまうことになるのだ。

便利さと引き換えに私たちは様々な情報を自ら提供している。JR東日本のSUICAやJR西日本のICOCAは，切符を買う手間を省いてくれる。だが，私たちはその便利なカードを使うことによって，自らの移動の記録を差し出していることになるのだ。携帯電話を使うことも，通信や移動の情報を提供することにつながる。携帯電話の電波を追えば，個人の足跡を追うことだってできるのだ。だが，そうした事実をたとえ知っていたとしても，SUICAやICOKA，携帯電話を持たないという選択をする人は少ない。それらを持たないと，不便を強いられることがわかっており，そうした環境が変わらない限り，私たちの行動も変わらないのだ。物理的な環境を調整することによって，人の行動を制限する力のことを指す**環境管理型権力**が，ここに見てとれる。

③ 管理からの脱却

私たちは，力のある者が空間を支配し，力のない者を排除するシステムに屈せざるを得ないのだろうか。空間を管理するテクノロジーの力から逃れることはできないのだろうか。

管理からの脱却を考えるうえで重要なのは，空間と私たちの関係を根本的に問い直すことである。まず，空間とは所有するものという考え方を見直す必要がある。空間とはたとえ誰かの所有物であったとしても，同時に多様な意味ももち得る。景観が公共性をもつことが，その一例を示している(VI-8参照)。また，難民キャンプや寄せ場が生まれた歴史的経緯を共有することで，自らの問題としてそこを捉えることができれば，その空間は単なる記号以上の意味が生まれる。サイバースペースにおいても，有機的なつながりが生じ得る。例えば，SNS（ソーシャル・ネットワーキング・サービス）やブログなどを通したつながりが，時空を越えて意味のある関係性を生み出すこともある。インターネット上の空間が，断片化されたデータの集積としての私たちではなく，「生身の人間」としての私たちをつなぐ「場」となることは可能なのだ。

(池田理知子)

▷5 瀬下美和（2009）「グーグルは"ビッグ・ブラザー"ではないのか」『週刊金曜日』1月30日号，40-41頁。

▷6 **環境管理型権力**
マクドナルドでは客に30分以上長居をさせないために硬いイスを使っている。「食事は30分以内」という規則を掲げるよりも，環境をそのように整えることで客を管理する方法をとっており，環境管理型権力がここにも見られる。

▷7 東浩紀&大澤真幸（2003）『自由を考える――9・11以降の現代思想』日本放送出版協会。

▷8 デイヴィッド・ライアン／河村一郎訳（2002）『監視社会』青土社。

Ⅶ 異文化接触

1 「よそ者」と異文化適応

図Ⅶ-1 『ダーリンは外国人』の表紙
出所：メディアファクトリー，2002年。

▷1 JR東日本の山手線や中央線などのドア上部に設置されている液晶モニターから映像を流すメディアのこと。主に広告を流している。

▷2 2002年に単行本が出ている。2009年3月現在，JR中央線のトレインチャンネルで放映されている。

▷3 ゲオルク・ジンメル／鈴木直訳（1999）「よそ者についての補論」北川東子編訳『ジンメル・コレクション』ちくま書房，247-260頁。

▷4 ジンメル（1999：248）を参照。

▷5 ジンメル（1999：249）を参照。

▷6 Rifkin, Jeremy & Howard, T.(1980). *Entropy: A New World View*. Viking Press.

▷7 例えば，会話のときに相槌を打つタイミングや間の取り方，贈り物やお返しを送るタイミングなど。

1 「よそ者」の意味

JR中央線のトレインチャンネルでも放映されている小栗左多里の漫画『ダーリンは外国人』が，よく売れているらしい。そこには，「国際結婚」カップルであるさおりとトニーの日常が，さおりの視点で描かれている。「外国人」であるトニーの見方や習慣のちょっとした違いの描写が，この漫画の魅力なのだろう。つまり，トニーがゲオルク・ジンメルの言うところの「よそ者」で，その「よそ者」の言動が「おもしろい」から，多くの読者がこの漫画に惹かれるのである。

ジンメルは，「よそ者」とは「今日来て明日去っていく人」という意味ではなく，「今日来て明日とどまる人――いわば潜在的放浪者」だと言う。一定の場所に何らかの事情でつなぎとめられてはいるが，初めからそこにいたわけでも育ったわけでもない者を指し，だからこそその地で生まれ育った者にはあり得ないような様々な特質をそこにもたらすことができるとする。さおりを戸惑わせる数々のトニーの行為は，その地に生まれ育った彼女には考えも及ばないものであり，「よそ者」のトニーだからこそできるのだ。

さらに，「よそ者であるというのは……見知らぬ人が近い存在だということ」である，とジンメルは言う。どこか遠くにいる見知らぬ人なら，その存在自体を気にすることもないが，「よそ者」は同じ集団を構成する1つの要素であり，だからこそ気になるのだ。〈見知らぬ他者＝外国人〉であるトニーがなぜか気になるのも，彼が日本社会という共同体の一員だからである。

2 排除される「よそ者」

「よそ者」を抱える共同体は，彼（女）らを往々にして排除しようとする。それは，彼（女）らがその共同体のルールがわからないから，遠ざけられるのかもしれない。その地で育ったものには当り前すぎるルールでも，「よそ者」にとっては学ばなければならないものなのである。例えば，生活のリズムやタイミングなどは，共同体によって微妙に異なる。J・リフキンが「時間の指紋」と呼んだように，時に関するルールは共同体の一員にとっては指紋のごとく身に染みついたものであり，長年そこで暮したとしてもなかなか「よそ者」にはわからないものなのだろう（Ⅵ-1 参照）。

「よそ者」は，その場にふさわしい振る舞いができないことで排除される。場

を共有するためには，その場に何がふさわしいのか，何が求められているのかをお互いに理解しなければならない。つまり，アーヴィング・ゴッフマンが言うところのお互いの状況への共通理解である「状況の定義」が維持されなければならず，その維持のためにそれぞれが「演技」するのであるが，「よそ者」にはそれがうまくできないのだ。

▷8 アーヴィング・ゴッフマン／石黒毅訳（1974）『行為と演技』誠信書房。

3 「よそ者」が開く可能性と適応の意味

しかし，ジンメルが「よそ者についての補論」で議論したように，「よそ者」は共同体に新しい何かを持ち込む可能性を秘めた存在でもあり得る。ジンメルの関心事は，「よそ者」の排除というよりも，「どのようにして［共同体の構成員とよそ者との］共存と相互的一体性の形式を作り上げるのか」であったが，この「共存と相互的一体性の形式」に，異文化適応とは何かを考えるヒントがありそうだ。

ジンメルは，共同体の構成員が縛られている自明性から，「よそ者」は「自由」であると言う。共同体の構成員は，その自明のことがらが見えないからこそ，そこから抜け出すことができないのだが，「よそ者」には，その当り前が当り前に映らないのだ。例えば，レストランのサービスに納得できなくて支配人を呼んでまで説明を求めるトニーに，さおりが戸惑うと同時にうらやましく思うのは，「供された食事やサービスに文句をつけるのはよっぽどのときである」という規範に拘束されない自由さをトニーがもっているからに違いない。

トニーは，納得できないことには妥協しない。「郷に入れば，郷に従え」的に同化することを拒む。「当該集団との関わりにおいて生活をしながらも，その集団への同化的帰属をあくまで拒む〈他者性〉をその本質とする」ジンメルの「よそ者」像と，トニーは一致する。

▷9 ジンメル（1999：249）を参照。菅野仁（2006）「現代社会におけるコミュニケーション問題への基礎視覚──ジンメル『よそ者』論のコミュニケーション論的位置づけ」『九州コミュニケーション研究』第4号，1-8頁を参照。

▷10 菅野（2006：6-7）を参照。

異文化適応においては，自文化を離れ，新しい文化環境に入っていく際に，どのように現地に馴染んでいく（適応していく）のかということが問題となる。そして，多くの場合，新しい文化環境であるホスト・カルチャーに慣れることを適応と呼んでいる。だが，ホスト・カルチャーに慣れるとはどういうことなのだろうか。ホスト・カルチャーを理解し，現地の人たちと同じように振る舞える，いわゆる同化を意味するのだろうか。それとも，ミルトン・ベネットが主張する「差異との統合」を指すのだろうか。ジンメルの「よそ者」は，おそらく後者に近い概念であろう。現地の人たちとうまくやっていくことができると同時に，異質性も保持したままの存在が「よそ者」なのかもしれない。

〈他者〉である「よそ者」が現地の人たちと同じようになることはないし，またなる必要もない。そこが「よそ者」の魅力なのである。「よそ者」の存在こそが，旧態依然とした共同体的規範を打ち破る契機を与えてくれるのではないだろうか。

▷11 Bennet, Milton J. (1986). "A Developmental Approach to Training for Intercultural Sensitivity." *International Journal of Intercultural Relations*, 10, 170-198.

（池田理知子）

Ⅶ　異文化接触

2　「カルチャー・ショック」と適応

1　カルチャー・ショック

「カルチャー・ショック」とは，よく聞くことばである。例えば，海外旅行中に今まで見聞きしたことのないものに出会ったときの驚きや，「田舎」から「都会」へ転勤してきた人が都会の何事にも早いペースに遭遇したときの戸惑いなどが，「カルチャー・ショック」ということばで表現される。このように新たなものとの出会いが混乱や不安な気持ちを引き起こす場合にこのことばが使われるのだが，逆に，そうした出会いが新鮮な驚きや発見をもたらすこともある。しかし，「ショック」ということばにはネガティブなイメージが付きまとうことから，後者を「カルチャー・ショック」と呼ぶことはあまりない。「カルチャー・ショック」ということばが私たちの日常会話によく登場することを改めて考えてみると，新たなものとの出会いは不安や混乱をもたらすものというイメージが先行しているのかもしれない。

1950年代の終わり頃から研究されはじめたこの「カルチャー・ショック」という現象であるが，その研究の第一人者であるカレルボ・オバーグは，「カルチャー・ショック」とは一時的な衝撃というより，異文化環境への適応過程で経験する一連の現象だとする。なじみのないものに対する違和感や戸惑い，焦燥感，不安感，無力感などから，様々な心理的および身体的症状が，新たな文化環境に接した当初のみならず，その後も表われるとする。「ショック」ということばがもつ一過性とか，一瞬のものというニュアンスとは，ずれが生じている。[2]

このように，「カルチャー・ショック」とは一過性のものではないし，新しい文化と出会った場合，誰しもが程度の差こそあれ経験するものである。

2　「U型曲線」・「W型曲線」モデル

新たな文化にいかに適応していくのか，そのプロセスを描写するモデルの代表的なものが，「U型曲線」[3]と「W型曲線」[4]である。時間の経過にともなって異文化への適応・不適応の程度がどのように変化するのかが，ここでは段階的に示されている。図Ⅶ-2は，こうしたモデルの代表的なものである。①から⑤までが「U型曲線」で，①から⑧までが自文化に再び帰ってきた段階も含めた「W型曲線」である。[5]

これらのモデルは，適応の段階をわかりやすく説明してはくれるが，すべて

▷1　Oberg, Kalervo (1960). "Culture Shock: Adjustment to New Cultural Environments." *Practical Anthropology*, 7, 177-182.

▷2　池田理知子＆E・M・クレーマー (2000)『異文化コミュニケーション・入門』有斐閣。

▷3　Lysgaard, Sverre (1955). "Adjustment in a Foreign Society." *International Social Science Bulletin*, 7, 45-51.

▷4　Gullahorn, John T. & Gullahorn, J. E. (1963). "An Extension of the U-Curve Hypothesis." *Journal of Social Issues*, 19(3), 33-47.

▷5　池田＆クレーマー (2000：147-148) を参照。

図Ⅶ-2 「W型曲線」モデル

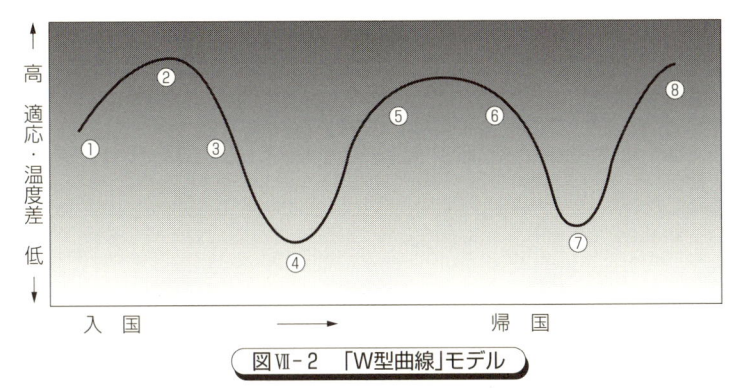

注：①新たな出立に向けて，期待や不安を覚える段階。②新たな生活環境のなかで，これからの生活に期待を抱く段階。③期待から，不慣れな場面に遭遇し，焦燥感が募る段階。④孤立感，不満，いらだちがピークに達した，いわゆるショック期。⑤次第にショックから立ち直り，新しい環境に慣れていく時期。⑥帰国直前の期待と喜びで胸躍らせる時期。⑦帰国後のショック期。⑧再び適応していく段階。
出所：池田＆クレーマー（2000：148）。

の人がこのモデルが示す段階を踏んで適応していくとは限らない。また，「カルチャー・ショック」は乗り越えられるもの，乗り越えなければならないものとしているが，はたしてそうなのだろうか。いつまでも拭い去れない違和感があるからこそ，新たな見方が開かれるのかもしれない。

▷6 これらのモデルに対する批判については，池田＆クレーマー（2000：147-148）を参照。

3 異文化との出会い

ところが，新たな見方への可能性を奪っているのが，異文化コミュニケーション教育そのものだとしたらどうだろう。異文化と出会った場合どうしたら摩擦を回避できるのか，あるいは摩擦が起こった場合どのように対処したらいいのかに重点を置くいわゆる「処方箋的教育」が広く行なわれているようだが，そこには限界がある。例えば，「U型曲線」や「W型曲線」モデルを導入するのは，1つには「カルチャー・ショック」は誰にでも起こるが，回復期も必ず来ることを知らせることが目的なのではないだろうか。ほとんどの留学前研修でこれらのモデルが教えられている現状を見ると，そのように思えてしまう。隋や唐に送られた当時の留学生のように，長い年月をかけて相手の文化を学んでいた頃と比べると，時間がない現代の留学生にとっては，落ち込んでいる時間がより少ない方が効率よく相手の文化を吸収できる，そのために予め処方箋を与えておく，という教育的効果を考慮した結果なのだろう。

摩擦が起こったときの対処法を学ぶことは，むしろ異文化接触の楽しさやダイナミズムを奪ってしまうかもしれない。また，処方箋を与えられただけでは，直面している病気の症状は抑えられても，また再発するかもしれない。自らの生活習慣を見直し，生活を改善するという根本治療にあたらなければ，症状は繰り返す。これを異文化接触にたとえると，自分自身のことを振り返ることではないだろうか。自らがもつ価値観や態度といったものが何なのかを問いただすことに他ならない。

（池田理知子）

VII 異文化接触

3 ステレオタイプと異文化接触

1 ステレオタイプ

W・リップマンは、私たちはたいていの場合、物事を見てから定義しないで、定義してから見る傾向があるとする。そして、その定義も自らの文化に基づいて行なわれることが多いという。つまり、私たちは様々な情報の断片を拾い、組み立てて自分の納得がいくものを作りだしていくのだが、その過程でステレオタイプに従って情報の取捨選択・構成を行なうというのだ。例えば、ある殺人事件の容疑者の写真を新聞の紙面に載せようとすると、数多くの写真のなかからいかにも凶悪犯に見えるようなものを選びがちだ。殺人を犯しそうなものの姿はこうあるはずだ、というステレオタイプを通して物事を見ているから、そういう選択をするのだ。

ステレオタイプとは、型にはまった考え方を意味する。そして、私たちはステレオタイプを通して物事を見るため、その考え方に合わないものは、見ないようにしようとする。ドイツ人は頭が固い、といったステレオタイプをもっていたとすると、ドイツ出身の人に出会ったとしてもそれに合う部分だけを見て、そうでない部分には目を向けようとしないのである。そうなると、そのステレオタイプがますます強固なものとなってしまうという悪循環に陥ってしまう。

2 ステレオタイプと権力

○二項対立概念

異文化コミュニケーション分野では、これまで様々な二項対立概念を用いて研究が進められてきた。例えば、**個人主義／集団主義**や「高コンテクスト／低コンテクスト」(V-3参照)、「ポリクロニックな時間／モノクロニックな時間」(VI-1参照) などの指標を用いて、2文化間の比較研究が数多く行なわれてきた。

教育の現場でも、こうした概念が導入されている。概念の説明自体は特に問題ないのかもしれないが、その導入の仕方に注目する必要がある。わかりやすい説明には、具体例が欠かせない。例えば、「日本人は集団主義的」で「アメリカ人は個人主義的」であるとか、「日本人のコミュニケーション・スタイルは高コンテクスト」で、「アメリカ人は低コンテクスト」だ、といったものである。ところが、こうした例を多用してしまうと、その例が一人歩きしてしまうこと

▷1 ウォルター・リップマン／掛川トミ子訳(1987)『世論』岩波書店。

▷2 18世紀に発明された印刷技術に関連している。分解可能な活字ではなく、各ページの活字がつながったステロ版を使った印刷手法で、そこから「版に押したように同じ見方をする」といった意味が派生したようだ。

▷3 個人主義／集団主義 個人の目標が集団のそれよりも優先される傾向を示すのが個人主義で、その逆が集団主義。

になる。つまり、二項対立概念の導入は、ステレオタイプを助長してしまう危険性を伴うのだ。

留学前にこうした知識を得てしまうと、かえってその知識が異文化接触の妨げになる場合もある。例えば中国に行く前に、「中国人は個人主義的だ」と教えられたとすると、そうした色眼鏡のみで相手を見てしまうかもしれない。こうした極端な単純化は、相手の多様性を見過ごしてしまうことにつながってしまう。そうなると、下手にこうした知識を教えられないほうがよかった、ということになるだろう。

○文化還元主義

また、それぞれの文化を単純化し、ステレオタイプ化することは、「文化還元主義」に陥ってしまう危険性ももつ。「日本人は……だから」とか「ブラジル人は……だから」といったように、すべての言動が文化の相違に求められることになりかねないのだ。先にも述べたように、とうてい一枚岩で捉えることなどできない、例えば「日本文化」とか「ブラジル文化」を、あたかもそうであるかのように捉えること自体が問題なのだ。そして、「○○文化」といった時の「○○」が、国名であることにも注意を要する。〈文化＝国〉ではないのに、いかにもそうであるかのように扱われていることに疑問をもつことが必要になるだろう。

○規範への従属を促す力

「○○文化は△△である」といったステレオタイプが規範として作用し、その規範に自らが従ってしまっている、そうした**規律型権力**が働いている場合もある。例えば、自己主張ができない者はだめな人間だというレッテルが貼られやすい米国では、「**アサーティブネス・トレーニング**」に参加する人が少なくないという。自己主張ができなければならないとする「アメリカ文化」への従属を促す力がそこにはあるようだ。

2007年の新語・流行語大賞にノミネートされた「KY」ということばを覚えているだろうか。「KY」とは、空気が読めないことを意味する。このことばの流行とともに、空気を読めない人への批判が一挙に強まっていったが、これも「日本文化」という規範への従属を促す力の表われ方の1つだったのかもしれない。

だが、この「KY」ということばは、同時にステレオタイプを打破する力ももっていたような気がする。「私はKYだから」という風に、開き直るときに使われたり、「KY＝空気を読まない」と変形して解釈されたりしたこのことばは、空気を読まなければいけないとする「日本文化」への一種の抵抗ととることもできる。女子高生がメールのやりとりで使いはじめたのがきっかけで、このことばが広く普及したとされているが、まさにサブ・カルチャーが主流文化を揺るがした一例なのかもしれない。

（池田理知子）

▷4 丸山真純（2002）「『異文化コミュニケーション論』を再考する――『文化ナショナリズム』を超えて」『ヒューマン・コミュニケーション研究』第30号, 69-90頁。

▷5 規律型権力
国家などが抑圧的に行使する権力ではなく、自ら進んで国家が定めたルールや社会の規範などに従うよう促される権力。ミシェル・フーコーの権力論に基づく概念。

▷6 アサーティブネス・トレーニング
自分の気持ちを明確かつ効果的に相手に伝えるためのトレーニング。

▷7 2007年6月16日の第37回日本コミュニケーション学会年次大会で行なわれた「文化『比較』の実践――その限界と可能性」というテーマのパネルのなかで配布された丸山の論文のなかで指摘されていた。

▷8 宮地尚子（2002）『異文化を生きる』星和書店。

VII 異文化接触

4 内なる「外国人」

1 メビウスの輪

長方形の帯状の片方の端を 180 度ひねり，もう片方の端に貼り合わせると，いわゆる「メビウスの輪」ができる[1]。この輪は客観的に見ると，普通の輪と同様に内側と外側を形成する輪である。しかし，メビウスの輪の特徴は，その帯の面の裏表を決定づけることができない点にある。この帯面の上を脇にそれないように辿っていくと，そこは表であったり裏であったり，あるいはどちらか判断が不可能であったりする。つまり，輪の内側を進んでいると思ったら外側であったり，外側にいると思ったら内側にいたりする。このように，メビウスの輪の帯面は表裏を一律に決めてしまうことができないものである。

我々が「異質な他者」を認知していくプロセスは，メビウスの帯の上を歩くようなものかもしれない。確かに，異文化接触における「異質な他者」とは，「我々という輪」の外側に存在する対象を意味する。そして，この「我々という輪」の外側にいる典型的な存在が「外国人」または「外人」と呼ばれる対象である。しかし，本当に「外国人」は常に我々の外側に存在する対象なのだろうか。

2 「内か外か」から「外は内」へ

「外国人」とは，「国の外側の人」という意味であろうが，常に外側に存在しているわけではない。むしろ，それは国の外側（外国）から国の内側（自国，この国）にやってきた人を意味する。つまり，「外国人」とは通常，我々の国の内側にいる人々の一部を指すのである。

また，我々が外国人と接し，その他者性や異質性が気になるとき，外国人は我々の視野そして意識の内側に存在する。そして，その他者性や異質性が何であるかを調べてみるとき，それを我々も多かれ少なかれ持ち合わせていないだろうか。外国人は逸脱行為を犯しやすいと咄嗟に感じるとき，我々の逸脱行為を忘れていないだろうか。外国人の容姿が気になるとき，自分自身の容姿が他と異なる部分を気にしてきたことを忘れていないだろうか。外国人の使ってくれる「我々のことば」に違和感を覚えるとき，自分自身の母語のことば遣いが適切であるかどうかに自信がもてないことがあることを忘れていないだろうか。

そもそも母語とは純粋に内側の言語ではない。例えば，「日本語」とは純粋に日本的なものから構成されているのではなく，漢語の発音や表記を含め，「国外

▷1 「メビウスの輪」（または「メビウスの帯」）は 1858 年に発見された。その名は発見者の一人とされる数学者アウグスト・F・メビウスに由来する。

からやってきた多くのことばから構成されている（「日本」ということばそのものが，「ジッパング」と発音しようが，「ニッポン」と発音しようが，外来語である）。総じて，我々が母語で思考し表現するとき，外側から内側にやってきたもので構成されたことばが，あたかも純粋に内なることばであるかのように用いられていることを忘れていないだろうか。まるで，「国産」自動車が国外の資源から大部分を構成され，国外から調達したガソリンで動くことを忘れているように。

3 「アブジェ」

ジュリア・クリステヴァは，「対象」を意味する「オブジェ（objet）」に対して，「未だ対象になっていないもの」を含意する「アブジェ（abjet）」という概念を導入し，我々が「オブジェ」（最初から自分の外側にある認識対象）だと思っているものが実は「アブジェ」すなわち自分から「分離させるために投げ出そうとしてそこにあり，未だ対象とは呼べないもの」である可能性の考察が重要であると説いた。また，「アブジェ」には「おぞましきもの」という意味もあり，それは我々の体内から排出された汚物のようなものである。そのような汚物は我々自身のものでもあるが，自分のものとは認めたくないもの，目を背けたくなるものである。我々は，「外国人」に自分の「アブジェ」を投影させ，「外国人」を対象化し，それが自分の「アブジェ」であることから目を背けていないだろうか。汚物が自分の中から排泄されたものではなく，最初から外在するものと思い込むことで，自分（たち）の純粋な自己を確保しようとしていないだろうか。▷2

▷2 ジュリア・クリステヴァ／枝川昌男訳（1984）『恐怖の権力——アブジェクシオン試論』法政大学出版局。

4 「内なる外国人」

異文化接触において，我々はとかく相手を自分たちとは異なる他者として予め決定し，輪の外側に位置づけたうえでコミュニケーションを遂行しようとする。しかし，上でみてきたように，その他者がもつ他者性とは本当に自分のなかに不在なのかという問い掛けは重要である。クリステヴァは以下のように述べる。

> 外人は我々自身の中にある。我々が外人を避け，外人と戦う時，我々が相手にしているのは我々の無意識——我々の不可能な《個》という《個ならざるもの》にほかならない。（中略）外国人を検討するには自分自身を検討すればよい。自らの厄介な他者性を解明すること。我々がしっかりと自分たちだけの《我々》にしておきたいもののまっ只中に影のごとく出現する他者。それは悪魔のごとく，脅威，不安を生む。しかしこの時出現したものこそ我々自身の他者性にほかならないのだ。我々の不気味を認識するならば，不気味に悩まされることもなく，外界の不気味をもてあそぶこともあるまい。奇異は自分の中にある。我々は皆外人なのだ。自分が外人なら外人など存在しない。▷3

「外国人」の他者性は，我々を包囲するメビウスの帯上にあるのだ。

（板場良久）

▷3 ジュリア・クリステヴァ／池田和子訳（1990）『外国人——我らの内なるもの』法政大学出版局，232-233頁。

Ⅶ 異文化接触

5 異文化接触と解釈

① 「異質な他者」と「逸脱行為者」を結びつける解釈共同体

　我々は、しばしばバイアスをもって「異質な他者」に接している。2009年7月、米国ハーバード大学の黒人教授ヘンリー・ルイス・ゲイツ Jr. が、不具合となっていた自宅ドアをこじ開けようとしていたところ、通報で駆けつけた白人警察官は彼には不法侵入の疑いがあると解釈し、職務質問した。これに憤慨したゲイツ教授は対抗的な態度をとるが、警察官は彼の態度を風紀紊乱行為であると解釈し、逮捕した。この事件の法的顛末は別にして、白人が黒人に対して偏向的な解釈をさせているバイアスについて、ネット上でも論争された。

　こうしたバイアスは、少数集団を抱える地域では珍しくない。例えば、ドイツでは、外国人は犯罪を犯しやすいというイメージが広がっており、その統計的根拠まで示される。しかし、ライナー・ガイスラーは、こうした統計的根拠そのものが非ドイツ人（外国人）に対するバイアスがかかったものであると指摘する。

　まず、こうした統計で扱われるドイツ人犯罪者は人口統計に出てくるが、非ドイツ人犯罪者については不法労働者のように人口統計に出てこない人たちの犯罪も件数に入れているという。しかし、人口統計に出てくる非ドイツ人（合法的居住者）に絞ってみると、彼らの犯罪率は低くなる。つぎに、「エスニック・セレクション」の問題があるという。例えば、犯罪を犯した若者のうち、ドイツ人より非ドイツ人のほうが実際に警察に届けられる率が高いため、統計上の非ドイツ人犯罪率が引き上げられてしまう。そして最後に、こうした統計は、同等の「ソーシャル・プロファイル」によって比較分析していないという。「ソーシャル・プロファイル」とは性別・学歴・居住地・階層のことである。例えば、性別では、男性のほうが女性より犯罪を犯しやすい。そして、非ドイツ系移民労働者に男性が占める割合はドイツ人集団における男性の割合よりも大きい。このため男性の多い非ドイツ人の犯罪率は高くて当然である。つまり、非ドイツ性がより多くの犯罪を犯させているのではなく、その集団に男性が多いために犯罪件数が多くなっているのだが、そのことには触れず、あたかも外国人であるから犯罪を犯しやすいと解釈されているという。▶1

② 認知バイアスと示差性

　我々が「異質な他者」の犯罪行為をテレビのニュースなどで知ったとき、「外

▶1 ライナー・ガイスラー（2001）「犯罪を犯す外国人──社会一般に危険な偏見が見られる」The Asia Foundation フォーラム、2001年5月15, 16日（オンライン・アクセス：http://www.tafjapan.org/forums/pdf/kourei1-1.pdf, 2009年8月12日）。

国人には犯罪者が多い」などという認識が咄嗟に頭をよぎることはないだろうか。しかし、菊池聡は、こうした認識は「根拠の不明瞭なものが大部分」であり、「認知バイアスによって少数派の人種や集団と否定的な特性の間に関連性を見いだす」ことがよくあると指摘する。

そして、この場合の認知バイアスは、それが「少数派集団」と「犯罪行為」という、ともに数が少ないがゆえに目立ってしまうために生じるのだという。つまり、「少数派集団に属する者の犯罪行為」は「少数派集団に属しているから犯罪を犯しやすい」という解釈に変換され、あたかも相互に関連性があるように思えてしまうことから生じるという。このような目立ち方を「示差性が高い」というが、これはつまり、(A)少数派集団の犯罪行為は、(B)多数派集団の犯罪行為や(C)少数派集団の一般行為や(D)多数派集団の一般行為よりも示差性が高いことを意味する。このため、実際には(B)〜(D)の数が多くても、(A)の数が少ないがために逆に目立ってしまい、(A)の事象は強い関係性があって起こるものだと解釈されてしまうという。▷2

3 「未知なるもの」との遭遇とスキーマ

このように、示差性の高い事象について関連性を繰り返し見出すと、我々の認識機能に物事を解釈するための知識・経験・期待などが形成されるという。問題は、こうした知識・経験・期待が十分に検証されたうえで蓄積されるわけではない一方、これらが「スキーマ」として日々の情報処理の際に呼び起こされ、我々の解釈に決定的な影響を及ぼすことである。

我々は、「未知なるもの」や「不可解なもの」に出会ったとき、それを「思考の省エネ」と呼ばれる効率的な解釈や推論によって理解しておこうとする。こうした解釈や推論は、単に知覚されたものがボトムアップ的に生じるものではなく、もう1つの情報処理経路が起動することによって完遂する。これがスキーマの作動する経路であり、予め形成された知識・経験・期待が、いわばトップダウン的に知覚されたものを解釈し、ある認識に導くのである。そして、このスキーマこそが、様々な偏見やステレオタイプで汚染された考えがスローガンのような表現で蓄積されていく場となっているのである。

もちろん、スキーマには科学的に検証された知識も蓄積されている。しかし、問題は、そうではないものが正しいものであるかのような響きをともなってスキーマには蓄積されており、それらが「異質な他者の異質な行為」に接触する際に、対象となる人間の本性や行動を解釈し人格までをも判断する手段として呼び起こされることであろう。様々な情報を処理しながら人間が生きていくうえで、「思考の省エネ」は確かに必要であろう。しかし、異文化接触のような「未知なるもの」との遭遇が人間性の判断ともかかわる場合には、効率的な思考よりも合理的な思考が強く求められるのである。

(板場良久)

▷2 菊池聡 (1998)『超常現象をなぜ信じるのか』講談社, 126-128頁。これ以降の認知科学の知見の多くについても、菊池の見解に依る。

Ⅶ　異文化接触

6　翻訳と文明の力学

1　職業や学業としての翻訳

　外国語を学んでいる学生やすでに外国語に堪能な人にとって，翻訳は専門技能の1つであり，翻訳を職業にしている場合もある。また，言語の違いを超えて普及・発展する学問においては，文献の翻訳は必要不可欠であることも多い。そして，無価値的で非政治的な立場での研究成果が求められる科学における文献翻訳を除けば，翻訳には異文化理解が必然的に重要なものとなる。したがって，翻訳は異文化接触の一形態であるといえる。

　このため，翻訳は，翻訳者個人の外国語能力のみならず，その言語が用いられる文化に関する教養，翻訳の技術・経験，職人芸といった能力を必要とする行為として理解されている。そして，そうした能力には，翻訳書が読まれる文化の読者が感じるであろう訳語の「読みやすさ」や「美しさ」に関する間主観的判断力も含まれる。その結果，翻訳を学ぶことは，翻訳家のもつ技能的かつ芸術的経験や意見から学ぶことを意味することも多い[1]。

　しかし，翻訳について考えることは，翻訳者になるために必要な技術や知識が何であるかを知ることを必ずしも意味しない。翻訳とは，個人の能力を超えた次元において必要とされる行為であり，言語共同体を取り巻く力関係を無視できない知識の普及に関する政治的営為でもあるからである。また，異なる言語文化を結ぼうとする翻訳は常に困難をともなうものであるが，その困難に対処しようとする行為もまた政治的である。このことを端的に示す事例が宗教的教義の翻訳であろう。

2　聖典や経典の翻訳

　宗教的教義の翻訳は，翻訳というものが権力関係と密接にかかわる政治的行為であることを示すものである。まず，そもそも聖典や経典の翻訳を禁止するということが宗教史的に珍しい行為ではない。例えば，タイにおいては，パーリ語で書かれた仏典は，教義を学ぶ民衆の言語に翻訳されず，丸ごと暗記をさせることになっている[2]。また，かつて，イスラムの聖典である「コーラン」は原語であるアラビア語から他の言語への翻訳が禁じられていた[3]。さらに，西方教会では，民衆が「聖書」を独自のやり方で解釈することを恐れ，「聖書」を民衆の言語に翻訳することを禁止していた時期がある。このように，聖典などの翻

▷1　岩波書店編集部編（2006）『翻訳家の仕事』岩波書店。

▷2　青木保（1979）『タイの僧院にて』中央公論社。

▷3　実際には，「コーラン」は翻訳されていたが，それは「コーラン」の注解書とみなされていた。井筒俊彦訳（1957）『コーラン（上）』岩波文庫，299頁。

訳を禁ずる行為は，民衆の信条を管理することであり，統治の手段なのである。

　また，キリスト教の歴史においては，翻訳すべきかどうかよりも，どのように翻訳するかが大きな争点となったこともある。その典型的な出来事は，宗教改革の際にカトリック教会が認めない翻訳をプロテスタント側が強行して抗争したことであるが，プロテスタント教会はその際の翻訳に基づいて勢力を拡大していったことは有名である。そして，この抗争は，そもそも「聖書」の原典解釈の正しさをめぐる教団内での対立でもあったことを忘れてはならない。

　さらに，「聖書」を逐語訳するのか意訳（意味対応訳）するのかという判断も政治的である。学問的な正確性が失われてはならないという立場では，逐語訳が原則であった。しかし，逐語訳は，語彙や文の対応関係ができるだけ正確でなければならないため，翻訳語の文章が不自然なものとなってしまい，読者に読みづらいものになるというリスクを負う。一方，意訳は，読者が理解しやすいように必要に応じてことばや語法を変え，文（章）全体の意味を伝えやすく訳すものである。また，意訳する場合でも，原文への忠実度によって複数の立場がある。このため，意訳の度合いが高まると，当然のことながら批判も強くなる。このように，教義の普及は一律なものではなく，翻訳の種類や原典への忠実度，またそこからくる批判や力学による改編活動などによって，複雑なものであるという認識が必要である。

3 翻訳学

　「聖書」の英訳をめぐる例からもわかるように，西欧キリスト教文明は，教義の翻訳抗争を経て普及・維持されてきた。また，一般的に，文明というものが言語の壁を越えて広がっていくものであるならば，どの言語からどの言語に知識や知恵，思想や世界観が主に翻訳され，抵抗や受容を経て拡散していくのかに注目することにより，その流れや動態的な力関係を知ることができるであろう。

　このように，翻訳は，翻訳者の異文化理解力に基づいた単なる個人技ではない。あるときには異文化接触の契機に立ちはだかる共同体間のことばの壁を越え，また別のときには翻訳禁止によってことばの壁を維持し，人びとを様々な思惑で統治する政治的テクノロジーとなる。

　こうした翻訳の政治性なども考慮に入れた「翻訳学（translation studies）」というものが近年導入された。もちろん，こうした入門的な解説書は，従来からある翻訳家の経験則や知恵，問題意識に理論的なことばを与えたものであり，翻訳の歴史性や権力関係を多層的に分析するものではなく，先端的コミュニケーション研究を基礎づけている現代思想や社会理論に基づいて編成・体系化されたものでもない。しかし，翻訳を学問的に考えようとする導入期にあっては画期的な一歩を踏み出したといえよう。

（板場良久）

▷4　比較的原文に忠実な「聖書」の意訳には *Good News Bible: Today's English Version* や *Holy Bible: Contemporary English Version* などがある。

▷5　読者へのわかりやすさと普及を重視することで原典解釈の正確性を犠牲にした意訳の例としては *The Living Bible* があったが，原典との等価性が不足しすぎているとの批判が強くなったため，その後，ギリシャ語やヘブライ語の原典資料との比較に基づいた大規模な改訂プロジェクトによって，現在，*Holy Bible: New Living Translation* が生み出されている。

▷6　Munday, Jeremy (2008). *Introducing Translation Studies: Theories and Applications* (2nd ed.). Routledge.

VII 異文化接触

7 「対立」を生み出すもの

▷1 2001年制作のドイツ映画(オリバー・ヒルツェヴィゲル監督)。日本では2002年に公開され話題を呼んだ。

図VII-3 映画「es」のDVDカバー
出所:ギャガ株式会社提供。

▷2 1971年にスタンフォード大学心理学部で行なわれた。「スタンフォード監獄実験」と呼ばれるこの実験は、多くの論争を呼び起こした。

1 状況が与える力

　映画『es [エス]』で描かれた、作られた「対立」は私たちを戦慄させる。スタンフォード大学で実際に行なわれた実験を元に作られたこの映画では、恣意的に割り振られた看守と囚人の役だったはずなのに、看守は看守らしく、囚人は囚人らしく、つまり看守は横暴に、囚人は卑屈になっていく様が映されていた。ある状況が与えられると、今まで仲がよかった友人同士、あるいは何の利害関係もなかった人たち同士でも敵対するようになるのである。映画の元となった実験でも同じことが起こり、2週間続ける予定が1週間で打ち切らざるを得なくなったという。

　こうした状況が与える力は、私たちの日常のいたるところで発揮され、「対立」の構図を私たちに刷り込む。「対立」する者として相手が位置づけられたとたんに、私たちは自らを正当化し、相手を敵対視する。例えば、「テロリスト」と名づけられたとたんに、その意味するところを吟味することなく彼(女)らを非難しはじめるのだ。何が「善」で、何が「悪」なのかといったことを真剣に考えることなく、置かれた状況によって、常に「対立」する関係であるかのように振る舞うのである。

2 「対立」への加担

　善と悪。賛成派と反対派。加害者と被害者。こうした対立する二者のどちらかに人びとを分けようとする力に、私たちは常に曝されている。例えば、私たちは「当事者」ではない立場で、第三者的にマス・メディアを介して世界中で起こる出来事を、「対立」の構図として見せられている。フセイン元イラク大統領が悪で、米国の力による彼の処刑に正義があるといった物語を何の疑問もなく受け入れてしまっている。いわば、「対立」を作りだした米国側の目論見にはまってしまっているのだ。しかし、こう書くと二者択一を迫る力に隷属してしまったかのよう思え、自らがこうした力を行使している存在でもあることを、つい忘れてしまう(IX-1参照)。メディアの報道のままに、「正しい」側に身を置いて「対立」する「ドラマ」を眺め、またその「ドラマ」を他者に語ることで、「対立」を作りだした「当事者」に加担している可能性があることを忘れてはならない。

「傍観者」や第三者的に振る舞うこと，無関心を装うことは「対立」の構図を容認していることに他ならない。マス・メディアによって作られる二項対立的「ドラマ」が他者に向けて繰り返し語られることで，「対立」の構図がいっそう強化されるのだ。

3 「対立」再考

○紛争解決論

これまでの紛争解決論では，「対立」は解決されなければならないものとして，その解決策を探ることに重点が置かれていた。対処療法的なアプローチに偏りすぎていた傾向があり，その紛争や対立自体がそう名づけられることによって作られたものである，という点が省みられることはあまりなかった。「テロとの戦い」といわれると，テロリストを押さえ込むためにはどうしたらよいのかという戦略論ばかりが声高に叫ばれ，言説が作られることにより始まった「対立」の構図に目が向けられることが少なかった。

米国で作られた「ホステージ・クライシス」という教育用のシミュレーションがある。1979年に起こった**イラン米大使館占拠事件**をベースに作られたもので，少なくとも40名以上は参加しないと成り立たない大掛かりなシミュレーションである。参加者はテロリストや捕虜，米国政府，メディアといったグループに分けられ，自らの役を演じる。3，4時間のシミュレーション後にブリーフィングが行なわれるのだが，テロリストや捕虜を演じた参加者の多くがそのときに口にするのが，〈テロリスト＝悪〉とは一概に決められないということだった。「テロリスト」と名づけられることで「対立」が生み出されることを，身をもって体験した参加者のコメントと受け取れる。

○異質性を楽しむ

私たちは，異質なものを訳のわからないものとして恐れる傾向がある。そして，わからないからこそ，そうしたものを「対立」する相手とみなし，そのように名づけるのである。「対立」とはこのような私たちの解釈によって生み出されるものである限り，繰り返される（Ⅶ-3参照）。

だとすれば，わからないものを理解しようとする努力や，あるいは異質なものをそれとして楽しもうとするだけでも当面の「対立」は消えてしまうかもしれない。また，「対立」を押さえ込もうとするのではなく，「対立」をずらして眺めると，それ自体が無意味に思えてくるかもしれないのだ。そうすれば，「対立」を作りだそうとするものに盲目的に従うこともないだろうし，その「当事者」に加担することもない。つまり，異質性を楽しむという異文化コミュニケーションの基本に立ち返ることが必要なのだ。

(池田理知子)

▶3 2008年に日本で行なわれたG8サミット時の過剰な警備体制などは，その戦略に乗せられた結果であった。とてもテロなど起こりそうにもない都心から離れた駅構内に，警官が一日中立っているだけでどんな効果があったのだろうか。

▶4 Kennedy, Moorhead & Keys, M.M. (1987). *Hostage Crisis: Facilitator's Manual*. The Myrin Institute.

▶5 **イラン米大使館占拠事件**
イラン革命後の1979年11月4日，革命指導者ホメイニ師を支持する学生グループが米国人外交官ら52人を人質に米大使館に立てこもった事件。444日後の1981年1月20日に人質が解放されて，事件は解決した。

▶6 著者が実際に本務校の授業でこのシミュレーションを試みた時の学生の反応より。

▶7 池田理知子＆E・M・クレーマー（2000）『異文化コミュニケーション・入門』有斐閣を参照。

VII 異文化接触

8 「対立」から見えないもの

1 「沈黙を破る」という行為

土井敏邦監督のドキュメンタリー・フィルム『沈黙を破る』によって多くの人たちの知るところとなったNGO「沈黙を破る」は，イスラエルの人びとすべてがパレスチナ自治区における占領を必ずしも肯定している訳ではない，といういわば当り前の事実を私たちの前に提示してくれた。元イスラエル将兵たちによって作られたこの団体は，彼（女）らが占領地で経験したこと，あるいは彼（女）らのもとに送られてきた兵士の証言を様々なメディア媒体や講演，ウェブサイトを通じて国内外に発信し続けている。

図VII-4 映画『沈黙を破る』のチラシ
出所：株式会社シグロ提供。

▷1 2009年に作られた作品。

▷2 町野民編（2009）『沈黙を破る（パンフレット）』シグロ，7頁。

▷3 http://www.breakingthesilence.org.il/index_e.asp

「占領地での，虐待，略奪，一般住民の殺戮等の加害行為を告白することにより，今まで語られることのなかった占領の実態にイスラエル社会が向き合うことを願って」，こうした発信を行なっている彼（女）らは，占領に〈賛成／反対〉で色分けされることをまるで拒否しているかのようである。占領反対派と呼ばれることで，とにかく実態を伝えるという目的があいまいになったり，発言自体がイスラエル社会で封じ込められる可能性があるからなのか，彼（女）らのホームページにも「占領反対」の文字は見あたらない。現在のイスラエル社会においては，これまで封殺されていた声をあげるという行為，沈黙を破るという行為だけで，当り前だと思われていたこと，考えることすらしなかったことに疑問の目を向けさせるには十分なのかもしれない。

2 沈黙を強いるもの

▷4 巻町は，2005年10月10日に新潟市に合併された。

▷5 1969年に新潟日報のスクープにより原発計画が明らかになった。1996年の住民投票など様々な経緯を経て，2004年に東北電力が巻原発計画の断念を発表したことで，この計画は事実上終結した。

〈賛成／反対〉といった対立の構図に嵌め込まれることへの違和感を，新潟県旧巻町で持ち上がった原子力発電所の建設を何とか阻止しようと長年運動をしてきた桑原正史は語っている。

"活動家"としてではなく，政党とも労組ともまったく別な，巻の住民の1人として日々の暮らしの中で反対運動ができないものか……原発問題は，たとえば"家の前のドブがつまるから役場に話に行く"というような"生活"の問題だ。ドブがつまって困ると言いに行ったからといって，だれも政治

で色分けしたりしない。色分けされるかぎり，巻のような町では人は原発について黙してしまう。

桑原が言うように，〈賛成／反対〉で色分けされる限り，人びとは黙らざるを得なくなる。旧巻町のような多くの住民が様々な地域のしがらみから本音を語れなくなったところでは，できれば原発が建って欲しくないと思っていたとしても口にすることができないのだ。

そしてここに「国策」という大義名分が絡んでくると，原発に反対することは国のエネルギー政策に反することだと言われ，ますます口を閉ざさざるを得なくなる。「日本」のためならば，と誰もが自らを納得させてしまうのだ。

3 「他者」との回路を結ぶ

新潟県旧巻町は，日本ではじめての住民投票が実施されたことで，全国にその名を知られることになった。この住民投票を可能にしたのは，「巻原発・住民投票を実行する会（実行する会）」の力によるところが大きい。NGO「沈黙を破る」と同じように，原発建設に賛成か反対かは口が裂けても言うまいとお互いに誓い合い，ここに原発が本当に必要かどうかを住民自らの意思で決める公平な住民投票を行ないたいとして運動を続けた彼（女）らの思いが，自主管理の住民投票を経て，日本で最初の住民投票を実現させたのだった。

原発に反対したくてもそれを口に出せない，そうした住民の実情が痛いほどわかった彼（女）らは，「どうやったら住民にやさしくやれるかを基本にした」という。それが，原発反対を自らの名前と住所を書いて表明しなければならないような署名運動ではなく，賛成，反対を口にすることなく自らの意思を表明できる住民投票につながったのだ。

NGO「沈黙を破る」も，イスラエル（元）兵士が自らの辛い経験を語ることがいかに大変かよくわかっている，つまり他者の気持ちに寄り添えるからこそ，告発兵士の匿名性を厳守することを誓っているし，それを実行しているのだろう。だからこそ兵士たちも安心して，彼（女）らにコンタクトを取ろうとするのだ。

反対することで「対立」を深めるのではなく，「沈黙を破る」や「実行する会」が教えてくれたように，その構図から外れ，沈黙を余儀なくされている多くの人たちの声を汲み取ることからはじめられないだろうか。さもないと，〈賛成／反対〉に分けようとする力に取り込まれかねない。「対立」を促す力を乗り越えるためには，「他者」との回路をつなぐ試みが必要なのかもしれない。

（池田理知子）

▷6　桑原正史＆桑原三恵（2003）『巻原発・住民投票への軌跡』七つ森書館，92頁。

▷7　1994年に結成された。

▷8　渡辺登（2005）「運動リーダー層の分析」伊藤守＆渡辺登＆松井克浩＆杉原名穂子『デモクラシー・リフレクション――巻町住民投票の社会学』リベルタ出版，80頁。

▷9　町に住民投票実施も申し入れるが，当時の町長が拒否したため，自主管理の住民投票を行なった。

▷10　傍点は筆者によるもの。この「やさしさ」は2つのやさしさ，「易しさ」と「優しさ」の両方を意味するものと考える。

▷11　渡辺（2005：84-85）。

▷12　NGO「沈黙を破る」のホームページより。http://www.breakingthesilence.org.il/about_e.asp

▷13　本橋哲也（2002）『カルチュラル・スタディーズへの招待』大修館書店，82頁。

Ⅶ 異文化接触

9 文化・歴史の仲介

1 エコツーリズム

　地球環境への関心の高まりと，従来の旅行に飽き足らない人びとの欲求とが重なりあう形で，1990年初頭からエコツーリズムが注目されるようになった。そのエコツアーでは，「インタープリター」と呼ばれるガイドによる説明が重要な位置を占める場合が少なくない。例えば，中南米のコスタリカは原始の森が残されているとされ，エコツーリズムのメッカとみなされている。そこでは，「インタープリター」がその地の「文化」をツアーの参加者に紹介する。日本からのある参加者が「地域の住民の気持ち（視点）」がよくわかったという感想を漏らしていたが，このツアーのガイドは名門大学院出身の米国人だったそうだ。「インタープリター」とは誰の視点で何を語るのか，参加者は「インタープリター」に何を望んでいるのかが問われなければならないことを，このエピソードは物語っている。

　私たちは，知らない「文化」に接したとき，「仲介者」の解説に頼る場合が往々にしてある。それはガイドのような人かもしれないし，その「文化」を紹介した本かもしれない。いずれにしても，AがBのことをCに語るとき，Cが知りえるのはBのことというより，AがBのことをどう思っているかである，という原則と同じように，私たちが知り得る「文化」とは解釈者の目を通したものでしかないのかもしれない。

2 語られる「文化」

　山下晋司によると，マレーシア・サバ州におけるエコツアーの参加者は，大半が欧米人と日本人で，サバ州を訪れる観光客のうち最大のシェアを占める台湾人はほとんど興味を示さないという。また，エコツアーは単価が高くつくため，こうした高額な観光商品を買える層は，「北」の豊かな人びとということになるらしい。これは，ピエール・ブルデューのいう「階層による趣味の違い」を示す一例であると山下は指摘しているが，確かにエコツーリズムには日本および欧米ミドルクラスのテイストが反映されているといえよう。

　そうなると，商品であるエコツアーはどうしてもお客である「北」のミドルクラスの人びとを満足させるものでなければならなくなる。ガイドである「インタープリター」の説明もそうしたお客の欲求に寄り添ったものになってしま

▶1　成田弘成（2003）「観光のグローバリゼーションとは何か？──世界遺産『白神山地』を事例の中心にして」『桜花学園大学人文学部研究紀要』第6号，236-237頁。

▶2　山下晋司（2007）「エコツーリズムのアイロニー──マレーシア・サバの森と海から」山下晋司編『観光文化学』新曜社，168頁。

▶3　「北」による自然破壊がエコツーリズムの背景にあることが，観光人類学の分野では指摘されている。

▶4　ピエール・ブルデュー／石川洋二郎訳（1990）『ディスタンクシオン（Ⅰ，Ⅱ）』藤原書店。

▶5　山下（2007：169）。

わないだろうか。ツアーがガイドと参加者のやり取りによって成り立っている以上，語られる「文化」は，参加者が望むものとなってしまう可能性は否定できない。

では，先のコスタリカの例を再び考えてみよう。そのときの「インタープリター」が米国人ガイドではなく，現地人ガイドであれば，その地の「文化」をより深く語ることができたのだろうか。自分たちの日常はあまりにも当り前すぎて，そのあり方を気にとめることや，まして不思議に思うことすらないという異文化コミュニケーションの基本に照らし合わせて考えると，必ずしも現地ガイドの方がよりすぐれた「語り部」といえないことは，明らかだろう。

3 語られる「歴史」

沖縄県糸満市の「ひめゆり平和祈念資料館」では，戦後60年たった2005年に20代の平和の「語り部」候補生が誕生した。「語り部」が高齢化するなか，誰が戦争体験を語り継いでいくのかが問題となっており，それを解決していくための1つの試みだと考えられる。

熊本県水俣市にある「水俣市立水俣病資料館」でも，いわゆる「水俣病患者」ではないが水俣病を巡る動きにかかわった人たちが，「語り部」と同じように講話の場で被害の実態などを伝えている。水俣病公式認定から50年以上たった今，高齢化がここでも問題となっており，こうした人たちが被害について語ることがこの問題を風化させないために必要であることは間違いない。だが，このいわゆる「患者」ではない「語り部」たちは，「患者」ではないことを強調するためなのか，13名の「語り部」たちとは別に「語り部補」と紹介されている。「当事者」にしか語れないものがあるのか，あるいは水俣病の被害の実態を語れる資格とはいったい何なのか，この表記は私たちにそのことを考えさせずにはおかない。

もし，誰もがある問題に真摯に向き合うならばその問題の「語り部」や「インタープリター」になれる，としたらどうだろう。語り継ぐことこそが大事だとすれば，「当事者」であることにこだわるよりも，「仲介者」としてそうした問題をどう考え，何を伝えていくのかを考えていく方がこれからは重要であるように思える。「当事者」では語れないことや，「仲介者」だからこそわかる部分を伝えていける可能性が開けるはずだ。

私たちは，「文化」や「歴史」の生き証人としての当事者性にこだわる傾向がある。「当事者」からの話でなければ納得しないとか，意味がないと思い込んでいる人が多いのではないか。私たちのなかにあるそうした「当事者」であることを強いる意識を変えていかない限り，時間とともに問題そのものが忘れ去られてしまうことにならないだろうか。

(池田理知子)

▷6 池田理知子＆E・M・クレーマー (2000)『異文化コミュニケーション・入門』有斐閣, 63頁。

▷7 この部分は科研費 (21530553) の助成を受けた研究内容を含むものである。

▷8 http://www.yomiuri.co.jp/e-japan/okinawa/kikaku/015/4.htm

▷9 公式に認定されている人，基準に満たないからと認定されなかった人，あえて認定申請をしない人など「水俣病患者」といっても多岐にわたり，水俣病の定義自体もいまだにはっきりしない部分がある。

▷10 「水俣病資料館では，水俣病の苦しみに負けずたくましく生きることの尊さと，水俣病に対する正しい認識を深めていただくために，患者の方から貴重な体験を直接聴講できる『語り部制度』が平成6年10月より始まりました」とホームページ (http://www7.ocn.ne.jp/~mimuseum/) に記されており，13名の「語り部」が講話を行なっているとしている。だが，資料館にはもう2名が登録されており，「語り部補」として紹介されている。

▷11 彼らが「語り部」になることへの市からの反対があり，「補」をつけることに落ち着いたといわれている。

VII 異文化接触

10 アイデンティティと「他者」

1 まぼろしの「本当の自分」

「あなたの知らない本当の自分が分かります」——これは、ある占いのウェブサイトに書かれていたキャッチコピーだ。該当する項目にチェックを入れていくと、自分の性格や特徴が表示される。近年、占いやパック旅行の宣伝、自己啓発本などで謳われる「自分探し」に、誰もが興じているように見える。しかし、「本当の自分」とは、そんなに簡単に見つけられるのだろうか。

「自己認識」や「自己分析」というように、「自分」は「自己（self）」という語で表現される。ここでは、自己（self）を「信念、価値、態度、欲求といったものが複雑に作用するフィールド」として捉えたい。十年前も今も、自分は他の誰でもない「自分」であり続ける一方、年齢や環境、周囲の人びととの関係が変わっていくにつれて「自分」は変化していく。つまり、簡単には変わらない信念や価値観に支えられた中枢的な自分と、時とともに変化する自分の双方が、相互に関係しあって「自己」を作りあげているのだ。

普段の生活を改めて振り返ってみると、たった1人の「自分」が実に様々な顔をもち、使い分けていることに気づく。大学やアルバイト先、自宅など、場面や相手によって、あなたの振る舞いやことば遣いには変化が生じるはずである。E・ゴッフマンが指摘したように、私たちは状況に応じて適切な役割を「演技」しているといえるだろう。

他者が自分に期待する役割を、アイデンティティ（identity）と言い換えることもできる。他者とことばを交わし、他者からの眼差しを介しながら、私たちは自己に対するイメージを築き、自らの行動に反映させていく。まわりとの相互の関係性によって、いくつものアイデンティティが構築されていくのである。私たちは、何者にも影響されないまっさらの「本当の自分」を探してしまいがちだが、そのような「自分」は、そもそもどこにも存在しないのだ。

2 アイデンティティの誕生

○近代社会とアイデンティティ

「自分とは誰か」という問いかけ、つまり、アイデンティティに関する疑問が表面化してきたのは、近代社会の形成時期と重なる。近代以降、交通手段を含めた様々なメディアが発達し、各地に「都市」が現れる。それまでのムラ社

▷1　池田理知子＆E・M・クレーマー（2000）『異文化コミュニケーション・入門』有斐閣、17頁。

▷2　E・ゴッフマンは、社会的相互行為を「演劇」にたとえて説明した。アーヴィング・ゴッフマン／石黒毅訳（1974）『行為と演技』誠信書房。

会では，人間関係も限定的で，人びとは互いに価値観や情報を共有していたが，都市では「見知らぬ人たち」との交流が不可避だ。土地間の自由な移動が可能になったことで，異なるバックグラウンドをもつ「他者」と，同じ場で生活し，新しい関係を築いていく必要性が生じたのである。

▷3 リチャード・セネット／北山克彦＆高階悟訳 (1991)『公共性の喪失』晶文社。

近代的な都市には，人種や階層などを異にした人びとが集う。1つの都市内で「白人」と「黒人」の住居区分が違ったり，高度経済成長期の日本の例のように，「都市部出身者」が「地方出身者」を差別したりと，複雑な力関係も生じてくる。〈相手≠自分〉という場面では，互いを分け隔てる差異によって，自分が属している社会的なカテゴリーに気づかされる。アイデンティティとは，「自己承認（わたしは～である）によって成り立っているだけではなく，自己否定（わたしは～ではない）によっても形成されている」のだ。

▷4 竹村和子 (2002)『愛について——アイデンティティと欲望の政治学』岩波書店，244頁。

● メディアの影響

近代以降発展してきた映画やテレビ，広告などのメディアも，私たちのアイデンティティに大きくかかわっている。例えば，はじめて出会った人が沖縄出身だと聞いて，ドラマや旅行キャンペーンなどのイメージをもとに，相手が「おおらかで明るく元気な人」であることを期待してしまうかもしれない。同時に，沖縄出身者たちも，こうした視線を内在化して，まわりが期待する役割＝明るい沖縄人を，積極的に演じてしまう側面もある。

▷5 田仲康博 (2002)「メディアに表象される沖縄文化」伊藤守編『メディア文化の権力作用』せりか書房，175-197頁。

「女性らしさ」「日本人らしさ」など，特定のグループに対するイメージは，普段目にするメディアから多分に影響されて形成される。私たちは，「自分らしく」生きているつもりでも，メディアが示す「○○らしさ」に，無意識のうちにしばられていることが多い。他者に固定的なイメージを抱くのみならず，自分自身もステレオタイプ（Ⅶ-3参照）のとおりに振る舞ってしまいがちなのだ。

3 「自分探し」の意味とは

アイデンティティは，自分自身のなかからひとりでに生じてくるものではない。異なる他者との出会いがあってこそ，自分のアイデンティティは意味をもつのだ。様々な他者との出会いは，その分アイデンティティが増え，自分が分断されることを意味する。現代社会では，家や学校，職場などに加えて，インターネットや携帯電話といったメディア上での「自分」も演じ分けなければならない。複数の自分の姿に，私たちは時に不安を感じる。だからこそ，どんなときも変わらない「本当の自分」を追い求めてしまうのだろう。

しかし，アイデンティティとはもともと流動的で多面的なものだ。私たちに求められている「自分探し」とは，様々な他者とのかかわり合いのなかで，色々な「自分」を発見していくことではないだろうか。たった1つの「本当の自分」にこだわるよりも，「自分」の多面性を受け入れていくことが，ひいては多様なアイデンティティへの理解につながるだろう。

（伊藤夏湖）

Ⅶ 異文化接触

11 グローバル化とアイデンティティ

1 「国民国家」と愛国心

2006年、「美しい国」づくりを掲げる安倍晋三元首相の主導のもと、教育基本法が改正された。新しい法案は、各地で議論を巻き起こした。特に問題となったのが、以下の項目だ。

> 伝統と文化を尊重し、それらをはぐくんできた我が国と郷土を愛するとともに、他国を尊重し、国際社会の平和と発展に寄与する態度を養うこと。[1]

ここでの「我が国」とは、つまり「日本」のことである。教育の現場では、こうした「愛国心」教育に関する問題がたびたび浮上してきた。福岡市では、2002年に、在日コリアンを中心とした市民団体が、成績表に愛国心の項目をもうけたことを人権侵害だとして教育委員会を訴えた。[2]また、例えば愛知県豊田市や静岡県浜松市のように、ブラジルやフィリピンなどから職を求めて移住してきた人びとが多く住む地域でも、「愛国心」教育に疑問の声があがっている。[3]小さな教室のなかでも、「日本人」としてのアイデンティティに違和感をおぼえる子どもたちはたくさんいるのだ。

「グローバル」とは、常に「ナショナル」な人びとである「我々」の外側に位置づけられてきた。[4]しかし、グローバル化の流れのなかで、「国民国家」に住む人びとも、決して均質な存在ではないということが露呈してきたといえる。

2 アイデンティティの多様化

「愛国心」教育の例にも明らかだが、近代以降、「国民国家」は人びとのアイデンティティを形作る大きな要素であり続けた。しかし、グローバリゼーションによって人やモノ、情報が流動的に移動するようになり、国内の多様な「他者」の存在が顕在化してくると、「国民国家」という枠組みは大きく揺らいできた。「インターナショナル」という語が、「グローバル」に置き換えられてきたのにも、「国家（nation）」という枠組みを無化していくような社会的状況が反映されている。B・アンダーソンが言うように、単一の言語や文化を共有する近代国民国家とは、実体のない「想像の共同体」[5]（Ⅳ-9参照）なのである。

ある在日コリアン3世の大学生は、日本人でもコリアンでもないという「二重否定の中に在日コリアンが存在するのではないか」と話している。[6]自分が何者であるか特定する（= identify）ことが求められるなかで、在日コリアンやハー

▷1 教育基本法（平成十八年十二月二十二日法律第百二十号）第一章第二条五。以下の『電子政府（e-Gov）』（総務省）のサイトにて、全文を参照できる。http://law.e-gov.go.jp/htmldata/H18/H18HO120.html

▷2 『朝日新聞』「愛国心を通知表で評価　市民団体、削除要望　福岡の市立小」（2002年10月9日付、夕刊）。

▷3 こうした地域に移民が多い理由は、トヨタやホンダ、ヤマハなど、グローバルに展開する企業の工場が集中しているためである。

▷4 伊豫谷登士翁 (2002)『グローバリゼーションとは何か——液状化する世界を読み解く』平凡社、61頁。

▷5 ベネディクト・アンダーソン／白石さや&白石隆訳 (1997)『想像の共同体——ナショナリズムの起源と流行』NTT出版。

▷6 「在日なんだ！俺たちは、私たちは！」『ONE KOREA FESTIVAL TOKYO 2006』パンフレット、52頁。
「ONE KOREA FESTIVAL」とは、主に在日コリアンと日本人の大学生が中心となって、毎年代々木公園で開催されるイベントである。

フ／ダブル，移民の人びとは，単一の「国」に帰属しないことを理由に，「何者にもなれない」存在として差別や排除の対象になってきた。しかし，視点を変えると，アイデンティティを区切る境界線をまたぐ「あいまいさ」は，私たちがとらわれている規範を改めて問い直す契機を孕んでいる。

　グローバリゼーションによって可視化された「あいまいさ」は，国家に関するものに止まらない。例えば，既存の性の枠組みには当てはまらない「セクシュアル・マイノリティ」も，インターネット等を通してグローバルな活動を展開しながら，権利を主張している。国家やジェンダー，人種や民族など，固定的で限定的な意味づけがされてきた要素が，実は多様な意味づけの可能性を含んでいることが明らかになるにつれ，人びとのアイデンティティに対する感覚も変化してきた。

　先の在日コリアンの男性は，「在日コリアンとしてのアイデンティティ」を大切にしたいと話す。しかし，周囲が「日本人」か「コリアン」かという二択のみで彼のアイデンティティを定義しようとすると，彼の思いを無視することになってしまう。アイデンティティには，他者の「承認」が必要である。グローバル化する世界では，越境的で「あいまいさ」を孕んだ存在を含めた，多様なアイデンティティの「承認」が求められているといえるだろう。

▷7　チャールズ・テイラー他／佐々木毅他訳（1996）『マルチカルチュラリズム』岩波書店。

3　境界線の無化

　アイデンティティが問題となるのは，「確定的・統一的・安定的だと考えられていた何かが，懐疑や不確実性といった経験によって置き換えられるとき」に他ならない。これまで自明視されてきた価値観が崩れつつある今，再び議論の必要性が生じているのではないだろうか。

　アイデンティティとは，「他者とのコミュニケーション＝〈関係性〉」によって変化するものだ。「アイデンティティ」という概念そのものへの意味づけもまた，コミュニケーションを通して変容する可能性をもつ。グローバリゼーションによって様々な「あいまいさ」が露呈してきたと述べたが，グローバルな関係性から切り離されて生きることのできない現在，程度に差はあれど，誰しもが「あいまいさ」を抱えている。食べ物やことば，身体的な動作，身のまわりにあるものを見直してみるだけでも，自分が多様な文化が交差する場にいると気がつくだろう。

　20世紀をとおして，国家や性別，人種などの強固な「境界線」に規定されてきたアイデンティティは，流動的な社会のなかではもはや意味をなさなくなる。鄭暎惠は，「複数のMeが，居合わせる／ぶつかる／行き交う〈十字路〉として，Iはある」としている。境界線が無化されていくなかで，複数の自己を受け入れるとき，固定的な「アイデンティティからの自由」が可能になるといえるだろう。

（伊藤夏湖）

▷8　Mercer, Kobena (1994). *Welcome to the Jungle*. Routledge, p. 259. 邦訳は以下を参照。ピーター・ブルッカー／有元健＆本橋哲也訳（2003）『文化理論用語集──カルチュラル・スタディーズプラス』新曜社，1頁。

▷9　池田理知子（2009）「『高齢者』・ジェンダー・アイデンティティ」『ジェンダー＆セクシュアリティ』第4号，3-15頁。

▷10　鄭暎惠（2003）『〈民が代〉斉唱──アイデンティティ・国民国家・ジェンダー』岩波書店，36頁。

▷11　鄭（2003：36）。

Ⅷ 異空間としてのメディア

1 メディア・コミュニケーションの様々な作用

1 メディアの定義

「メディア」ということばを聞いたとき，おそらく多くの人が新聞・ラジオ・テレビなどのマス・メディアを個別的に思い浮かべるのではないだろうか。もちろん，そのようなイメージは間違いではない。しかし，ひとたびメディア論に関連した文献を紐解いてみると，一般的に考えられているよりもはるかに広範囲のものが「メディア」として呼ばれていることに気づく。論者によっては，例えば「言葉」を（人間が外界とかかわるための根源的な）メディアとして考えたり，コミュニケーションを物理的に支持する「空気」や「紙」などをメディアとして捉えたり，人間の身体や能力を拡張する「自動車」や「家屋」などをメディアとしてみなしたり，細分化された社会的諸制度を統合する紐帯として「権力」や「愛」などの抽象概念をメディアとして認識したりする場合すらある。つまり，どのようなモノを「メディア」として呼ぶのかを考えても，論者によってその捉え方は千差万別なのである。

2 メディアの媒介作用／伝達作用

字義的にいうと「メディア (media)」とは「中間物」や「媒介物」などを意味する「メディウム (medium)」の複数形である。つまり「メディア」とは，コミュニケーションに参与する者／物のあいだに介在する「中間物」であり，情報やメッセージのやりとりを仲介する「媒介物」だと理解することができる。そして，この定義に従えば，どのようなメディアもそれがメディアである限りにおいて，コミュニケーションを媒介する作用，すなわち「媒介作用 (mediation)」をもつと捉えることができる。

石田英敬は，メディアを「物」ではなく「機能」という面から理解すべきであると提案している。

> AからBへと情報が伝えられるとき，メディアはその中間として介在します。だから，本というメディアは作者から読者へとメッセージを運ぶ媒介物であり，手紙は差出人から受取人へと送られるメッセージをとりもつ媒介の支えだということになる。そして，メディアは情報を伝える支えとしての役割を果たすわけですから，必ずしも物の形をとったものでなくても機能として捉えればよいわけで[す]。

▷1 R・ウィリアムズの『完訳 キーワード辞典』では，「ラテン語の medium (中間) を元にした medium は 16 世紀末に登場して以来ずっと使われていて，遅くとも 17 世紀初頭には『あいだに入る，ないしは媒介する作用や実体』という意味になり，今日に至っている」と解説されている。レイモンド・ウィリアムズ／椎名美智他訳『完訳キーワード辞典』平凡社，203頁。

▷2 石田英敬 (2003)『記号の知／メディアの知——日常生活批判のためのレッスン』東京大学出版会，97頁。

メディアとはコミュニケーションを「媒介」しながらメッセージを「伝達」する——それは，あらゆるメディアに該当することである。

3 メディアの延長作用

他方でメディアは人間を拡張する作用をもつ，ともいわれる。M・マクルーハンはメディアの延長作用（extension）に着目して，「すべてのメディアは人間のいずれかの能力——心的または肉体的——の延長である」と規定したが，たしかにメディアは私たちの可能性を拡張してくれるものだといえる。例えば文字が発明されたことで，人びとは手紙などの形式で空間を超えて情報を伝達したり，あるいは書籍などの形式で世代を超えて情報を保存したりするための方法を獲得した。つまり個体としての人間がもつ伝達能力や記憶能力の限界を超えて，文字というメディアは人間を拡張する作用を発揮してきたのである。

図Ⅷ-1　マクルーハン
出所：マーシャル・マクルーハン＆E・カーペンター／大前正臣＆後藤和彦訳（2003）『マクルーハン理論』平凡社。

4 意味の構築を促すメディアの作用

「コミュニケーション」とは，もともとはラテン語の「共通の（communis）」あるいは「ほかの人びとと分かちあう（communicare）」といったことばに由来しており，英語圏では15世紀頃から使用されはじめたという。もちろん一般的な認識からしても，コミュニケーションとは送信者と受信者とのあいだの伝達作用によって，メッセージの「共有化」をはかるプロセスとして捉えられることが多いといえるだろう。しかし，ある同一の出来事に対して複数の人物が異質な解釈を展開するということは私たちの生活においても日常茶飯事である。そして，その場合に生じているのは，もはやメッセージの伝達とその共有ではなく，むしろ異なる視点から生じる解釈の差異であり，また，そこから派生する意味の創造なのである。

つまりメディアとは，人を他者が創造／想像した情報世界へと連結する。そこで他者との，あるいは世界との新たな「関係性」が創造（／想像）されていく（Ⅲ-6参照）。そして，その限りにおいてメディアとは，人びとの想像力・創造力が交流するインターフェイスとなり，また直接的にも間接的にも人と人との出会いがくりひろげられる接触領域となる（Ⅹ-10参照）。

以上のように，メディアの働きは，単なるメッセージの「媒介」や「伝達」だけにはとどまらない。同時に，メディアは身体や能力を「延長」し，私たちのあり方や，私たちのコミュニケーションのあり方を改変することもある。あるいは，メディアは私たちを他者が想像／創造した世界へと結びつけ，その接触から新しい「意味」や「関係」が生成されることもある。メディアの作用とは，じつに多様なのだ。

（松本健太郎）

参考文献

マーシャル・マクルーハン／栗原裕＆河本仲聖訳（1987）『メディア論——人間の拡張の諸相』みすず書房。

Ⅷ　異空間としてのメディア

2　現代の映像メディア

1　現代的な映像メディアがもたらすリアリティ

　グーグル社が提供するWebサービス，グーグル・ストリートビュー（Google Street View）を利用したことがあるだろうか。地図に表示された道路沿いの特定の地点を選択すると，利用者はその位置からのパノラマ写真を自在に眺めることができる。さらに道路にそって描きこまれた導線をつたって移動していくと，それに従って表示される光景も変化していく。このサービスは，かつて訪れた場所や，いずれ訪れてみたい場所を疑似的に訪問することを可能にしたが，その反面で，この疑似体験が利用者に奇妙な印象を与えることも確かである。
　この拡張現実を旅すればわかることだが，1枚いちまいのパノラマ写真は異なる瞬間に撮影されたものであり，したがって一見すると連続的な時空が構成されているようでいて，実際には至るところに時間の断層を確認することができる。例えば，前方に走る車に近づこうとすると，つぎの瞬間にはそれが消えている。あるいは大通りからはずれて路地にはいった瞬間に，快晴の空が曇天になる。さらにプライバシーへの配慮から，通行人の顔や車のナンバープレートなどにボカシが入るなど，その画像空間の至るところに修正の痕跡を認めることができる。つまりグーグル・ストリートビューの世界は，パノラマ写真を集積することで現実をそのまま再現したものではなく，むしろ写真と，それを加工するデジタル技術が混交するところで成立したものなのだ。なお，このような雑種性は，現代的な映像世界の特徴の1つとして理解することができよう。

2　写真とCGの差異

　昨今におけるCGの進化には目を見張るものがある。特に映画やテレビゲームのなかで駆使される3次元コンピュータグラフィックスは格段に精緻さを増し，現実／虚構をめぐる私たちの認識を動揺させつつある。ただ，ここで考えて欲しいのは，CGで描写される人物や光景のリアリティが飛躍的に向上したとしても，それらは厳密にいえばリアルではない，言い換えればCGで描かれたフォトリアリスティックな画像は，現実味はあっても現実の反映ではない，ということである。これはCGを写真と比較した場合の決定的な相違である。
　フランスの記号学者ロラン・バルトが「それは＝かつて＝あった」という有

▷1　その画像は，あらかじめ車載カメラによって撮影・蓄積されたものである。

▷2　CG
コンピュータグラフィックス（Computer Graphics）の略。コンピュータによって作成された画像のことである。

名な言葉を残したが，写真とはそれが写しとった被写体の存在証明になりうる。つまりバルトがいう「それ」，すなわち写真の被写体は撮影の瞬間，レンズの前に実在したものでないといけない，というわけである。

3 写真の訴求力

19世紀以降，それこそ写真からCGに至るまで，映像を何らかの装置によって産出する方法が続々と考案されていった。ヴィレム・フルッサーの概念を借りていうならば，私たちは「テクノ画像」の時代を生きている，ということになる。彼によると，写真が発明された当時の社会では，文字情報・活字情報が飽和状態に達し，もはや人びとはそれらをつうじて世界を把握できなくなっていたという。この活字メディアの"機能不全"に対して，現実をあるがままに表象するテクノ画像は，人びとが生きる意味世界を混乱から救出する役割を期待されて発明されたのである。というのも，写真にしても映画にしても，それらはモノの世界をリアルに，そのままそっくり写し出すものなので，同じ世界観を人びとに共有させるにはうってつけの表現形式だからである。

写真はその透明性ゆえに，ながらく客観的な映像形式であると信じられてきた。例えば週刊誌で芸能人の密会写真をみて，それを事実だと信じ得たとしても，それが絵に描かれたものであったとしたら，同じように事実だと思うだろうか。写真が歴史上，プロパガンダの手段として活用された経緯もあり，ときに，現実を歪曲して表象してしまう可能性が往々にしてあるにせよ，ほとんどの人びとは写真の客観性と，そこから派生する訴求力を信じて疑わないのである。

6 デジタル映像の氾濫

だがフルッサーが考えた「テクノ画像」の時代は，その後に登場した新しいタイプの映像形式，つまりデジタル映像の氾濫によって，さらに錯綜した状況になりつつある。かつて光学的な痕跡として被写体の物理的な現実に拘束されていた写真の映像は，デジタル化されることでいくらでも加工がきくものとなる。そうなると，例えばデジカメで撮影された画像は，もはや被写体の存在証明とはいえなくなる。

港千尋はデジタル映像を「痕跡なき映像」と名づけているが，それは（グーグル・ストリートビューにおける画像空間のように）現実／仮想の境界線を曖昧にする。そしてCGのように現実味はあっても現実の反映ではない新しい映像形式の登場によって，（デジタル映像を取り込んだ）写真や映画のような既存のメディアだけではなく，私たちの視覚体験でさえも大きく変容しつつあるのだ。

(松本健太郎)

▷3 ロラン・バルト／花輪光訳 (1985)『明るい部屋——写真についての覚書』みすず書房。

▷4 ヴィレム・フルッサーは，ある映像が何らかの「装置」（カメラなど）によって制作されたものであるか否かに応じて，写真・映画などの「テクノ画像」を，絵画などの「伝統的画像」から区別している。

▷5 1839年にフランスでルイ＝ジャック＝マンデ・ダゲールが「ダゲレオタイプ」を，またイギリスでウィリアム・ヘンリー・フォックス・タルボットが「カロタイプ」をほぼ同時期に発表したことで，写真はメディア史の表舞台に登場した。

▷6 私たちは写真を見るとき，じつは写真そのものを見ているのではなく，写真に写しとられた被写体の客観的な姿を見ているにすぎない。それはバルトが「写真はそれを包んでいる透明な薄い膜にすぎない」と語った通りである。

▷7 港千尋 (1998)『映像論——「光の世紀」から「記憶の世紀」へ』日本放送出版協会。

参考文献

ヴィレム・フルッサー／深川雅文訳 (1992)『写真の哲学のために——テクノロジーとヴィジュアルカルチャー』勁草書房。

Ⅷ　異空間としてのメディア

3　通信メディア

1　タイタニック号と無線通信

　1912年4月15日の晩，濃霧による視界不良のなかで巨大な氷山と衝突したタイタニック号は，午前0時15分，船長の命令によって遭難信号を打電した。その無線電信によって数分後には，周囲にいた十数隻の船がタイタニック号の遭難を知ることになったが，ほとんどの船が100km以上離れた地点にいたため救援は不可能。最も近くにいたのは，約30kmの地点に停泊していたカリフォルニアン号であったが，あいにく無線士が無線機をはずしており，連絡をとることができなかった。しかもこの船の監視員2人は，タイタニックによって打ち上げられた信号弾を視認したものの，その意味を理解することができなかったという。

　他方，タイタニック号の遭難が多くの人びとの命を奪いつつあるさなか，そのニュースは瞬く間に世界中に配信されることになった。ニューファンドランドの無線基地がタイタニック号から発せられた無線を傍受し，それが早朝までにはヨーロッパに伝えられた。タイタニック号が搭載していた無線の可聴範囲はわずか2400kmしかなく，そのためヨーロッパにはニューヨーク経由の，有線で伝えられたのだという。

2　通信メディアが再編する空間意識

　スティーヴン・カーンは『時間の文化史』のなかで，「遠い出来事を同時に経験する。それが無線によって可能になり，『タイタニック』の沈没で劇的に知れわたったのであるが，これは現在の経験におけるひとつの主要な変化の一部であった」[1]と指摘している。たしかに無線技術を含め，様々な通信手段を介して，人間は本来ならば目や耳が及ばない空間をリアルタイムに体験できるようになった。電話・無線通信・ファクシミリ・インターネット等の通信メディアによって，私たちの空間認識は世界の隅々にまで及ぶ可能性を獲得したのである。

　上記にあげた通信機器は19世紀以後の発明であるが，それ以前から手紙，狼煙，伝書鳩のような遠隔通信の手段は存在していた。しかし電信や電話などの発明を契機として，従来では想像できなかった速度・効率での遠隔通信が実現されたのである。

　ジョシュア・メイロウィッツは，電子メディアによる空間意識の変容を理論

▷1　スティーヴン・カーン／浅野敏夫訳（1993）『時間の文化史』法政大学出版局。

化しているが，例えば職場にいる父が自宅にいる私へと電話をかけるとき，そこで2つの異なる社会的領域が（一時的かつ限定的であるにせよ）融合されるという。そして，その場合，第1の状況（現実世界／私のいる自宅）に第2の状況（電話ごしのメディア世界／父のいる職場）が侵入することによって発生する「第3の状況」（自宅＋職場）とは，その構成因である2つの状況を単純に加算したものではなく，むしろ，まったく新しい状況意識をもたらすものとなる。ちなみに，これは遠く離れた世界の情報を私たちに現前させるインターネットなどを含め，様々な通信メディアによっても惹起される事態であるといえよう。

3　現代の通信メディア

　私たちは現在，様々なタイプの通信メディアを使いこなしている。そのなかでも携帯電話は，それなくしては生活が成り立たないという人も多いのではないだろうか。昨今の携帯電話は多機能化が進み，電話本来の通話機能だけではなく，Eメールを送受信できたり，計算やスケジュール管理ができたり，インターネットやゲームを楽しめたり，あるいはワンセグ対応の端末ではテレビを鑑賞できたりもする。最近ではインターネットのブロードバンド化，あるいは放送のデジタル化にともない「通信と放送の融合」が進展するなかで，通信と放送を連携させたサービスや，通信業界と放送業界の相互乗り入れが増えつつあるというが，その影響は確実に私たちの手元にある携帯電話にも押し寄せている。つまり携帯電話の多機能化によって，既存の様々なメディアが1つの端末のなかに統合されていく，という事態がおきているのだ▷2（Ⅷ-7 参照）。

　写メール，すなわちカメラ付携帯電話で撮影した画像をEメールに添付して送信するサービスも，現在の携帯電話では代表的な機能となっている。そもそも歴史的な事実を確認するならば，写真を遠隔地に送る技術，すなわち写真電送（それは写メールというよりも，ファクシミリの原型のようなものである）が実用化されたのは1920年代のことで，日本では1928年，丹羽保次郎と小林正次が独自の方法で国産初のNE式写真電送装置を開発し，それが新聞社や通信社などで活用されたという▷3。それが現代では携帯電話を活用することで，私たちはその場にいない友人たちと写メールを交換し，おなじ現実をリアルタイムで共有する，という操作を気軽に体験できるようになったのである。

　ファクシミリにしても，あるいは携帯電話にしても，それら通信メディアの技術的特性を前提としながら，現代人は遠く離れた人物との「状況」の共有を知らず知らずのうちに体験している。そのような日常を振りかえってみると，もはや私たちにとって，通信メディアなしに従来どおりの人間関係を維持することは困難な状況になっている，ともいえるかもしれない。

（松本健太郎）

▷2　例えば人気RPG「ドラゴンクエスト」をプレイするのに専用のゲーム機が必要だったものが，今では携帯電話でできるのである。

▷3　これは新聞社や通信社にとっては画期的な技術革新であった。それまでニュース写真は，例えば関西では2日後，北海道や九州ともなると4日後の新聞でないと掲載されなかったが，写真電送を利用するならば，わずか数分間で写真を地方に配信することが可能になったのである。

参考文献

ジョシュア・メイロウィッツ／安川一他訳（2003）『場所感の喪失――電子メディアが社会的行動に及ぼす影響（上）』新曜社．

Ⅷ　異空間としてのメディア

4　文字と活字

1　言語の多様な様態

　現代の社会では，若者たちの活字離れがすすみ，それが「出版不況」の一因になっているといわれる。だが，その反面で，ニンテンドーDSなどの携帯型ゲーム機が飛ぶように売れ，そのソフト（例えば「漢検DS」など）を利用しながら漢字の学習をする人も増えている。過去にテレビゲームは若年層の学習意欲を削ぐものとして問題視されたり，あるいは，その過剰依存が「ゲーム脳」をもたらすと警戒されたりしたこともあったが，現在では，人びとはDSのタッチペンでスクリーンに書き込むかたちで，文字を遊び感覚で学習するようになったのである。これは今日のメディア文化における「文字」の位置を象徴的にしめす格好の事例だといえよう。つまり文字メディアと電子メディアが相反するものだとは一概にはいえないのである。

　私たちは日々，様々なメディアに囲まれて暮らしている。なかでも言語とは，人間が外界とかかわるために不可欠な「根源的なメディア」だといえよう。例えばニュースを読むアナウンサーのことばや，新聞記事に印刷された活字や，パソコンが表示する文字を介して，本来ならば知り得なかったはずの世界，すなわち「今ここ」という時空の限定性を超えた世界のひろがりを私たちは感知するのだ。

　もちろん，ひとくちに「言語」といっても，話しことば，文字，活字など，そのあり方は多様である。例えば誰かに謝罪の意を伝えるとき，直接会って話すのと，手紙を書くのと，Eメールで済ませるのとでは，その効果はまったく異なるはずである。あるいは同じニュースでも，それを新聞で読んで知るのと，テレビで視聴して知るのとでは，印象もだいぶ異なるはずである。マーク・ポスターが「言語のラッピング」という表現で示したことだが，言語はそれを載せるメディアの包装（wrapping）によって質を変化させる。そして，何らかのメディアによって新たな形式を獲得した言語は，私たちの思考様式やコミュニケーション形式を制約するものとなるのだ。

2　文字と活字がもたらしたもの

　音声言語の使用と比較するなら，文字言語の使用は数千年ほどの短い歴史しかない。だが，これに対して活字言語の使用はさらに短く，ほんの数百年ほど

▷1　丸山圭三郎（1984）『文化のフェティシズム』勁草書房。

▷2　マーク・ポスター／室井尚＆吉岡洋訳（1991）『情報様式論──ポスト構造主義の社会理論』岩波書店。

▷3　初期の文字は，動植物などを具象的に表現した絵文字のようなものであったと想定されている。それが次第に単純な曲線や直線の集まりとして記されるようになり，人びとの間で共通の伝達手段として使われるようになっていった。

の歴史しかない。

　文字や活字は，言語のうち視覚的に処理される単位から成り立っている。というのも，それらは視覚を通じて読まれ，また書かれるからである。そのためM・マクルーハンによれば，文字の発明は五感のうち視覚を支配的なものにし，それにともなって人びとを音や感触や直接的反応から遠ざけ，それまで受け継がれてきた部族的な秩序を崩壊させたという。

　文字や活字が発明される以前の口承文化では，話しことばは発話と聴取が実践される対面的な状況に束縛されていた。そこで発せられることばは，その場に居合わせた当事者のみに受容され，また彼らによって共有される文脈に依存して解釈された。ところが文字化・活字化された言語は，それが生産された文脈を遠く離れて流通して意味づけされ得るし，その分だけ数多くの人びとの眼にとまって反復的に参照される可能性が高まる。結果として，それらは情報の運用を効率化し，人間の思考を客観的・批判的なものとする要因となったと考えられる。つまりメディア史の過程において，文字言語や活字言語は人間の思考様式やコミュニケーション形式を変化させる要因とされてきたのである。

③ 現代のメディア環境における「文字」の位置

　19世紀に至るまで，人びとはおもに文字や活字という「情報の窓」を介して世界を把握していた。しかしその後，写真・テレビ・ラジオ・インターネットなどのような情報メディアが次々に発明され，文字や活字は私たちが世界と交流するための基軸的な媒体ではなくなりつつある。だが電子メディアの時代が新たに到来したことで，文字や活字が駆逐されたわけではない。それらは電子メディアのなかに埋め込まれ，新しい形式を獲得しつつあるのだ。ちなみに，古くから存在するメディアが新しいメディアの一機能として生きながらえることは珍しいことではない。例えば最近のケータイをみてみると，電話だけではなく，メモ，電話帳，手紙，テレビ，ゲーム，計算機，オーディオプレイヤー，デジカメの機能など，本来ならば個々に製品化されていたものが，あくまでも「表面的な効果」として包摂されている。

　ケータイやパソコンのなかで新しい形式を獲得した言語は，やはり人びとの思考やコミュニケーションを制約するものとなっている。携帯電話のメール作成のときに作動する**入力支援機能**や，ワープロソフトでの文章作成のときに作動する**オートコレクト機能**などは，私たちの文章表現の足枷にもなりうる。またワープロが普及したことで漢字が書けなくなる，あるいは，そのコピー＆ペースト機能によって文章作成の方法や能力が影響を受ける等，電子メディアのなかの「言語」が私たちの文章能力をも陶冶しつつある事例も至るところで散見されるのだ。

（松本健太郎）

▷4　ドイツの金銀細工師であったヨハネス・グーテンベルクは1445年頃，鉛，スズ，アンチモンの合金を使用して活字を製作し，さらに版に強い圧力をくわえて印刷する活版印刷機を開発した。

▷5　マーシャル・マクルーハン／大前正臣他訳（2003）『マクルーハン理論――電子メディアの可能性』平凡社。

▷6　フリードリヒ・キットラーが『グラモフォン・フィルム・タイプライター』で指摘するように「情報とチャンネルをことごとくデジタル化してしまえば，個々のメディアの差異は消滅してゆく。音響や映像，声やテクストといった差異は今となっては，インターフェイスという美名のもとで消費者に受容されるときの，表面的な効果として何とか棲息しているにすぎない」（F・キットラー／石光泰夫＆石光輝子訳（1999）『グラモフォン・フィルム・タイプライター』筑摩書房）。

▷7　入力支援機能
次の瞬間に入力する文字を予測し，あらかじめ複数の選択肢を用意する機能。

▷8　オートコレクト機能
表現や文法に関する誤用を検知する機能。

Ⅷ　異空間としてのメディア

5　テレビゲーム

① テレビゲームのなかのスポーツ

　任天堂の「Wii Sports」や「Wii Fit」などのCMを見て興味深く感じるのは，それらがテレビゲームの枠を超えて（そして今日の健康ブームと結びついて）家庭内で，皆で楽しく手軽にできる「スポーツ」として宣伝されていることである。もちろん過去にもスポーツを題材とするゲームソフトは無数に売り出されてきたが，それらがスポーツとみなされる余地はなかったはずだ。しかし上記のようなソフトでは，リモコンやバランスボードといった**インターフェイス**[1]によって「テレビゲームのスポーツゲームのスポーツ化」といった事態が生じつつあると解釈することもできよう。何が違うのかといえば，おそらく身体との接続様式が異なるのである。

　「Wii Sports」の場合，プレイヤーはリモコンを経由して虚構世界に没入し，そこに表象されたキャラクターに自己を投影することでスポーツを疑似体験する。しかも，その体験を疑似的に再構成するシミュレーションのプロセスは，従来のソフトと比べたときに革新的でさえある。というのも一般的なスポーツゲームの場合，プレイヤーは自らの代理行為者となるキャラクターを，コントローラ上に配置された各種のボタン[2]を操作することで自在に動かしていた。だが，それが「Wii Sport」の場合（例として，そこに収録されたテニスゲームを取りあげると），プレイヤーが右手に握ったリモコンを振ると，その代理行為者であるキャラクターが右手でラケットを振る，という仕組みになっている。つまり従来のスポーツゲームは，指先など身体の局所的な動作のみを必要とするもので到底スポーツにはなり得ないわけだが，それがプレイヤーの全身運動さえをも要求しうるリモコンの導入によって，プレイヤーとキャラクターの身体的な動作に直接的な連動関係が成立する。それによってプレイヤーはテレビゲームの遊び手であると同時に，その仮想空間に没入しながら実際に汗を流すスポーツ選手でもある，という両義的な存在になる[3]。ようするに「Wii Sport」を新しいタイプの「スポーツ」に見立てるならば，スポーツを題材とする一部のテレビゲームがスポーツ化しつつあることは確かなのである。

② 身体の延長としてのコントローラ

　メディアの延長作用（extension）に関しては Ⅷ-1 で解説したとおりだが，そ

▷1　インターフェイス
界面，接触面の意味で，2つの異質なものを接続するもの。

▷2　十字キーや，各種の記号が割り当てられたボタン。

▷3　「ゲーム（game）」と「プレイヤー（player）」はスポーツの世界では「試合」と「選手」を意味し，テレビゲームの世界では「遊び」と「遊び手」を意味する。だが，それらの区分も新しいタイプのスポーツゲームにより揺らぎつつある。

のM・マクルーハンの考えによると，コンピュータとは人間の中枢神経組織の拡張として理解できる。そして，その着想を応用するならば，テレビゲームのコントローラやそれを含むゲーム機もまた，私たちの中枢神経組織を拡張する延長物，すなわち広義の「メディア」として捉えることができるのだ。実際にプレイヤーは操作に慣れてくると，まさにコントローラを自らの手足のように操れるようになり，身体と（その延長物である）機械的なメディアとが直結されたように感じるようになる。それはサミュエル・テイラー・コウルリッジがいう「**不信の停止**」を前提としながら，仮想現実のなかで自らのアイデンティティを仮構する作業だといえよう。

昨今の傾向としてWiiやニンテンドーDSなど，身体性・触覚性を強調したインターフェイスを搭載したゲーム機が人気を博している，という現状がある。もちろん視覚的なリアリティの増強をめざして進化してきた他社のハードウェアもあるわけだが，むしろ人びとは，より多くの感覚器官を駆動させながら仮想現実を疑似体験させる**マルチモーダル**なハードウェアを欲望しているのかもしれない。

3 テレビゲームの「感覚比率」

テレビゲームの発達における多感覚化という傾向性は，マクルーハンの見解とも符合する部分もある。人間とは自らが作りだしたメディアによって自らを作りかえてきた特殊な動物である——そのような認識を前提としながら，彼は「感覚比率」という概念を導入し，人間とメディアとの相互形成的な関係を視野に収めていったのである。

先史的な口承文化の段階では，触覚・聴覚などを含む五感がバランスよく活用されていたと想定されている。それが活字文化の確立にともなって，視覚を頂点とする新たな感覚比率が生み出され，人びとの五感が抑圧されることになる。しかし，さらに後になって電子メディアが台頭するようになると，今度はそのような視覚偏重が是正されることになるというのだ。マクルーハンは触覚，運動感覚，味覚，聴覚などに言及しながら，現代人の「こうした感覚のすべてが電子のテクノロジーによってわれわれに回復された」と述べている。たしかに19世紀以降，様々なタイプの視覚メディア，聴覚メディアが発明され，また，その後に視聴覚メディア，マルチメディアが続々と開発されていくと，人間は複数の感覚器官をそれらのメディアと同調させながら外部環境と交流するようになった。そして今では，私たちはゲーム機が再生する視覚的，聴覚的，触覚的パターンを受容しながら，それらの総和によってテレビゲームのなかの仮想現実を疑似体験するようになっている。マクルーハンは現代を，触覚を含む五感が復権される時代になると考えたが，まさにテレビゲームの発達は彼の予言に呼応する形で推移しているようにもみえる。

（松本健太郎）

コンピュータは私たちの中枢神経組織の拡張である

図Ⅷ-2 コンピュータによる「人間の拡張」

出所：テレンス・W・ゴードン／宮澤淳一訳（2001）『マクルーハン』筑摩書房。

▷4 不信の停止
虚構作品を受容する際に受け手がとる態度で，詩人サミュエル・テイラー・コウルリッジによって提唱されたもの。受け手は物語が虚構でありウソだとわかっていても，その内容に関する「不信」を宙づりにして物語に没入する。

▷5 マルチモーダル
あるメディアの活用に際して介在する感覚器官が複数であることを示す表現。

▷6 マーシャル・マクルーハン & E・カーペンター／大前正臣 & 後藤和彦訳（2003）『マクルーハン理論——電子メディアの可能性』平凡社。

VIII 異空間としてのメディア

6 コスプレ文化とメディア

1 クール・ジャパンとしてのサブカルチャー

「クール・ジャパン」ということばが聞かれるようになって久しい。アニメや漫画は，従来「サブカルチャー」として文字通り「下位の文化」とされてきたが，近年そうした文化領域のソフトが，国民文化や国民芸術として特権的に位置づけなおされることで，「ソフト・パワー」の1つとみなされるようになった。グローバリズムと情報社会化が進む現代社会においては，物理的な暴力（軍事権や警察権）の行使や，工場で製造された物質的な商品の輸出による経済的覇権よりも，情報や知識などの魅力が「日本」イメージを実質的に高めていると考えられるというのである。しかし，「クール・ジャパン」としてサブカルチャーが語られることで，本来国民文化と関係のないサブカルチャーが，ナショナルなブランドとして国家権力に利用されるという指摘もある。

このような状況で世界的に注目を浴びるようになってきたのが，「コスプレ」と呼ばれる活動だ。アニメや漫画を楽しむファンが自分たちの文化を楽しむための方法として生み出したコスプレは，近年急速に普及し，その担い手である「レイヤー（コスプレイヤーの省略語）」の数も増加している。「コスプレ」の定義としては，「既存のキャラクターに似た衣装や化粧や装具を身につけ，そのキャラになりきって決めのポーズを取ったり，踊ったり，写真のモデルになったりする仮装遊び」がある。ただし，レイヤーの目的は単に衣装を着てキャラになりきることだけにあるのではない。レイヤーにとって，衣装は自分たちの作りあげた作品であり，撮影された写真も作品なのである。好きなキャラを模した衣装を着て写真を撮ることで，ネタ元になっている作品世界を独自の視点と解釈に基づいて再現し，それを撮影することで1つの「世界観」を創りだし提示することがコスプレの醍醐味なのだ。

2 ウェブの活用：情報の共有とファンの交流

「作者」と「読者」という区分がはっきりしているアニメや漫画のような一次的生産物の消費活動とは違って，アニメや漫画を資源として自分たち自身で作品を作りだすコスプレ文化において，その担い手たちは消費者であると同時に生産者でもあるという新しい関係性を生きている。ではコスプレのように，アニメや漫画を「読者」として読むだけでなく，「表現者」として表現することが

▷1 クール・ジャパン
アニメ，漫画，ストリート・ファッションといった日本のポップ・カルチャーやソフト産業を，日本を代表する新しい商品として展開していこうとする政策と，商品それ自体に与えられた名称である。

▷2 ソフト・パワー
軍事力や経済力などの強制的な力によるのではなく，文化や情報，価値や政策への支持や理解，共感や愛着を獲得することで，他国からの威信や，発言権を獲得しようとする新しいナショナルな権力の発動様式である。ジョセフ・ナイによって書かれた『不滅の大国アメリカ』(1990年) のなかで初めて提唱され，『ソフト・パワー』(2004年) で詳述されている概念である。

▷3 岩渕功一 (2007)『文化の対話力——ソフト・パワーとブランド・ナショナリズムを越えて』日本経済新聞出版社。

▷4 小泉恭子 (2003)「異性を装う少女たち」井上貴子＆森川卓夫＆室田尚子＆小泉恭子編『ヴィジュアル系の時代——ロック・化粧・ジェンダー』青弓社，211頁。

可能になった背景には，どのような事象がひそんでいるのだろうか。

　ウェブにアップロードされた写真（今日ではそのほとんどがデジタル画像であり，簡単にウェブに上げることができる）は，単に鑑賞されるだけでなく，情報収集のためのアーカイブという機能ももつ。新しいキャラクターの衣装を作る時などに，レイヤーは同じキャラクターの衣装を着て撮られた写真をウェブ上で探し出して眺め，格好良く写真を撮る方法を研究する。場合によっては，メッセージ・フォームやメールを経由して見知らぬ写真の主に，衣装の作り方などを質問することもある。このように，1枚いちまいの写真が検索機能を通じて集合化されることで，ジャンルごと，キャラクターごとの衣装や造型や写真の撮り方に関する知識と情報がアーカイブ化された集積体になっている。

　また，デジカメとパソコンという新しい技術を使うことで，レイヤーたちの間でのコミュニケーションの密度と速度と相互性は急速に上がっている。例えば，mixiなどを利用しているレイヤーは多く，メッセージ機能や日記へのコメント機能を通じて，次に着る衣装やイベントの相談を仲間たちと行なったり，自分と同じキャラクターや作品を愛好している人と新たに交流したりするようになる。個人ウェブ・サイトも数多く運営されていて，レイヤー自身であれ，単にレイヤーの写真を見るのが好きだという人であれ，誰でも気軽にそのようなサイトを眺め，ブックマークに登録して何度でも見にいくことができる。サイトには，拍手ボタンやコメント・フォームが付いていて，気に入った写真の感想をサイトの管理人に送ることもできる。そうしたコメントに対する返信が，サイトに併設された日記やメモページに載ることもある。各地に広がったレイヤーたちは，作品として生み出された写真を媒介として，文字通り「つながっている」。

③ グローバル化するコスプレ文化

　ウェブを通じた写真の流通は，グローバルなコミュニケーションも誘発している。ブログやサイトの解析ログを読めばわかるが，アニメや漫画作品のコスプレ写真を掲載したサイトや専用の投稿サイトには，世界中からのアクセスがある。国籍や居住地域を問わずレイヤーたちは，自らの写真を同じ趣味をもつ他者の前に掲示し，他者の写真を眺めたいという欲望に突き動かされるまま，いつの間にか見ず知らずの人びととのつながりを形成していく。「国際交流」などということばを意識すらせず，レイヤーとしての活動を通じて別の国籍／別の国に住む人びとと知り合っていたというレイヤーは多い。日本文化の称揚を政策として行なう「クール・ジャパン」といったことばの後ろ盾がなくとも，コスプレのようなサブカルチャーに夢中になることで，すでに常に私たちは自分たちとは異なる様々な人びとと結びついているのかもしれない。

（田中東子）

▶5　Starn, Susannah R. (1999). "Adolescent Girls' Expression on Web Home Pages : Spirited, Sombre and Self-Conscious Sites." *Convergence : The International Journal of Research into New Media Technologies*, 5; 22, 22-41.

▶6　mixi
株式会社ミクシィが管理・運営している国内最大のSNS（ソーシャルネットワーキングサービス）である。2004年3月に開始され，2007年には会員数が1000万人を突破した。mixiは，参加者からの招待がないと加入できないサービスで，日記の公開や参加者間でメールのやりとりができる機能などが付いている。

▶7　この領域についてより詳しく学びたい人は，岩渕功一（2007）『文化の対話力──ソフト・パワーとブランド・ナショナリズムを越えて』日本経済新聞出版社や成実弘至編（2009）『コスプレする社会──サブカルチャーの身体文化』せりか書房などを参照のこと。

VIII 異空間としてのメディア

7 携帯電話と新しいつながりの空間

1 日常化する携帯電話

　1987年にNTTが始めた携帯電話サービスが，一般的に流通するようになったのは1990年代後半のことである。それ以降，携帯電話の利用者は増え，現在では通信の回数は619億8000万回（2006年）になるそうである。この数字は一台の携帯が年間に平均約620回の通信を行なっていることを示している。

　しかも，現在の携帯電話は，単に電話機能が携帯化・個人化されただけに留まらない。電話機能に加えて，メール機能やインターネット機能，さらに2003年にヒットしたデジタル・カメラ付きの携帯で日々の出来事を撮影して記録に残すのは当り前のことになっているし，音楽視聴器機，テレビ受信機，ゲーム端末などにもなる。ショッピングやブログへの書き込み，アラーム機能，万歩計，計算機，定期券やクレジットカード機能などなど，わずか100グラム程度，手のひらに収まる小さな端末が，いまでは携帯しそこなうと，まるで自分の身体の一部が欠落してしまったかのように感じてしまうくらいに，私たちの生活にとって必要な，私たちの日常の一部を構成する重要なアイテムになってしまっている。

2 拡散するつながり

　携帯電話を持ち歩くのが日常化するにつれて，私たちはまるで自分自身の身体の一部のように携帯電話を肌身離さず持ち，さらには常にそれに触れていないと不安になってしまうような感覚を育み始めている。喫茶店や電車や学校のなかで，私たちは四六時中携帯電話に触れている人びとを目の当たりにしている。メールの受信を確認し，送信メール用の文章を作成するためにテンキーの操作に没頭し，自分や友人や有名人のブログの更新を確認し，掲示板や携帯小説や携帯漫画にアクセスし，もしくはネットニュースで最新情報を確認せずにはおれないというコミュニケーションの形が，携帯電話を持ち歩くという実践を通じて自然に生み出されている。たとえ，家族や友人や恋人といったリアルなコミュニケーションの相手を目の前にし，彼らと同じ時間・場所を共有しているとしても，今では私たちはその共有された空間とリアルなコミュニケーションの相手を尻目に，携帯電話を操作しながら別の場所にいる誰かとも，同時にコミュニケーションするようになっている。

◁1　1997年にNTTドコモがiモードサービスを開始し，また小型化と通話料金の値下げとが相まって，情報ツールとしての携帯電話への加入数が増加していった。2007年12月には契約数が1億を突破し，移動通信事業の市場規模はおよそ9兆5000億円になり，（コンテンツ・コマース・広告を合わせた）モバイルコンテンツ関連の市場規模も1兆2000億円まで拡大した。

◁2　電通総研編（2009）『情報メディア白書2009』ダイヤモンド社。この回数は，おおよそ1人当り1日に2回は電話サービスを利用しているということを示している。また日本国内における携帯電話を使っての通信時間は年間に21億6600万時間であり，これを世界中の通信時間にまで拡大してみるとするなら，地球上は膨大な電話通信の網の目に取り巻かれているということになる。

こうしたことは，少なくとも携帯電話以前のメディア・テクノロジーの使用にはなかったといえる。かつて誰かに手紙を書くとき，私たちは紙に向き合い，あて先となる誰かのことだけを心に思い描きながらペン先を走らせた。新聞や雑誌，書物を読むときには，文字情報という線状の難解な記号を解読するために，周囲の人たちと自分とを切断し，ひたすら紙の上の文字に没頭した。電話で話す場合も，重い受話器に耳と口許を押し当て，目には見えない会話相手の姿を想像しながら相手のことばだけに集中してコミュニケーションをとっていた。ラジオやテレビでさえ——空間を共有している家族や友人たちとの会話を楽しみながら見ることは可能であったものの——別の空間にいる誰かとつながりながらそれを楽しむということは不可能なメディアだった。

しかし，携帯電話はこれまでとはまったく異なる，新しいコミュニケーションの様式を私たちの社会にもたらしている。場合によっては，目の前にいる相手と会話をしながら，そして目の前に広がる空間での出来事を受容しながら，指先だけで携帯のキーを操作して，同時に他の場所とつながることが可能になったのである。

3 公共空間の再構成

こうした特質が政治的に大きな意味をもつことがある。それは「フラッシュモブ（Flash mob）」と呼ばれる，突然，不特定多数の人間が公共の場に集合し，ある種の目的を達成した後に即座に解散していく現象である。フラッシュモブズについて，ハワード・ラインゴールドはいくつかの事例をあげている。例えば，1999年11月の世界貿易機構（WTO）の会議に反グローバリズムを掲げて抗議するデモ隊が，携帯電話を使用しながら相互に連絡を取り合い，現場の状況にすばやく対応しながら機動的に抗議行動を行なったのは，携帯電話を公共の場で利用した初期の事例である。また，2001年1月にフィリピンのマニラで起きたデモに際して，100万人以上の住民がテキストメッセージによって動員され集まり，エストラーダ大統領を辞任に追い込んだという現象もあった。

携帯電話のSMSやEメール，PDAなどの無線通信が可能なモバイル機器を身につけた個人が互いに連絡を取り合うことで集団となり，従来であれば集合行為が不可能であるような状況下において，見知らぬ者同士が協調して大きな力を発揮することで，新しい社会秩序が生まれるのである。もちろんこうした行為は必ずしも政治的・公共的に有益なものになるとは限らず，集合化された人びとは，容易に暴徒にもなりうる。

このように，携帯電話という小型で携帯可能で，常にいまここと別の場所とを同時に接続可能なメディアが，従来の空間的な近さによって制約された公共空間を，より複雑な広がりとつながりのネットワークによって生み出されるものとして再構成しているのである。　　　　　　　　　　（田中東子）

▷3　ハワード・ラインゴールド／公文俊平＆会津泉監訳（2003）『スマートモブズ——〈群がる〉モバイル族の挑戦』NTT出版，289頁。

▷4　ショートメッセージサービス（SMS）
携帯電話やPHS同士で短い文章を送受信するサービスのことである。

▷5　この領域についてより詳しく学びたい人は，ジョージ・マイアソン／武田ちあき訳（2004）『ハイデガーとハバーマスと携帯電話』岩波書店や，ハワード・ラインゴールド／公文俊平＆会津泉監訳（2003）『スマートモブズ——〈群がる〉モバイル族の挑戦』NTT出版を参照のこと。

VIII 異空間としてのメディア

8 ブログと参加型コミュニティの形成

1 ウェブを通じたコミュニケーションの広がり

　知りたい情報がある場合に，私たちはウェブ上の検索エンジンを使うようになった。GoogleやYahoo!などの検索エンジンを利用してみればすぐにわかるように，様々な商品や作品の感想と評論，さらには意見の交換が，今日では瞬く間にウェブ上にアップロードされ，やりとりされている。列挙される検索結果のなかに意外と多く含まれているのが，「ブログ」と呼ばれるページである。ブログというのは，「ウェブログ」の略称として定着した呼び名であり，それは個人やグループを単位として時系列的に書き込んだデータが更新・掲載され，ウェブページの簡単な運営を可能にするシステムのことを示している。カスケード・スタイル・シート（CCS）などに代表されるHTML◁1タグの知識をもたない人でも手軽にウェブ上に文字や画像をアップロードできるシステムとして，2004年以降に日本でも爆発的に普及した。

　総務省の調査によると，◁2 2008年1月現在インターネット上では，日本語で提供されたサービスを利用している「国内ブログ」が，1690万件ほど公開されている。◁3 定期的に更新されている「アクティブ・ブログ」の数は，そのうちの約300万件である。ブログには単に文字を書き込み，画像をアップするというだけではなく，「コメント」機能や「トラックバック」機能といった双方向コミュニケーションのツールが付いている。したがって管理者の側では一方向的に情報を開示しているつもりでいても，ある日突然見知らぬ人からメッセージやコメントが送られてくるということがあり，それを新しいコミュニケーション接触のシステムの1つとして捉えることもできるだろう。

2 コミュニティ形成機能としてのブログ

　ブログの内容としては，やはり日々の出来事や個人的な心情について綴っているものが多い。しかしコミュニティやアーカイブの形成をめざして運営されているものの比率も高く，◁4 検索してヒットするブログの大半は，趣味や特定のテーマに基づいて運営されているものだ。そうしたブログには，共通の関心をもっている人びとが吸い寄せられ，ある種の集合性を生み出している。特にファン・コミュニティのなかで活発な活動と広いつながりを形成するきっかけとなっているのが，ブログでのコミュニケーション行為である。ウェブ上で

▷1　HTML
ウェブページを記述するためのマークアップ言語である。W3Cが作成している企画で，文書の配置や構造，レイアウトなどをウェブ上のスペースに書き込むために使用されている。HTMLで文書を作成するためには，テキストエディタでHTML文書を開き，タグをテキスト文書として書き込む。作成された文書はウェブブラウザで閲覧することができる。

▷2　総務省情報通信政策研究所（IICP）調査研究部『ブログの実態に関する調査研究の結果』の調査データを参照（2009年5月22日にアクセス。http://www.soumu.go.jp/iicp/index.html）。

▷3　記事総数は13億5000万件であるとされる（同上）。

▷4　「ブログ開設動機による分類」によれば，ブログを開設した理由について，自己表現を上げる人が30.9％，コミュニティ形成，アーカイブ形成を目的にしていると回答する人はそれぞれ，25.7％，25.0％となっている（同上）。

ファン活動を行なっている人びとのほとんどが，今日ではブログを活用している。自分自身でタグを書き情報を整理する必要があるサイト運営とは異なり，ブログは書いた順番に情報がアップされていくため，ファン活動を通じて得た最新情報（デジタル画像や動画や文字情報）がアップトゥデートに更新される。読んだ人が，コメント機能やトラックバック機能を使って，それらの情報にすぐさま反応を返すこともできる。更新速度の速いブログには多くの読者が付いていて，そこでは昼夜を問わず意見交換や情報の共有化が生まれている。

このように，デジタル化とネットワーク化によって，従来からあるファン・コミュニティは，よりオープンな参加型のものに変わりつつある。もちろんファンたちは，これまでも単に作品を個人的に消費するだけの受動的な存在ではなかった。例えば，漫画雑誌や漫画の単行本やビデオテープなどは，「貸し借り」という行為を通じて友人たちの間をめぐっていく。特に，青少年期に行なわれるこのような漫画本の貸し借りという行為は「**クラ交易**」にも似た儀式であり，自分の手元にある物品を交換することによって，交友関係がつながり，広がることになる。交換された漫画や本の感想について仲間内で話し合ったり，意見交換をしたりすることを通じて，そこにはコミュニティが形成されていた。

このようなパーソナルな形での参加型のファン活動が，インターネット時代に入って急激に進歩している。対面式でのんびりと活動していた時代に比べるとブログでの交流は敷居が低く，交流のスピードも格段に上がっている。しかも，不特定多数の顔すら見たことがない他者と，前置きもなく接触・交流することが常態化している。

③ 新しいコミュニケーション様式

このように，ウェブに特有のコミュニケーションのスタイルが出現し，新しい関係性とコミュニティが形成されるようになっているにもかかわらず，ウェブ上での活動をエスノグラフィックに調査した研究はまだそれほど多く書かれていない。ウェブ空間での新しいコミュニケーション様式を捉えるために，「サイバー・エスノグラフィー」の方法論について提案している人たちもいる。しばしばいわれているように，ウェブ上での接触と交流は，匿名性が高く簡単に始められると同時に，簡単に切断される可能性に満ちている。しかし，切断性の一方で，接触と交流が直接的な友情につながることもある。さらに，集中的で暴力的なブログ・コメントの書き込みによる，「炎上」と呼ばれるコミュニケーション不全症候群のような現象も現われ，学術的な見地からブログなどに代表されるウェブ空間をとりまく新しいコミュニケーション様式への取り組みが待ち望まれる。

（田中東子）

▶5 **クラ交易**
パプア・ニューギニア地域の島々で行なわれている儀礼的交換である。首飾りと腕輪の交換を通じて友好関係を維持する機能がはたされる。

▶6 マルセル・モース／吉田禎吾＆江川純一訳 (2009)『贈与論』ちくま文庫。

▶7 Neustadtl, Alan, Robinson, J. P. & Meyer, K. (2002). "Doing Social Science Research Online." In Barry Wellman & C. Haythornthwaite (eds.), *The Internet in Everyday Life*. Blackwell.

▶8 このように，瞬間的で匿名性の高い新しい集合化や群れかたは，「ネオトライブ」や「アーバントライブ」といったことばで説明されている。上野俊哉 (2005)『アーバン・トライバル・スタディーズ』月曜社や Muggleton, David & Weinzierl, R. (2003). *The Post-subcultures Reader*. BERG などを参照のこと。

▶9 この領域についてより詳しく学びたい人は，荻上チキ (2007)『ウェブ炎上——ネット群集の暴走と可能性』ちくま文庫やジェラード・デランティ／山之内靖＆伊藤茂訳 (2006)『コミュニティ——グローバル化と社会理論の変容』NTT 出版を参照のこと。

Ⅷ 異空間としてのメディア

9 「ナショナルなもの」の臨界地点としてのテレビ

1 トランスナショナル化する社会

　都市でも郊外でもいい。自分が暮らしている場所について考えながら移動してみる。都市生活者であれば，街中で，日本語の看板，英語の，中国語の，韓国語の，アラビア語の，タイ語の……という風に，あなたの視界の隅に様々な言語の切片が映し出されていくはずだ。電車に乗ってみてもいい。上野駅や新宿駅などを経由するどの車両でも，あなたは日本以外の場所から来た様々な人と乗り合わせるだろう。これは都市生活者のみに特有の経験ではない。郊外で生活している場合には，工場や公営団地に行ってみればいい。それらの場所には，間違いなく世界の様々な地域からやってきた人びとが暮している。いまやどんな町であっても日本語以外の言語が話されている一角があり，日本以外の地域で生産された商品が販売され，日常の生活空間はトランスナショナルな事物によって彩られているのだ。

　やがて，あなたは帰宅する。おもむろにテレビの電源を入れてみる。すると，「私たち日本人は」「日本の人たちは」「日本の文化は」……多くの番組で，このようなフレーズが無意識的に用いられていることに気づくことだろう。今のあなたにはモニターの中で語る人びとのことばが，耳障りに聞こえるのではないか。テレビ番組が放映されている日常の空間を構成しているのが「日本人」や「日本的なるもの」だけではないと，あなたはすでに意識し始めているからだ。

　外出時に見た光景が脳裏に甦る。その瞬間，私たちの日常世界を構成している多くのものが，いかに日本のテレビ番組から排斥されているかということに気づく。確かに，私たちが日々目にしているテレビ番組の内容は，ひどく内向的でドメスティックでナショナルなものである。私たちが生活している空間は，もはや「日本人」という単一のカテゴリーに収まりきれないというのに。

2 テレビによる「他者」の表象

　日本のテレビ番組は，ほとんどの場合，テレビ視聴の主体をナショナルなもの（「われわれ日本人」）にのみ限定し，それ以外の存在を「他者」（「かれら外国人」）としてその外側に位置づけることで成り立っている。日本のテレビ番組

▷1　カンパケ式
完全にパッケージ化されて制作された番組のこと。

▷2　こうした事例は日本に限ったことではない。例えば，マイケル・ムーア監督の『ボウリング・フォー・コロンバイン』（ジェネオン・エンターテイメント，2003年）の中では，アメリカのメディアが常に，黒人男性を犯罪事件の容疑者として報道する傾向にあるということが指摘されている。

▷3　E・サイードは，その著書である『オリエンタリズム（上・下）』（今沢紀子訳，平凡社ライブラリー，1993年）や，『イスラム報道〔増補版〕』（浅井信雄＆佐藤成文＆岡真理訳，みすず書房，2003年）において，西洋のメディアや表象のシステムが西洋人以外の他者を一方的に意味づけ単純化してきたとし，そのような知識を生産する権力システムを「オリエンタリズム」と名づけ，批判している。

のなかで表象される「外国人」は、いつでも「困っている人＝可哀想な人」か「困った人＝問題を起こす人」のどちらかだ。それは、ドラマであろうと、バラエティであろうと、ニュースであろうと、ドキュメンタリーであろうと、テレビ番組のジャンルを横断して変わることがない。夕方のニュース番組でよくあるカンパケ式の「特集」を見ていると、街中で起きる犯罪の多くは、「外国人」によって行なわれているかのように錯覚してしまう報道がなされている（Ⅶ-5参照）。彼（女）らは、常にコミュニティ外部の存在として意味づけされ、「われわれ」という集合的主体性からは排除されていく。そして、「他者」として排除されてしまった人びととの眼差しに内在化するような形で作られ、放映／報道される番組は、日本のテレビでは本当に少ない。

　彼（女）らは、単に排除されるだけではない。「外国人」という指標（インデックス）の下に統合されることで、彼（女）のなかにある文化的差異や多様性もまた、すべて消され、捨てられてしまうのである。このように「表象権力」によって行使される、特定の方向での意味づけやレッテル貼りや歴史的文脈の捨象については、E・サイードが多くを語っている（Ⅰ-4　Ⅱ-7参照）。「他者化」と「排除」のプロセスには、文化が異なる者同士の交流など存在していない。ただ、一方的な意味づけと、分断線の押しつけがあるのみである。

③ グローバル時代の新しい社会に向けて

　グローバリゼーションが不可逆的に進行していることは、もはや誰にも否定し得ない事実である。今日、情報や知識の様々な受け取り手たちは、絶えず移動し流動し、ジークムント・バウマンが言う「リキッド・モダニティ」の世界を生きている。もはや受け手が同質的でナショナルな集団であることは前提とされ得ない状況が常態化している。

　そうであるとするなら、「ナショナルなメディアとしてのテレビ」という存在は、もはや私たちの日常世界にふさわしいものであるとはいえない。「ナショナルなメディア」のままでは、流動的な現代社会を生きる人びとに必要とされ、欲望を喚起するような魅力的なコンテンツなど提供できないからだ。かつて、B・アンダーソンが述べてきた「想像の共同体」としての国民国家的な共同性を形成するテレビの役割はすでに終わりを告げている。流動する日常世界と、ナショナルで内向的なメディア表象の間の亀裂は深い。テレビで放送される番組内容を、私たちはかつてほど共有された前提に基づいて同じように意味づけることはできないし、流動する社会状況を捉えきれないテレビの世界に、物足りなさを感じ始めている人も出現しつつある。いまこそトランスナショナルでグローバルにフローする新しい社会を形成するためのテレビの新たな役割の創出に、私たちは努めていく必要があるのではないか。

（田中東子）

▷4　サスキア・サッセン／伊豫谷登士翁訳（1999）『グローバリゼーションの時代――国家主権のゆくえ』平凡社選書や、デヴィッド・ヘルド／中谷義和他訳（2002）『グローバル化とは何か――文化・経済・政治』法律文化社、伊豫谷登士翁（2002）『グローバリゼーションとは何か――液状化する世界を読み解く』平凡社新書などを参照。

▷5　ジークムント・バウマン／森田典正訳（2001）『リキッド・モダニティ――液状化する社会』大月書店。

▷6　ベネディクト・アンダーソン／白石隆＆白石さや訳（2007）『定本 想像の共同体――ナショナリズムの起源と流行』書籍工房早山。

▷7　この領域についてより詳しく学びたい人は、エドワード・サイード／浅井信雄＆佐藤成文＆岡真理訳（2003）『イスラム報道〔増補版〕』みすず書房やサスキア・サッセン／田淵太一＆原田太津男＆尹春志訳（2004）『グローバル空間の政治経済学――都市・移民・情報化』岩波書店やテッサ・モーリス＝スズキ＆吉見俊哉編（2004）『グローバリゼーションの文化政治』平凡社を参照のこと。

VIII　異空間としてのメディア

10 メディアと権力

1　表象の権力

　1981年に出版された『イスラム報道』のなかで，E・サイードはその思想において重要な概念である「オリエンタリズム」の例として，アメリカ社会の中東報道が，いかに表象の政治を通じて権力を振りかざしているか，詳細に分析している。西洋社会，特にアメリカのマスメディアのなかで，中東に関する現象は「イスラーム」という語彙に還元され，「イスラーム」の表象が「原理主義」や「急進主義」や「テロリズム」といったことばと等価的に結びつけられることで，それをある種のステレオタイプへと矮小化し，その地域に住む人びとを過激で野蛮で無知な存在へと単純化してきた。さらに，アメリカのマスメディアは，これらの現象にコンテクストを与えようとするいかなる努力も払わないまま，還元主義的な意味を無批判に受けいれてきたのである。◀1

　このように，自分たち以外の存在を自民族中心（エスノセントリック）の視点から報道し，政治的プロセスを詳細に報道しようとせず，誤報やステレオタイプを繰り返し，細部を避け展望を欠いた報道をするのは，実は，サイードが批判したアメリカのメディアに限ったことではない。私たちの社会においてもこうしたことは繰り返し行なわれてきた。その結果，表象する人びとと表象される人びととの間にある現実的な関係性を解釈したり意味づけたりする際に，メディアは多大な影響力を行使することになっている。

　メディアが他者を表象することを通じて行なわれる特定の解釈と意味付与の形成を，サイードは「知識と権力の共謀性」として捉えている。◀2　これは，私たちが社会的な出来事や他者に対する評価や意味を形成する際に，マスメディアの報道に内在している特定の視点や視座によって，私たちの知識が方向づけられていることを表わしている。これは，メディアによる単純な検閲などに比べると，ほとんど強制的ではなく，どちらかというと不可視なものであり，アントニオ・グラムシのいう「ヘゲモニー」◀3や，ミシェル・フーコーのいう「言説（ディスクール）への誘因」◀4の力として作動している。例えば，日本社会のメディア報道にしか触れていないと，私たちは「北朝鮮」や「中国」といったことばや表象に対して，その現実的で実体的な対象に直接的に触れたことがなくても，いつの間にかある特定の意味づけやイメージを抱くようになっている。これこそが，知識と権力が共謀していることの証左なのだ。

▶1　エドワード・サイード／浅井信雄＆佐藤成文＆岡真理訳（2003）『イスラム報道［増補版］』みすず書房，xii-xxix頁。

▶2　サイード（2003：196）。

▶3　アントニオ・グラムシ／石堂清倫訳（1978）『グラムシ獄中ノート』三一書房。

▶4　ミシェル・フーコー／渡辺守章訳（1986）『性の歴史Ⅰ』新潮社，45頁。

2 メディアと産業

「表象の権力」をメディアが独占しているという事実は、メディアを取り巻いている産業構造によっても確認できる。ノーム・チョムスキーとエドワード・ハーマンの調査研究によると、世界の主要メディアは、24の大資本によって占拠されているという。「メディア王」と呼ばれる巨大資本家がいくつもの媒体を所有することで、一見したところ異なる看板を掲げている個別のメディアが、実際には金太郎飴のようなものにすぎない、つまり、同じ系列の資本の下で運営されているというのが現在では当り前になっている。

チョムスキーとハーマンは、「プロパガンダ・モデル」と名づけた分析枠組みに基づいて、主流メディアがグローバルで政治経済的なエコノミーに組み込まれた状態で行動し、パフォーマンスしている様子を説明している。彼らの見解によれば、メディアの機能を決定する構造的な要素としては、(1) 所有と支配、(2) 外部の重要な資金源への依存、(3) ニュースを作り、意味を限定し、その含意を説明する力をもつ人びとと、メディアとの間にある共通利害ともたれあいの関係、などがあるという。さらに、メディアによる「集中砲火」や「専門家」を出演させることでニュースについての特定の見解を後押しする力なども、メディアがある種の影響力を振るい、「表象の権力」を行使するための構造的な要因になっていると述べている。

3 新しいテクノロジーと対抗メディア権力の広がり

しかし、従来は主流のマスメディアにのみ限定されてきた「表象の権力」が、今日、私たち市民の側でも対抗的に行使できるようになりつつある。安価なデジタル撮影器機と低価格／高性能パソコンの流通、そしてウェブ・ネットワークの網の目がグローバルに行き渡ったことで、今ではハンディカムのビデオカメラとパソコンが一台ずつあれば、映像や映画を撮影し、報道のために取材し、データを編集することはたやすい。それを流通させるためには、インターネット上に画像データをアップロードしさえすればいい。

こうした「対抗的な表象権力」の行使として重要な例は、2008年に洞爺湖で行なわれたサミットの際に、「G8メディアネットワーク」が結成され、G8に対して様々な立場を取る人びとの声を伝え、主流のマスメディアが報道しようとはしない反グローバリズムの視点から、サミットとそれを取り巻く社会的な出来事をクリティカルに報道するネットTVの活躍があったことだろう（XI-7参照）。つまり、メディアと権力の関係は、必ずしも一部の支配的な人びとが、それ以外の従属的な人びとをメディアによって支配するということではなく、むしろ個別特定の状況下でヘゲモニックに決定されるということなのである。

（田中東子）

▷5 ノーム・チョムスキー＆E・ハーマン／中野真紀子訳(2007)『マニュファクチュアリング・コンセント──マスメディアの政治経済学1』トランスビュー、7頁。

▷6 チョムスキー＆ハーマン(2007: 3-4)。

▷7 これと同様の分析は、ピエール・ブルデューによる『メディア批判』（藤原書店、2000年）でも展開されている。

▷8 G8メディアネットワーク
2008年に北海道の洞爺湖で開催した「主要国首脳会議」（G8サミット）に向けて結成したメディアネットワークである。2007年7月以来、貧困・開発、環境、人権・平和など地球規模の課題に取り組んでいるNGOなどと連携を取りながら、G8に関連する様々な声や動きを広く内外に伝えようとする個人やグループが参加している。レイバーネット日本、VIDEO ACT!, GPAM, OurPlanet-TV, JCA-NET, Democracy Now! Japan, AMARC Japan, Indymedia Japan, G8市民メディアセンター札幌準備会、MediR準備会、NPJ、日刊ベリタ、が参加団体である(http://g8medianetwork.org/)。

▷9 グローバリズム
経済至上主義のグローバリゼーションを推進しようとする思想をもつ人びとを名指すためのことばである。それに対して、1999年の世界貿易機構(WTO)シアトル会議の時に会議場の周囲に集まった、経済主義の横行によって拡大した格差是正を求める世界各地の社会運動の推進者たちによって、「反グローバリズム」の運動が世界的に展開されるようになった。

IX　メディアと文化

1　メディア文化の政治学

1　日常意識の編制

　メディアの役割は，単に情報を伝達するだけに止まらない。それは私たちの日常意識を編制し，個人や集団の社会的な布置に影響を与えている。私たちはメディアのことばやイメージを通して，他者との距離をはかり，自分の立ち位置を確認する。重要なことは，それがほとんどの場合，習慣化されたプロセスになっていて気がつかないことだ。こうして作りあげられた私たちの世界観は，ときにコミュニケーションの回路を開くことにつながり，ときに回路を閉じて弱者を排除する暴力として現われる。後者の具体的な例として，例えば9.11をめぐるニュース番組を思い起こしてみるといいだろう。

　ニューヨークの世界貿易センターがテロ攻撃を受けた2001年のあの日，映像メディアは高層ビルの炎上・崩壊という圧倒的なイメージを操作することによって，2つのことをなしとげた。一方でメディアは，銃や剣を振りかざして貿易センターの崩壊を祝うイスラム教徒や山岳地帯で武装訓練に従事する「テロリスト集団」の映像を連日のように放映することで，他者としての彼らのイメージを作りあげ，〈非日常〉の領域に囲い込むことに成功した。他方でメディアは，そのイメージを鏡にして，彼らの暴力とは無縁な位置（それこそが〈日常〉と呼ばれるものだ）に私たちの社会を描きだしてもいた。

　危険なイスラム社会と安全な私たちの社会。メディアの眼差しは世界を単純な色に塗りかえ，それはその後のアメリカ主導の「テロとの戦争」を正当化することにもつながった。9.11が暴力の連鎖を引き起こしたとする一般的な説明は単純に過ぎる。むしろ，暴力の連鎖の結果として，9.11は起きたと考えるべきだろう。グローバル化が生み出した経済格差や，大国のご都合主義による世界戦略がテロを生み出したともいえるからだ。国家による暴力の発動であるテロとの戦争もまた「テロ」と呼ばれるべきものなのだが，しかし，主要メディアの報道からは，「テロリスト」を生み出した歴史的な経緯やグローバリゼーションの陰の部分（Ⅰ-2 Ⅶ-7 参照）が抜け落ちていった。

2　わかりやすさの構図

　ともすればセンセーショナルなニュースばかりが目を引きがちだが，メディアはもともと「日常」を指向するものだ。それは，非日常的な出来事を私たち

▷1　世界貿易センター攻撃の首謀者とされるオサマ・ビン・ラディンは，アフガニスタンに侵攻したソ連軍に対抗するために組織された民兵組織のリーダとして頭角を現わした。彼ら民兵組織がアメリカの支援を受けて活動していたことはよく知られている。

の生活空間の外部に押しやることで,「日常」を確認し,修復する〈装置〉として機能する。〈我々＝日常〉対〈彼ら＝非日常〉というわかりやすい構図が繰り返されると,いつの間にか視聴者は,その構図をもとに自らの位置――平和で安全な日本――を確かめるようになる。しかし,安全な市民社会という「日常」はそれほど確固とした基盤の上に立つものではない。それは,それ自体でっちあげられたものである「テロを育むイスラム社会」という鏡に映った虚像にすぎないかもしれないのだ。

　9.11は,様々な不安をかかえる社会を生み出した。わかりやすい説明を求める報道番組は,問題の本質――暴力を生み出す世界の構造そのもの――に触れることなく,表面的な描写に終始して,単純な敵と味方のイメージを作りだしてしまった。その結果,具体的な顔をもたない他者のイメージだけが独り歩きし,不安が常態化する社会を作りだした。それは一方で監視の強化につながり,それがさらに不安を生み出すという悪循環をも生み出した（Ⅵ-9 参照）。

　時間にしばられた報道番組が,わかりやすい説明に走ることはあるていど理解できる。問題はしかし,それが現実を反映しているのではなく,むしろ積極的に現実を作りあげてもいることだ。私たちの認識の枠組みは,しばしばメディアが供給する情報やイメージに頼っている。今や私たちには,メディアが生み出す空間の外を想像すること自体がむずかしくなっている。▶2

③ 〈物語〉としての世界

　客観的な報道を謳い文句にしがちなニュースには,じつは現代社会の不均衡な権力構造が予め書き込まれている。ニュース報道が,認識をめぐる交渉や抗争のはてに生まれるものであることに注意を払う必要がある。例えば,独自の遠近法的世界の内に出来事を配列して〈物語〉を創りあげるテレビが,単なる伝達装置ではないことはこれまでに見てきたとおりだ（Ⅷ-9 参照）。

　戦争やテロのように私たちにとって「非現実的」な出来事であっても,ニュース番組編成のプロセスを通過するうちに日常の言語に翻訳し直され,了解可能な範囲のイメージにそって編集される。メディアのことばやイメージは,しばしば私たちの現実認識のあり方を規定し,社会意識を編制していく。意識の編制とはいっても,それはあからさまな強制をともなうものではない。しかし,ある見方が優勢を占めるようになったということは,その他の見方が排除されてきたということでもある。▶3

　私たちの生活を根底の部分で支えている日常意識には,記憶と忘却,ことばやイメージをめぐる抗争の歴史が刻み込まれている。単純なメディア・リテラシーを身につけるだけでは不十分な理由がここにある。メディアが伝える内容を吟味することに止まるのではなく,私たちが日々なにげなく使っていることばやイメージに対するより深い検証と反省が求められている。　　　　（田仲康博）

▶2　映画『トゥルーマン・ショー』（ピーター・ウィアー監督,1998年）は,現代社会とメディアを考えるうえで,示唆に富む。平凡で穏やかな人生を送っている主人公（ジム・キャリー主演）は,じつは巨大なドームの中で生をうけ,暮らしている。ドーム内は,天候に至るまで予め決められた筋書き通りにコントロールされていて,主人公以外の家族や住民はすべて役者たちで構成されている。彼の行動は常にカメラによって監視されていて,しかもその映像がテレビを通して世界中の視聴者に届けられている。一見,荒唐無稽な物語のようにも思えるが,しかし,トゥルーマンの人生にはメディア空間の中で生きることを余儀なくされている私たちの状況と多くの点で重なるものがある。偽りの人生に気がついた主人公が,出口のドアを開けて外に出るシーンで映画はエンディングを迎えるが,同じように監視されている私たちの生にはたして外部へと続くドアはあるのだろうか。

▶3　「現実」は,報道番組や雑誌の記事として生産（商品化）され,消費される。ある出来事をニュースになる価値があると判断することは,同時にその他の出来事を切り捨てることでもある。漠とした不安が社会をおおい始めた1990年代以降,社会的弱者の意見が切り捨てられることが多くなった。ものごとを定義する際に働く暴力（カテゴリー化の暴力）に私たちが注意深くあらねばならない理由はここにある。「カテゴリー化の暴力」については,佐藤健二＆吉見俊哉編（2002）『文化の社会学』有斐閣が参考になる。

IX　メディアと文化

2　風景の創造

1　風景と記憶

　「風景」は，私たちの周りに客観的に存在しているわけではない。私たちはある風景に親しみを感じ，ある風景に嫌悪感を覚え，さらに別の風景には郷愁を呼び起こされる。それは，視覚に飛び込んできた風景が，私たちの記憶と交錯し，そこに何らかの相互作用が生まれるからだ。「環境」や「空間」ということばでは表わせない風景は，歴史的・社会的に構築されるものとして捉える必要がある。生活に密着し，匂いや音をともなう具体的な場所として「風景」を捉えると，様々なことが見えてくる。

　例えば，映画『ALWAYS 三丁目の夕日』に描かれた昭和30年代の下町風景が郷愁を誘うのは，映画に使われたセットや大道具や小道具がその時代の記憶を呼び起こすことに一役買っているからだ。いや，もはやそれは，記憶が「呼び起こされる」ということに止まらないのかもしれない。平成生まれの若い世代が『ALWAYS』に懐かしさを覚えるという事態は，記憶に対する思考方法についての再考を促すものだ。記憶のなかの風景ではなく，記憶を生み出す風景。そのメカニズムをどう考えればいいのだろうか。

　リアリティの構築には，メディアが大きくかかわっている。というのも，私たちは「私たちが生きる社会，あるいは世界について知っていることを，マスメディアをとおして知っている」からだ[1]。それは，決してメディアを通して情報を得るという単純なことではない。身の周りの世界を読み解き，それに応じた行動をするために必要な〈言語〉や〈イメージ〉は，主としてメディアが供給する。その際に直接の経験ではなく，経験を媒介することばやイメージが独り歩きすることもあるだろう。そう考えてみると，体験と疑似体験の間にはそれほど差はないのかもしれない。いずれにしろ，「世界とは，コミュニケートされるもの一切にほかならない」というノベルト・ボルツのことばもあながち極論ではないだろう[2]。もはやメディア空間の外部を想像することすら困難な世界に私たちは生きている。

2　観光情報誌の語り

　観光ブームに沸く沖縄を例にとって考えてみよう。90年代以降，「沖縄」が全国ネットのテレビや活字メディアに盛んに登場するようになった。例えば，

▷1　ニクラス・ルーマン／林香里訳 (2005)『マスメディアのリアリティ』木鐸社，7頁。

▷2　ノベルト・ボルツ／村上淳一訳 (2002)『世界コミュニケーション』東京大学出版会，2頁。

米軍基地が集中する沖縄島中部は，情報誌の紙面でこんな風に紹介される。
> 米軍基地の集まるエリアにリトルアメリカの顔を見る……コザの名で親しまれている沖縄市を中心に，異国文化に包まれた本島中部。パームツリーの並木がおしゃれなフリーウエイ，横文字の看板，ベースの外国人が行き交う町並みに，エキゾチックな沖縄を遊ぶ。▶3

切り取られ，名前を奪われ，新たに意味を与えられた風景の断片。こうして付加価値が与えられ，いくつもの断片をつなぎ合わせて構築された風景は，非日常的な空間と体験を約束することで旅人の欲望を誘う。もちろん，これは観光客向けの広告文であって一過性の出会いを演出するに過ぎず，したがって現にそこに住む人びとがこのような表象を真に受けるわけがないという声もあるだろう。

しかし，風景は必ずしも島を訪れる観光客だけに消費されるわけではない。私たちの生活の隅々にまでメディアが浸透する今，誰しもメディアの眼差しから自由ではあり得ない。創造されたイメージがメディアを通して増幅され発信される生産のプロセスが一方の極にあり，そのイメージが様々なグッズとして商品化され，消費される受容のプロセスがもう一方の極にある。メディア空間の中で2つのプロセスが互いに影響し合いながら風景の再生産が進んでいくうちに，そこに暮す当の生活者自身も一定のアングルから風景を眺め，一定のことばで自らを表象するようになったとしてもさほど不思議なことではない。

3 奪われた声

私たちはまず，情報誌が描く風景から抜け落ちているものに注意する必要がある。上に引用した文章で使われている「エリア」は太平洋戦争末期の激戦地であり，「横文字の看板」はアジアが戦場になる度にその数を増していった米兵たちを相手に「戦争特需」に湧いた街の記憶をとどめるものだ。しかし情報誌の沖縄表象は，土地の記憶から切り離されたことばを選ぶことによって歴史的な遠近感を欠いた風景を浮かび上がらせる。戦争の記憶——基地の島の住民にとって，それが太平洋戦争のみならず，その後の〈複数の〉戦争の記憶であることは強調されてもよい——や，いまだに基地の重圧に苦しむ人びとの声が，「リトルアメリカ」という無機質なことばに反映されることはない。

ここには「懐かしの昭和」の語りと同じような力学がある。非歴史化された風景は人びとの記憶を封印し，現実に行使される暴力を覆い隠し，さらにそこに生きる人びとの想像力をも奪っていく。映画のセットのような「リトルアメリカ」の向こうには米軍基地があり，それはさらに世界の戦場へと直接につながっていることを忘れてはならないだろう。

（田仲康博）

▶3 『マップルマガジン』（1997年，48頁）。ここ数年，沖縄移住を勧める書籍が目立つが，外部から沖縄を覗き込むような視線は変わらない。例えば次のような文章がそれを端的に示している。「沖縄ってトコロは，"アメリカ"な部分がたくさんあって，異国情緒，というよりもむしろ異国にさえ感じてしまうほど。青く澄んだ海も空も，スローライフもいいけれど，少しばかり違った視点＝アメリカで沖縄を眺めるのもどこか別世界へ旅をしているようでちょっと，なんだか楽しくなってきませんか？」（『沖縄スタイル　特集沖縄のアメリカ』第3号，2004年，31頁）。

IX　メディアと文化

3　孤立する身体

1　ケータイの登場

　ケータイやインターネットが普及した今，私たちはどこにいても，好きなときに，誰にでも連絡が取れる。それは一方で，M・マクルーハンが予見したように，私たちの身体が拡張したことを意味する（Ⅷ-1参照）。例えばJ・メイロウィッツは，「かつて私たちの社会を多くの別個の空間的な相互作用セッティング〔＝舞台，環境〕に分割していた物理的構造」が今や社会的意味を失ってしまい，電子メディアを介した相互行為は，「状況の定義ならびに行動の定義はもはや物理的位置取りによっては決定されない」ことを指摘している。それは一方で，場所の制限をうけない自由なコミュニケーションが可能になったことを意味する。

　しかし，現状はそれほど単純なものではない。私たちが今経験しつつあることは，身体が拡張しつつ，しかも同時に内側へめくり返されていくような事態ではないだろうか。電子メディアの発達は，「公共圏」の意味合いを大きく変化させてきた。それはまた，空間をどう使うかという，優れて身体作法にかかわる問題を生み出してもいる。「電子メディアは，場所の情報的特性を変えることによって，社会的状況と社会的アイデンティティをつくり直す」と述べたとき，メイロウィッツは固定電話やラジオやテレビを念頭に置いていた。しかし，よりパーソナル化が進んだ今日の電子メディアは，私的領域への浸透度という点で，従来の通信メディアとは比較にならない変化をもたらしている。

　かつて吉見俊哉は，電話が「公的な場と私的な場を曖昧に」することを指摘し，若林幹夫は「通話者の間に生み出される〈場〉」を「電話空間」と呼んだ。一家団欒の場に外から電話がかかってきた場合，受け手以外の家族にとってそれは家庭という空間への〈侵入〉として感じられたと述べている。それはことばを換えていえば，他者が電話を媒介にして親密空間の外部，つまり〈公〉の領域から，内／家にある〈私〉の領域へ侵入してくることによって生じる違和感だった。

2　私的空間の漂流

　ケータイが生み出す空間においては異質なことが起きているのではないだろうか（Ⅷ-7参照）。それは，どこまでも持ち主についてくるケータイの特質に

▷1　ジョシュア・メイロウィッツ／安川一＆高山啓子＆上谷香陽訳（2003）『場所感の喪失』新曜社，234頁。

▷2　メイロウィッツ（2003：234）。

▷3　吉見俊哉＆若林幹夫＆水越伸（1992）『メディアとしての電話』弘文堂。

▷4　佐藤卓巳はウォルター・ベンヤミンの文章に触れつつ，「家族の親密圏への暴力的な侵入」をもたらした電話の導入について述べている（佐藤卓巳（1998）『現代メディア史』岩波書店）。佐藤はそこで，会話中の当事者同士にとっては，電話が「閉鎖性＝秘密性を前提とする」ことにも言及している。

よっている。肌身離さず持ち歩くケータイは，ある意味で私たちが〈私的空間〉を持ち歩くことを可能にする。「電話空間」の場合は〈公〉から〈私〉へと向かっていたベクトルが，「ケータイ空間」の場合は逆に〈私〉から〈公〉へと向かう。例えば富田英典は，インターネット接続端子としてのケータイに注目し，「ケータイだけでプライベートな世界を公共空間のなかに成立させることが可能」になったことを指摘する。

　公共空間を絶え間なく侵食していく私的空間。しかし，パトリス・フリッシーが述べるように，それは必ずしも「公共空間の消失を意味するわけでは」なく，むしろ「私的空間を携帯する」ことが可能となった現在の状況は「再構築された公共空間のなかでの私的空間の漂流」として捉える必要がある。そう考えると，公共の場におけるケータイ使用も理解しやすくなる。マナーやモラルはすぐれて公共の場に属することだからだ。ケータイで仲間と連絡をとり合う彼女／彼らには，少なくともケータイを使用している間は，おそらく公共の場にいるという感覚自体が希薄になっている。それを単にマナーの問題として矮小化してしまっては，ケータイのようなメディアが私たちの社会や身体に及ぼしつつある影響の大きさを理解できない。

3　公共圏の今

　どうやらケータイは，メッセージの伝達手段という本来の機能を超えて私たちに大きな影響を与え始めているのではないだろうか。そのことを強く思わせるのは，学生が書いた次のような文章に触れるときだ。「持っていないと不安になる」。「あると誰かそばにいるようで安心する」。これらの文章はいずれも，それが伝えるメッセージの内容とは関係なく，ケータイを持つこと自体が与える安心感／不安（両者はセットになっている）をことばにしたものだ。

　その点において，ケータイを自分の身体になぞらえて表現した学生が多いことは興味深い。たとえば「すでにケータイが体の一部分のようになっていて持っていないとおちつかない」と書いた学生がいた。「人びとが孤独になって淋しいのかなと思う。ある意味，ケータイは機械ではないと思う」と表現した学生もいたが，それは事態の本質をついたものだ。ケータイは，今や彼女／彼らの身体の一部になりすまし，見知らぬ他者が闊歩する公共空間において一種の〈防護壁〉として機能しているのではないだろうか。見知らぬ他者にとり囲まれた空間で，〈私〉の領域を確保し，安心を手に入れる装置としてケータイは大きな役割を果たしている。

　他者と公共圏を共有しつつ，しかし，それぞれがケータイ空間の内部で孤立している光景は不思議なものだ。コミュニケーションの地平が広がりつつ，しかし同時に，その可能性の芽を自ら摘んでいくような逆説がそこにある。

（田仲康博）

▷5　ここで私が流用した「ケータイ空間」とは，もともと小型車の広告に使用された表現だが，移動する〈私的空間〉としての自動車の特性を端的に表わすものだといえる。

▷6　富田英典（2002）「都市空間とケータイ」岡田朋之＆松田美佐編『ケータイ学入門』有斐閣，62頁。

▷7　パトリス・フリッシー／江下雅之＆山本淑子訳（2005）『メディアの近代史』水声社，271-272頁。

▷8　調査に協力してもらったのは沖縄国際大学（沖縄県宜野湾市）1年次の学生たちで，調査は2004年6月に実施した。首都圏やその他の主要都市におけるより広範囲で詳しい調査については，斎藤貴男（2004）『安心のファシズム』岩波書店を参照のこと。

IX　メディアと文化

4　メディアと資本

1　広告の今

　IX-1 でも紹介した『トゥルーマン・ショー』は，主人公の日常生活が視聴者のテレビに映し出されるという，いわゆる「リアリティ TV」を題材にした映画だ。「物語」と「現実」が幾重にも入り組んで交錯する映画のなかに印象的なシーンがある。本来は役者という設定の登場人物が突然カメラ目線になって，番組で使っている商品の購入を視聴者に薦めるというシーンだが，それが独立した CM 枠ではなく，番組のなかに織り込まれている点が興味深い。

　映画は現在のテレビの状況——現時点ではドラマと CM はまだ別枠だが，双方の枠に同じ俳優が登場する点で両者の境目があいまいになっている——を先取りしたものだった。登場人物がドラマの切れ目ごとに CM に出演することは，常識的に考えれば役のイメージを損なうという点でマイナス要因になりそうなものだが，最近では特に珍しいことでもない。ドラマの整合性を損なってでも商品の広告を最優先する姿勢は，番組スポンサーの意向なのだろうか。

　視聴者の位置という点では，もう1つ重要な変化が起きている。ドラマとCM の境界があいまいになってきたことで，物語空間にいる視聴者としての個人と，生活空間にいる消費者としての個人の境界も同じようにあいまいなものになってきたと考えるのは穿ちすぎだろうか。現実のような物語と物語のような現実。そのはざまで宙に浮いたまま，私たちの身体は資本の欲望に対して無防備になっている。

2　資本と身体

　私たちは広告にとり囲まれて生きている。それが活字であれ映像であれ，メディアにアクセスする度に，私たちの私的な領域に否応なく侵入してくる広告。今，メディア空間で起きていることは，資本と身体が直結するという新しい事態ではないだろうか。例えば，双方向性が売り物であるテレビ放送のデジタル化は，見方を変えれば，企業が個々の視聴者に直接アクセスする道を拓くものだともいえる。視聴者に大きな選択の自由が与えられるということが改変の謳い文句だが，それによって企業の方も視聴者に直接商品を売り込むことが可能になったことを忘れてはならないだろう。

　これまで述べてきたようなことは，インターネットやケータイの世界にもっ

▷1　本節と視点は違うが，現実と虚構をめぐる問題を考えるうえで，香山リカ（1996）『テクノスタルジア——死とメディアの精神医学』青土社が参考になる。香山が指摘するように，そもそも現実は「唯一絶対的なものではなくて，入れ替わり可能な層構造を持ったもの」（同上：191）なのだ。「現実」対「虚構」という考え方そのものが再考を迫られている。

とも顕著に現われている。例えば，サイトにアクセスする度に私たちはバナー広告を目にする。バナーをクリックすれば「店」のサイトに行って買い物ができ，クレジットカードで決済すれば数日後に商品が届くという仕組みはたしかに便利なものだ。ヴァーチャル空間を移動しながら買い物をすることは，物理的な移動をともなわないだけで，実質的には普通の買い物と何も変わらないという人もいるだろう。商品の売買ということだけに注目すれば，それはたしかにそうかもしれない。しかし，行く先々に足跡（トラック）を残し，それがデータとして蓄積されることで，企業側から消費者への次のアクセスが容易になるという事態は，便宜性の有無や是非といったことには要約できない問題をはらんでいる（Ⅵ-10 参照）。

3　物語と現実のはざまで

　市場に媒介されることなく，私たちの身体そのものが資本のネットワークに絡みとられる仕組みがすでに機能し始めている。データ化された身体がネット上で無限につながり，身体のネットワークがそのまま疑似的な〈市場〉として機能しつつある今，それはより大きな社会的変化を象徴的に表わしているとも考えられる。例えば伊藤守は，視聴者が「労働する主体」から「消費する主体」へと組織化され，その社会的な位置が変化していくプロセスに注目し，そこに介在するメディアの働きに注意を促している。伊藤が指摘するように，その変化は決して階級社会の消滅を意味しない。それはむしろ，権力の構造がより複雑化し，しかも不可視になったということなのだ。それは視聴者を一義的に「消費者」として定義し，その〈位置〉からニュースやドラマを読み取る〈主体〉へと編制し直す力として作用する。

　しかもそれは，〈主体化〉がそのまま〈脱政治化〉につながるような変化でもあって，従来の消費者論ではうまく説明しきれない問題をはらんでいる。上記のような変化は，一方で階級を横断する形で人びとを結びつけるが，しかし他方でそれは「さまざまな階層・階級の人びとをヘゲモニックに統合することを可能に」しているからだ。「民意」などということばが多用されてはいても，それが自分の意思で積極的に——時に権力に逆らってでも——行動する人びとの意思ではなく，メディアのことばやイメージによって媒介されるうちに作りあげられた「合意」であるとしたら，それこそが問題なのだ。

　冒頭で述べた映画の主人公はある日，身の回りの風景がすべて番組のセットであり，自分は物語世界に生きていることに気づく。自らの意思で歩んでいるはずの人生が，実は仕組まれたプロットのとおりに進んでいく予定調和の物語であったとしたら……。物語と現実の境目がますますあいまいになっている今，映画『トゥルーマン・ショー』は私たちの近未来を示唆する物語なのかもしれない。

（田仲康博）

▷2　伊藤守（2005）『記憶・暴力・システム』法政大学出版局。特に，第2章「メディア・スタディーズにおける『階級』概念の再構築」が参考になる。当時のテレビニュースが，国鉄ストの報道において「労働者」対「消費者」という対立の構図を浮かび上がらせることで，視聴者が消費者の側に同一化する回路を生み出したとする伊藤の分析は説得力がある。

▷3　伊藤（2005：49）。

IX　メディアと文化

5　標識としての〈日付〉

1　記憶のエコノミー

　2003年の春,「要塞町の人々～アメリカ・競争社会の勝者たち」(NHK) が放映された。番組が紹介したのはロサンゼルス郊外にあるコト・デ・カザ。豪邸が建ち並ぶ町は高い塀に囲まれ,外部からの出入りは武装した警備員が固める3カ所のゲートに制限されている。競争社会を勝ち抜いた者だけに住むことが許される町の安全は,町全体を要塞化することで保障されている (Ⅵ-9参照)。

　見知らぬ他者に怯えるコト・デ・カザの姿は,得体のしれない不安を抱え込んでしまったアメリカを象徴する。そしてそれは,他者の存在を許さない現代社会の姿を反映するものでもある。グローバル化が極限まで進んだ今,外部と内部を分ける〈塀〉など存在し得ない。その点において,番組で紹介された次のシーンは,世界がどこに向かおうとしているのかを示唆するものだった。

　イラク爆撃が始まったその年の3月20日,ジムで筋トレに励む要塞町の住民の様子が写し出された。ラジオから流れる爆撃開始のニュースを聞いて彼が真っ先に案じたことは,株価の下落だった。コト・デ・カザとバグダッドとの圧倒的な距離——それはもちろん,他者に対する想像力の欠如によって生み出された見せかけの〈距離〉なのだが——を思わずにはいられない印象的なシーンだった。

　多くの人びとによって記憶される9.11,記憶の片隅にも残らない3.20。〈距離〉は私たちの日々の生活のなかで強化されていく。ある出来事が記憶され,同時にほかの出来事が忘却されていく様を上記のエピソードは示していた。特権化された日付を生み出すプロセスに,メディアは深くかかわっている。

2　特権化される8月15日

　例年,8月15日の前後になると戦争をめぐる語りが前景化する。個々の体験が強調されることが,ここ数年の戦争をめぐるメディア言説に特徴的なことだ。「お国のために」ではなく「愛する人のために」戦場に赴く兵士たち。銃後の社会を支える女たち。そこに国家が表立って登場することはない。したがって,それらの語りは一見,ナショナリズムとは縁がないように思える。

　しかし,「8月15日」が集団の記憶として語られていることに注意を払う必要がある。「国民」という主体が先験的にあって,彼女／彼らが敗戦の日を記憶

▷1　番組は,シリーズ「地球市場,富の攻防」の第3回目として放映された。

▷2　2003年3月19日(アメリカ東部標準時間),アメリカ合衆国はイギリスなどと共にイラク空爆を開始した。「イラクの自由作戦」と命名された戦争には多くの国々が反対し,国連でも経済制裁を延期する慎重論が大勢を占めていた。

しているわけではない。事実はむしろ逆で、「8月15日」が特権化されて語られることで集団の記憶として編制し直され、それを共有する集団が「国民」として名指されているのだ。そこにおいて〈日付〉は、文字通り国民が辿るべき道を指し示す〈標識〉となる。

皇居の庭で土下座する人びとや廃墟の片隅で「玉音放送」に涙する人びとの写真を繰り返し見ることによって、たとえその場にいなかったにしても、記憶は共有されていく。日付は、時間軸であると同時に、空間軸としても機能しているのだ。標識としての「8月15日」は、個々の記憶を束ね、人びとをある空間の内に配置する。

そのことを逆説的に示す興味深いエピソードがある。1960年代、初めて甲子園に出場した沖縄の高校生たちは、8月15日の正午、サイレンに合わせて黙禱を始めた周りの人たちの行為が理解できずにきょとんとしていた。それには理由がある。沖縄で敗戦を意味する日は「6月23日」であり、高校生たちにとって「8月15日」は何ら特別な意味をもつものではなかったのだ。▷3

3　1972年5月15日

2001年に放映されたNHK朝の連続ドラマ『ちゅらさん』は、標識としての〈日付〉を考えるうえで示唆に富むものだった。ドラマは、小浜島に生まれたヒロイン古波蔵恵理が上京し、家族や彼女を取り巻く人びとの助けを借りながら看護師として成長していく様を描いたものだが、朝ドラの定番となっていた根性物からは逸脱した作品となった。運命を信じ、衝動の赴くままに行動する恵理は、楽天的で底抜けに明るい。近代的合理性とはおよそ無縁の存在として描かれる主人公には、都会の住民たちを癒す役割が与えられていた。

ドラマの視線がどこに向いているのかを象徴的に示しているのは、主人公が1972年5月15日（施政権が返還され、沖縄が再び「沖縄県」として日本の一部になった日）に生まれたという設定になっていることだ。復帰後の歳月とヒロインの人生を重ね合わせるという設定から、恵理が沖縄、それも復帰後の沖縄を代理／表象する存在であることは明白だろう。『ちゅらさん』は、古波蔵恵理の物語であると同時に復帰以降の沖縄の物語でもあるのだ。

物語のなかで一旦は異質なもの（反近代）として相対化される恵理＝沖縄だが、じきに彼女＝沖縄はある関係の内部、境界の内側に召喚される。つまりここには、恵理＝沖縄が異質なものとして名指され排除されるのと同時に、ある一定の空間内に周縁化されて配置し直されるというナショナルな物語が暗示されている。▷4

「1972年5月15日」は、国境の内側で再スタートした「沖縄県」誕生の日として記憶されている。「9.11」や「8.15」と同様に、「5.15」は集団の記憶を束ね、国家の意思を指し示す〈標識〉として機能しているのだ。　　　（田仲康博）

▷3　沖縄では現在も「6月23日」が「慰霊の日」として休日に指定されている。それについても異論はある。6月23日は日本軍の司令官たちが自決し、組織的な戦闘が終結した日に過ぎず、その後も各地で続いた戦闘で住民の犠牲者が出ている。「8月15日」と同様、「6月23日」もまた集団の記憶を編制する〈装置〉として機能しているのだ。

▷4　『ちゅらさん』の詳細な分析については、田仲康博（2002）「メディアに表象される沖縄文化」伊藤守編『メディア文化の権力作用』せりか書房、175-197頁を参照のこと。

IX　メディアと文化

6　博物館・モニュメント

1　「反日的になってはいけない」

　1999年の夏，沖縄県平和祈念資料館の展示内容改竄をめぐって大きな議論が巻き起こった。特に問題になったのは，避難壕の中で住民に向けて銃を構えていた日本兵の模型から銃が取り払われたこと，さらに負傷兵に青酸カリ入りのミルクを与えて自決を強要する日本兵の模型が取り除かれたことだった。それが監修委員の承諾を得ないまま県のトップレベルで決定されていたことに問題の根深さがある。

　後に明らかになったのは，当時の県知事が「反日的になってはいけない」と発言し，展示の変更を求めていたことだ▷1。事実を歪曲することで彼は何を守ろうとしたのだろうか。改竄をめぐる議論は，県議会や市町村議会をはじめ様々な場において繰り返され，特に新聞紙上では半年以上にわたって論戦が繰り広げられた。それは，展示内容変更に関する議論の枠を超えて，復帰を再検証する議論にまで発展していった。

　米軍基地が集中し，基地がらみの事件や事故が絶えない沖縄では，国との関係がしばしば対立の軸として現われる。大国のはざまにあって，ときに国境の内に包摂され，ときに国境の外に排除されてきた沖縄では，日米両国に対する疑念や怒りが今も人びとの深層心理に澱のように沈んだままだ。改竄問題は，国家の周縁部に置かれた地域がかかえる矛盾に再度人びとが気づく契機になった。

2　見せないための展示

　八重山平和祈念館（1999年5月開館）で改竄があったことが明らかになったのも同じ時期だった。戦争準備のために強制的に移動させられ，マラリアの被害にあった住民の体験を記録するために建てられた祈念館だが，被害の記述が削除され，あるいは差し替えられていたのだ。日本軍の飛行場の説明文から「地元民や朝鮮人を動員して飛行場の整備をはかった」とする記述が削除されていたことも後に判明した▷2。

　博物館やモニュメントは歴史的な出来事を記録し，記憶を後世に伝えるためにある。それがごく一般的な理解だろう。しかし，資料館の改竄問題を通して私たちは，歴史的な展示をめぐってその背後に働く大きな力の存在を知ること

▷1　『沖縄タイムス』（1999年10月6日付，朝刊）。この発言があったのは県の三役説明の席上で，県の文化国際局から展示内容の説明を受けた後，知事や副知事が変更を指示していた。後の県議会で知事は「そのような発言はしたことはない」と否定している。謝罪を要求する住民やマスコミに対して，知事が寄せたコメントの全文は『琉球新報』（1999年10月14日付，朝刊）で読むことができる。

▷2　『琉球新報』（1999年9月12日付，朝刊）。記事は削除，差し替え，追加があった部分について詳述し，監修委員や県当局の担当者のコメントもあわせて掲載している。

になった。一言でいえばそれは，個々の物語を「大きな物語」に回収し，私たちの歴史認識の枠組みを決める力として作動する。

　冒頭で紹介したのは，削除や差し替えによって歴史的な事実が隠されたケースだった。もっとわかりにくい，しかし同じように効果的な隠蔽の方法もある。過剰なことばとイメージの洪水で，本来伝えるべき重要な資料や記録を押し流す方法がそれだ。例えば，最近の資料館などでは，他の展示方法（スチール写真，印刷物など）に比較して来館者の目を引きやすいということで動画がよく使われる。

　しかし場合によっては，後者が前者を隠すために使われていると指摘する人もいる。例えば，先に述べた沖縄県平和祈念資料館の集団自決の展示室にはモニターが置かれていて，米軍が制作した沖縄侵攻作戦の記録映画が常に映し出されている。モニターに注意を払う来館者は多くても，壁に展示された集団自決の資料に時間をかける人はあまりいない。それでなくても画質の悪い新聞コピーの類が，なぜか不自然に高い位置や照明が当たらない低い位置に貼られていて，努力しないと読めないことも考えてみれば不思議な話だ。▶3

3　テーマパーク化する戦跡

　素朴な疑問が浮かんでくる。平和祈念資料館は，訪れる者に何を伝え，何を伝えていないのだろうか。その設立理念は「沖縄戦の歴史的教訓を正しく次代に伝え，全世界の人々に私たちの心を訴え，もって恒久平和の樹立に寄与するため，県民個々の戦争体験を結集」したことを謳う。▶4　しかし，問われているのは，個々の体験を結集した地点から何が見えてくるのかということだ。

　資料館は平和祈念公園のなかに位置している。1972年の復帰以降，公園は整備が進み，今ではテーマパークのような雰囲気を漂わせている。観光情報誌などでは公園の芝生でバレーボールに興じる若い女性の写真が使われたりもした。公園にいる限り，同じ島の中北部に集中する米軍基地の姿は見えてこない。航空機の爆音を聞くこともない。ここでは「戦争」が過去の出来事として封印されている。基地が集中する沖縄の〈今〉が沖縄戦と米軍占領期の風景に連なり，さらに沖縄に戦後の矛盾を押しつけることで復興を遂げた戦後日本の風景にも連なっていることを忘れてはならないだろう。

　平和祈念公園には，各県の慰霊碑がある。摩文仁の丘に整然と立ち並ぶモニュメントの群れは，一方でそこが激戦地であったことを伝えるものだが，他方でそこがまぎれもなく「日本」という空間の内部に位置することを告げてもいる。沖縄島南部に位置するこの一帯が「沖縄戦跡国定公園」に指定されていることがそれを端的に示している。沖縄戦や占領期の生活を〈過去〉に封印することで，現状に対する私たちの〈眼差し〉を規制する力がここにも働いている。

（田仲康博）

▶3　ガイドはさらに，重要な新聞記事が縮小コピーされ，多くは不十分な照明の下に置かれていること，和文と英文翻訳の違い，もしくは翻訳文の欠如，モニターの位置が作りだす来館者の動線が壁の展示から来館者を遠ざけていることなどを指摘してくれた。

▶4　沖縄県平和祈念資料館のパンフレットより引用。パンフレットには朝鮮半島から連れてこられた労働者や「慰安婦」に対する言及が一切ない。平和祈念公園の目につきにくい一角に「韓国の塔」があるが，訪れる人はあまり多くない。

IX　メディアと文化

7　戦争の記憶，記憶の戦争

1　お茶の間の戦争

「戦争」が私たちのリビングルームにやって来るようになったのは，それほど遠い過去の話ではない。まるで打ち上げ花火を見るような空爆の様子や「スマート爆弾」先端部のカメラが写し出す映像が頻繁にテレビに登場し，戦争が身近なものになったのは湾岸戦争（1991年）の頃からだ。「軍事アナリスト」と呼ばれる人たちがメディアの表舞台に登場して兵器や戦略の詳細な解説をするようになったのもこの頃だ。

それ以降，私たちはほとんど毎日のように戦場の映像を目にするようになった。それはしかし，考えてみれば実に奇妙な映像だ。空中を飛び交うミサイルが写ることはあっても，そのミサイルが着弾した地点で何が起きているのか，私たちが見ることはない。水平射撃する米兵が写し出されるとき，銃口が向かう先で銃弾がどんな事態を引き起こしているのかを私たちが見ることもない。

戦場でありながら，まるでそこには〈死〉が存在しないかのような映像だけが私たちの目に触れているのだ。私が冒頭の文章で括弧つきの「戦争」を使った理由はそこにある。血を洗い流され，悲鳴を消された「情報」によって私たちは戦争の「事実」を知る。より正確には，知ったつもりになる……。そこにおいて犠牲者は，統計上の数字としてのみ認知される。

発行部数や視聴率に左右され，「商品」と化したメディアのことばやイメージは，出来事の表面をなぞることに終始し，個々の記憶はしばしば抽象的な「全体」の記憶に編成されてしまう。戦場で殺された犠牲者は，メディアの回路をすり抜けてしまうことで，この世界から完全に抹殺されてしまう。◁1

2　眼差しの共同体

イラク戦争の報道でよく目にしたのは，米空母やイージス艦に乗り込んだジャーナリストたちによる戦闘爆撃機の発進やミサイル発射の「実況中継」だった。まるで兵士の高揚感が乗り移ったかのような彼らの語り口は，組織としての米軍のそれと完全に重なり合うものだった。そして，まるでグーグルの衛星写真を見るような感覚でお茶の間の「戦争」を見る私たちの目もまた，同じ地点から「敵」を見ている。◁2

〈眼差し〉を共有する軍隊（＝政府），メディア，そして視聴者。そこに生まれ

▷1　彼らの生と死を記録することで，私たちの記憶にとどめる努力をする人たちもいる。綿井健陽（2005）『Little Bird　イラク戦火の家族たち』アジアプレス，鎌仲ひとみ（2006）『HIBAKUSHA　ヒバクシャ——世界の終りに』グループ現代，などの優れたドキュメンタリーが戦場の様子を伝えてくれている。

▷2　戦争報道の問題点をさらに深く考えるためには，武田徹（2003）『戦争報道』筑摩書房，保坂正康（2004）『大本営発表は生きている』光文社，エドワード・サイード／中野真紀子＆早尾貴紀訳（2002）『戦争とプロパガンダ』みすず書房などが参考になる。

る〈眼差しの共同体〉には，戦場で行使される暴力に対する想像力が徹底的に欠けている。想像力の欠如は，加害者としての自らの立ち位置を透明なものにすることで担保されている。例えば，かつてこんなことがあった。アメリカの週刊誌『Time』は，年末にその年最も話題になった人物を特集する。イラク戦争が始まった2003年のアメリカを代表する顔としてその年最後の号の表紙を飾ったのは，「米国の兵士」だった。アメリカを代表する週刊誌によって英雄と称えられたのが，具体的な名前をもつ個人ではなく，正規軍140万人と予備役120万人の兵士たち，つまり集合体としての「ザ・アメリカン・ソルジャー」であったことは興味深い。

　名前や顔をもたない抽象的な存在としての兵士。それはまさに現代の戦争や軍隊の姿を象徴する。最先端の科学技術の粋を集めた軍隊は，スパイ衛星網に捉えた敵を素速く効果的に「排除」する。米国政府や軍は「外科手術をするように敵を取り除く」という表現を好んで使うが，目標を外れて学校や病院に落下する爆弾のことなど，はじめから彼らの視野に入ってはいない。「ザ・アメリカン・ソルジャー」が顔をもたない存在であるのと同じく，敵地に生きる住民もまた生身の人間とは認識されていない。

3　傍観者から目撃者へ

　最近の戦争報道に特徴的なことは，そこに〈眼差し〉をめぐる圧倒的な非対称性が隠されていることだ。ガヤトリ・C・スピヴァクが「認識の暴力」と呼んだ力——もともと異種のものが混在する世界を1つの語りに還元しようとする暴力——がそこで作動している。▷3　最新兵器の犠牲となり，死んでなお無視され続ける戦場の人びとは，常に二重の暴力にさらされているとも言えるのだ。

　無意識のうちに共有される〈眼差し〉は暴力の連鎖を生み出し，しかもそのことを不可視化する。私たち視聴者もまたその連鎖のただ中に位置していることは先に述べたとおりだ。現代の戦争報道は，一方で過剰なほどのイメージを届けながら，実際には何も伝えてはいない。しかし，ごく稀に，そんな報道にも裂け目が生じ，その向こうに戦場の光景が垣間見えることがある。▷4

　例えば，パレスチナの路上で「撃たないでくれ」と懇願する父親に抱かれたままイスラエル狙撃兵の銃弾に倒れたムハマッド・アル・ドゥーラという少年の死の瞬間は，主要メディアのカメラに写り込み，世界中で「目撃」された。今となってはその真相を知るすべもないが，その映像はじきに放映されなくなった。しかし映像は消えても記憶は残る。現代の戦争は，メディア・テクノロジーの助けを借りて瞬時に世界を駆け巡る。傍観者でいるのか，目撃者になるのか，見る者すべてに問いを投げかけながら。

（田仲康博）

▷3　ガヤトリ・C・スピヴァク／上村忠男訳(1998)『サバルタンは語ることができるか』みすず書房。

▷4　あえて〈裂け目〉を生み出すために努力し続ける人びともいる。ドキュメンタリー作家自身が書いた以下の本が参考になる。鎌仲ひとみ(2006)『HIBAKUSHA　ヒバクシャ——ドキュメンタリー映画の現場から』影書房，佐藤真(2001)『ドキュメンタリー映画の地平（上・下）』凱風社，鎌仲ひとみ＆金聖雄＆海南友子(2005)『ドキュメンタリーの力』寺子屋書房などがある。

Ⅸ　メディアと文化

8　南島への眼差し

1　癒しの島

　90年代初め頃の爆発的なヒットではないが，沖縄文化の人気はいまだ衰えをしらない。今や定番となった「青い空」「青い海」「おばぁ」といった沖縄を表わす記号を最大限に利用する広告，テレビドラマ，映画が耳目を集め，ブームに便乗する商品も数多く出回っている。沖縄サミットで喧伝された伝統芸能，映画『ナビィの恋』やNHK朝の連ドラ『ちゅらさん』のヒット，インディーズバンド「モンパチ」や「オレンジレンジ」の中央進出，沖縄「長寿食」のブーム，県出身俳優や歌手やモデルの活躍など，沖縄文化が中央の舞台に踊り出るようになってすでに久しい。

　ここ数年は，「癒し」が沖縄を表わすキーワードになった。それによって島の風景や住人にある種の付加価値が与えられ，観光沖縄の商品価値がさらに高まった。郷愁を呼び覚ます風景，優しさに溢れた島の人びととといった「楽園の島」「癒しの島」を喧伝する語りが，メディアを媒介して流通していく。ゆったりとした時間の使い方や長寿食を沖縄に学ぼう……。そこへ行けば新しい自分を発見できる……。機内誌や観光情報誌にはそんなことばたちが躍っている。

　リゾート沖縄を喧伝する言説に，南島論と通底するモチーフを探すことはさほどむずかしいことではない。日本と沖縄は古層において記憶を共有するという南島論は，時おり学術的な出版物に登場するだけで理論としてはすでに過去の遺物となってしまった感がある。しかし，例えば，そこへ行けば古き良き日本（＝沖縄）を再発見できるとする観光情報誌の語り，映画やテレビドラマの映像世界には，南島論と共鳴しあう要素が多い。

2　多文化社会「日本」

　『ちゅらさん』で描かれた小浜島の風景や，『ナビィの恋』に登場する粟国島の風景は，ローカルな場面設定でありながら，実のところ「古き良き日本」を映し出す場所（鏡！）として機能している。オーディエンスの位置を決める装置としての沖縄。そこにおいて視る者は，風景そして自己に同一化する安心感を得る。「癒し」とは結局，その同一感が生み出すある特定の感情，居心地の良さをいうのだろう。異なる歴史／文化をもつことで周縁部の位置を与えられつつ，基層を共有するという名目で国境の内に回収されてきた近代沖縄の歴史が，そ

▷1　南島論の火付け役となった柳田国男（1974）『海南小記』角川書店をはじめとして，他にも谷川健一（1996）『沖縄』講談社，辰濃和男（1977）『反文明の島——りゅうきゅうねしあ紀行』朝日新聞社，立松和平（1990）『ヤポネシアの旅』朝日新聞社など，「南島」をモチーフにした書籍は多い。

▷2　「古き良き日本」を代理・表象するものとして描かれる沖縄を題材にしたテレビドラマは，2009年に限っても『本日も晴れ。異状なし——南の島の駐在所物語』（波照間島），『かりゆし先生ちばる！』（石垣島），そして『カフーを待ちわびて』（伊是名島）などがある。

こにはからずも透けて見える。

　周縁に位置する沖縄文化の異質性が，日本文化の多様性を担保するものとして位置づけられ，消費されていく構図がここにはある。さらに，中心から周縁部へ向かう眼差しの遠心的なベクトルが，周縁部から中心へと向かう求心的なベクトルによって補完されていることにも注意を払う必要があるだろう。例えば，サミット召致を決定した沖縄県議会はその目的として，「わが国の文化の多様性を内外にアピールすること」をあげた。

▷3　沖縄県議会6月定例会，1997年。

　メディア言説が好んで描く典型的な沖縄人のイメージもステレオタイプの域を出るものではない。その点で，機内情報誌に掲載された特集「この人の沖縄力」の描写が興味深い。「沖縄力」とは耳慣れないことばだが，それは「いつも前向きで決して後を振り返ることなく，自由奔放に人生を切り拓く，ウチナーンチュのバイタリティのこと」をいうらしい。このように，メディアに登場する沖縄の人びとは，その多くが永遠のハレの空間にいるかのような楽園の住民として描かれる。

▷4　『Coralway』(JTA機内誌) 2001年新北風号。

　それにしても，フィクショナルな地点に呼び出されるこれら明るく優しい「沖縄人」のイメージについてあまり批判の声が上がらないのは不思議なことだ。むしろ，このところ自らの土地にユートピアを重ね合わせる物言いを聞くことが多くなった。沖縄ブームに安住するうちに，沖縄に住む人びとが自ら進んで「楽園の住人」の役割を演じるようになったということがありはしないだろうか。

3　脱政治化のプロセス

　風景であれあるいは人物であれ，メディア言説の語りに問題があるとすれば，それらが外部に参照点をもたないことだ。歴史や記憶が切り捨てられ，メディア空間の内側で自己準拠的に描かれるイメージが一人歩きするような世界に私たちは生きている。そこで語られる「文化」は，沖縄をめぐる言説や人びとの日常意識のあり様すらも組み替えてきた。1972年の「復帰」は，コロニアルな状況から逃れるためにもう1つのコロニアルな状況を県民自ら選び取る結果になった。県民の意思に反して基地が据え置かれたことによってその後も様々な問題が惹き起こされたが，なし崩しに進行してきた沖縄の〈脱政治化〉と，文化の領域の盛況振りとは決して無縁のものではない。

　イメージのみが先行する「沖縄」に「沖縄人」が呼び出され，「沖縄らしく」あることを強いられる。沖縄ブームの陰で進行してきたのはそんなプロセスだった。メディア文化が，私たちの日常意識を編成する〈装置〉であることに私たちはもっと意識的であってもよい。そして政治とは無縁のものとされがちな文化こそ，最も政治的なものだということも併せて理解する必要があるだろう。メディアはそのプロセスに――恐らく確信犯的に――深くかかわっている。

（田仲康博）

X 文化のポリティクス

1 人種と民族

1 人種とは

　人種というと,「黒人」,「白人」といったカテゴリーがあり,「肌の色という身体の特徴に基づいた科学的な分類」だと思っている人が多いのではないだろうか。しかし,人種は,特に 18～19 世紀の欧米で,非ヨーロッパ地域に対する植民地化,その後の他民族および領土を支配し自国の領土を拡大していくという帝国主義政策などを背景に,学問的な「知」として創出された特定の価値観に基づく人間の分類方法である[1]。「人間は自由であり,平等である」とする啓蒙思想による人間観と,人間が別の人間を支配するという植民地主義・帝国主義との矛盾を解決するために,「非白人」は「白人」とは別の人種だとする「理論」を必要としたのである[2]。

　人種は本質的なものでも「客観的」なものでもない。「黒人」や「白人」という人種がもともと存在してきたのではなく,コミュニケーションによって人種という概念,そして人種カテゴリーが作られることによって現実のものとして「存在」することになったのだ。そして,人種は単に人間を分類しただけではなく,「白人」を頂点もしくは基準点,「優れたもの」とし,それ以外の人種カテゴリーをその下に「劣ったもの」,基準から外れたもの,として位置づけるという価値判断を含んでいた[3]。人種概念は,違いを強調する差異化とそこに優劣をつける序列化,つまり人種主義（X-3 参照）という側面と密接に関係しているのである。このように人種概念は特定の価値観によるものであるにもかかわらず,それが「知」であるとされたため,欧米以外にも多大な影響を与えてきた。

　人種カテゴリーとその境界は普遍的なものではなく,歴史・社会的コンテクストによって異なり,変化してきた。例えば,アメリカのセンサス[4]では「黒人」と「混血（ムラトー）」とを別の人種カテゴリーにしたり（1850 年など）,「混血」も 2 分の 1,4 分の 1,8 分の 1 で区別したり（1890 年）,「黒人」に含める（1930 年以降）など,「黒人」の境界も揺れ動いてきたのである[5]。日本では,前近世から被差別部落民を「異人種」とする言説がみられ,19 世紀後半以降は欧米の人種概念の影響を受けつつ,日本のコンテクストのなかで,それとは少し異なる人種概念を作ってきた[6]。戦時中には,「日本人」とは人種であり民族であるとする「日本人種論」が,日本の人類学者の間で共通認識になっていたという[7]。

▷1　中條献（2004）『歴史のなかの人種』北樹出版。ミシェル・ヴィヴィオルカ／森千香子訳（2007）『レイシズムの変貌』明石書店。

▷2　中條（2004）。

▷3　例えば,スウェーデンの学者リンネは人種を「白色ヨーロッパ人」「赤色アメリカ人」「暗色アジア人」「黒色アフリカ人」の 4 分類とし,「白色ヨーロッパ人」は「皮膚が白く,活気に溢れ,想像力に富み」「暗色アジア人」は「皮膚が黄色で,鬱な気質で,柔軟性に欠け」などと主張した。竹沢泰子（2006）「人種概念の包括的理解に向けて」竹沢泰子編『人種概念の普遍性を問う』人文書院,53 頁。

▷4　日本の「国勢調査」にあたる。

▷5　中條（2004）。

▷6　竹沢（2006）。

▷7　坂野徹（2006）「人種・民族・日本人――戦前日本の人類学と人種概念」竹沢泰子編『人種概念の普遍性を問う』人文書院,229-254 頁。

X-1 人種と民族

2 民族とは

日本語の「民族」は，エスニシティ，ネイション（X-2参照），人種までも含むものとして使われているといわれる。ここではエスニシティとしての民族について考えていく。民族は，「血縁」や言語，習慣，宗教などの文化的特徴に基づく分類であり，かつ民族集団メンバーが「われわれは互いにつながっている」と思うような集団意識がかかわる概念である。人種と同じく，民族間の境界も固定的なものではなく，歴史・政治・経済的コンテクストなどにより変化する流動的なものである。1つには，「意識」というものがかかわるからであり，2つには，民族の分類は文化に基づくが，文化は変化するだけでなく指標となる文化的特徴も1つではなく多様であるからである。そして，人種と同じく，民族という概念においてもコミュニケーションが重要な役割を果たす。コミュニケーションなくしては，意識や文化の形成は不可能であるからだ。

「生まれもった身体的特徴による生物学的カテゴリー」と主張された人種に対し，民族は「生まれてから獲得される文化的特徴による社会的カテゴリー」として概念化された。この背景には，人種主義と結びつく人種という概念に対する批判があった。しかし，民族も「血縁」という側面を強調する，もしくは文化の捉え方によっては，人種とあまり大差ない概念として使われてしまう。ある集団を別の集団と区別するものが「血」であるとすると，これは「生まれてから獲得される」ものではなくなってしまうからである。そして，ある文化を他の文化とはまったく異なる混じり気のない純粋なもので，かつ普遍的なものであると本質主義的に捉えてしまえば，ある集団の人びとは全員ある特定の文化を永続的にもつことになり，文化もまた遺伝と同じような役割を果たしてしまうことになる。

3 アイデンティティとしての人種と民族

異文化コミュニケーションにおいて，人種・民族カテゴリーは否定的にも肯定的にも使われることに注意する必要がある。特定の人びとを集団として差別するために使われることがあると同時に，ある人種・民族集団に属することを理由に差別や支配されている人たちが，団結して抵抗するためのアイデンティティの拠り所としてそのカテゴリーを肯定的に使っていくこともある。例えば，「アジア系アメリカ人」には，中華系，インド系，フィリピン系，コリア系，日系などの非常に多様な民族・文化背景をもつ人たちが含まれる。これは「白人」側から押し付けられた人種的カテゴリーであるといえる。しかし，人種差別という共通する体験に基づく「アジア系アメリカ人」というアイデンティティを作っていくことは，それをはねのける力の源ともなるのである。

（河合優子）

▷8 吉野耕作（1997）『文化ナショナリズムの社会学——現代日本のアイデンティティの行方』名古屋大学出版会。

▷9 塩川伸明（2008）『民族とネイション』岩波書店。

▷10 塩川（2008）。小坂井敏晶（2002）『民族という虚構』東京大学出版会。

▷11 Omi, Michael & Winant, H. (1994). *Racial Formation in the United States: From the 1960s to the 1990s* (2nd ed.). Routledge.

▷12 エティエンヌ・バリバール（1997）「『新人種主義』は存在するか？」エティエンヌ・バリバール＆イマニュエル・ウォーラーステイン／若森章孝他訳『人種・国民・階級』大村書店，31-51頁。

▷13 村上由見子（1997）『アジア系アメリカ人』中央公論社。

X 文化のポリティクス

2 ネイションとナショナリズム

1 ネイションとは

　ネイションを日本語にするのはなかなかむずかしい。「民族」と「国民」という2通りの日本語が，ネイションの訳語としてあてられるからだ。例えば，アメリカのアリゾナ，ニューメキシコ，ユタの3州にまたがるネイティブ・アメリカンのナバホ族保留地の名称がナバホ・ネイションであり，イギリスでスコットランドやウェールズがネイションと呼ばれる。このように，ネイションとは国家を有する，もしくは国家をもたないが自治の度合いが高いエスニック・グループとしての民族を意味し，ネイションと民族の違いは政治的意識の程度の差による。それに対して，国民は国籍を有する人ということになるため，ナバホの人びとが同時にアメリカ国民であるように，国民には様々な民族そしてネイションが含まれる。

　ネイションが「想像の共同体」といわれるように（Ⅳ-9 参照），そこでは政治的な側面だけではなく，文化およびコミュニケーションが重要な役割を果たす。ネイションが作られるためには，多様な人びとが「私たち」という意識をもち，見知らぬ人たちを同じ共同体のメンバーとして思い描き，親近感をもたなくてはならない。ネイションのメンバーとしての集団意識，つまり，ナショナル・アイデンティティが必要なのである。例えば，東北地方で地震や台風などの自然災害による被害が発生したとする。四国地方に住んでいる人は，そこに知人がいなかったとしても，東北地方の被害を「私たち」の出来事として，アジア諸国で発生した同じような被害より身近に感じてしまうことがあるとするならば，それはナショナル・アイデンティティによるものである。

　ネイションにとって，新聞や書物などの印刷メディア，それが大量生産されて消費される資本主義経済の発達，そこで使われる標準化されたことば（出版語），それを教える公教育の存在が不可欠であった。明治時代以前に，「日本人」というナショナル・アイデンティティをもつ庶民はほとんどいなかったといわれる。それぞれ地方のことばがあり，明治時代になってからも話しことばでのコミュニケーションは非常にむずかしかった。1888年，小学校教員が兵庫から福島に赴任する途中，汽車に同乗していた仙台の女性の話はまったく理解できなかったが，イギリス人とは英語で互いに意思疎通ができたというエピソードはそれをよく表わしている。しかし，国家の言語政策により，東京の特定の「方

▷1　塩川伸明（2008）『民族とネイション』岩波書店。

▷2　吉野耕作（1997）『文化ナショナリズムの社会学』名古屋大学出版会。

▷3　ベネディクト・アンダーソン／白石さや&白石隆訳（1997）『増補　想像の共同体』NTT出版。

▷4　アンダーソン（1997）。

▷5　安田敏朗（2006）『「国語」の近代史』中央公論新社。

言」が「標準」とされ，言文一致体の導入，漢字制限，「現代仮名遣い」制定などを通して，国家語としての「日本語」が創出され，変化していく（Ⅳ-9　Ⅳ-10参照）。そして，国家による義務教育制度が徹底されていくなかで，「日本語」が書きことばとしても話しことばとしても人びとに浸透し，その「日本語」を使って人びとは新聞や雑誌を読み，テレビやネットで日本の出来事を知る。このような文化とコミュニケーションが絡んだ同化の過程，つまり国民化の過程を通して「日本人」になっていくのである。

▷6 イ・ヨンスク（1996）『「国語」という思想』岩波書店。安田敏朗（2007）『国語審議会』講談社。

❷ ネイションとナショナリズム

人種や民族と同様，ネイションも歴史的・社会的なコンテクストのなかで作り続けられるものであり，その「想像の共同体」のイメージや境界も変化する。戦前の日本は，植民地支配をしていた朝鮮半島，台湾，満州などの人びとを「日本人」との間に序列をつけると同時に，日本語を強制するなどして「日本人」として同化しつつ，多民族帝国というイメージを作りだしていた。しかし，戦後に植民地を失い，旧植民地の人びとを「外国人」とし，60年代の高度経済成長時代には，日本は単一民族国家という神話が広まっていったというのはその一例である。

このようなネイションのイメージや境界，ネイションのメンバーは誰であり，どのような共同体なのかについての支配的な考え方（イデオロギー）がナショナリズムである。イデオロギーの重要な機能の1つが，その支配的な考え方を「当り前」だと思わせてしまうことである。「日本人は古来よりずっと存在していた」「日本は単一民族国家」，などといわれると，「そうだ」と思ってしまう人がいるとすれば，それはナショナリズムというイデオロギーの機能が作用しているということではないだろうか。しかし，日本は日本国民だけが住んでいる国家ではない。日本国民＝日本民族でもない。このようなナショナリズムは，日本におけるアイヌや沖縄の人びと，両親の国籍や民族背景が異なるミックスの人たち，在日コリアン，在日華人，在日ブラジル人，その他外国籍の人たちなどを排除することにつながってしまう。

▷7 小熊英二（1995）『単一民族神話の起源』新曜社。小熊英二（1999）『日本人の境界』新曜社。

▷8 Thompson, John B. (1990). *Ideology and Modern Culture*. Stanford University Press.

❸ ナショナリズムの両義性

ナショナリズムには，ネイション内に対する同化圧力とその外に対する排除が同時に作用する。しかし，人種や民族と同じように，ナショナリズムも否定的な「病い」としての面だけでなく，アジア・アフリカ諸国で植民地支配に抵抗する「救い」としても使われてきた。ナショナリズムが絡む異文化コミュニケーションにおいては，誰が，どのようなコンテクストでコミュニケーションしているのか，ということをしっかりと見極めることが重要である。

▷9 姜尚中（2001）『ナショナリズム』岩波書店。

（河合優子）

X 文化のポリティクス

3 人種主義と差別

1 人種主義とは

　人種主義は，集団や文化の特徴を固定化し，本質化することがその前提にある。人種主義は人種差別主義と訳されることもあるように，ある特定の集団に属する人びとへの差別を「自然」で「当り前」だと思わせてしまうような考え方，つまりイデオロギーを意味する。人種主義の対象は人種だけでなく民族も含まれる。文化が遺伝のように扱われることで，民族も人種と同じく，その集団内の人びとの特徴が固定化され，決定づけられることがあることをもう一度思い出してみよう。国連の人種差別撤廃条約における定義でも人種だけに限定されていない。

　民族集団に対する人種主義的な捉え方が表われた典型的なコミュニケーション例として，石原東京都知事によるものがある。石原知事は，2001年5月8日付けの『産経新聞』に寄稿した「日本よ／内なる防衛を」というタイトルの文章のなかで，「中国人」による殺人事件について触れたあと，「こうした民族的DNAを表示するような犯罪が蔓延する」と述べた。民族を生物学的に捉え，犯罪において「中国人」に遺伝的な共通点があるかのような誤った特徴づけをしているこの文章に，人種主義を読み取ることができる。

　18世紀に西欧で提唱されはじめた人種概念に基づく人種主義は，生物学，生理学，解剖学などの科学を総動員した「科学的人種主義」であった。しかし，20世紀に入り，民族という概念の登場，ホロコーストへの非難，第二次世界大戦後のアジア・アフリカ地域の植民地独立，アメリカにおける公民権運動，移民の増加などを背景に，人種の「科学性」やそれに基づく「科学的人種主義」が批判され，新たに登場してきたのが「文化的人種主義」である。「科学的人種主義」とは「ある人種の生物学的・身体的特徴は一定の心的・知的能力と合致する」というイデオロギーであり，「文化的人種主義」では生物学的・身体的特徴に代わり，言語，宗教，慣習といった文化的特徴が決定要因となる。これは「新しい人種主義」「人種なき人種主義」ともいわれ，このような人種主義は，民族や文化と切り離せないものになる。

2 差別とは

　差別は，大きく「不公正な取り扱い」をする行為と「排除」する行為の2つに

▷1　人種主義（Racism）に対応する日本語として，「レイシズム」が使われることもある。

▷2　国連の人種差別撤廃条約
1965年採択，1969年発効。日本は他国よりかなり遅れて1995年に146カ国目の批准国となった。

▷3　岡本雅享監修編著（2005）『日本の民族差別』明石書店。

▷4　「科学的」「文化的」それぞれの人種主義については，ミシェル・ヴィヴィオルカ／森千香子訳（2007）『レイシズムの変貌』明石書店。

▷5　ヴィヴォルカ（2007: 30, 43）。

▷6　エティエンヌ・バリバール（1997）「『新人種主義』は存在するか？」エティエンヌ・バリバール＆イマニュエル・ウォーラーステイン／若森章孝他訳『人種・国民・階級』大村書店，31-51頁。

分けられる。前述の「科学的人種主義」は人種・民族の「序列」を根拠に差別する「序列」型、「文化的人種主義」は「差異」を根拠に差別を正当化する「差異」型と言い換えることができる。「序列」型の人種主義は、人種・民族間に上下関係をつけて他の集団に「不公正な取り扱い」をし、「差異」型の人種主義は、過度に強調された違いを理由に「排除」する。「科学」という衣は剝ぎ取られたものの、この2つの型による差別は現在でも存在し、別々に存在するのではなく、様々な形で組み合わされている。

まず「序列」型の例である。1998年、ブラジル出身のアナ・ボルツさんが静岡県浜松市の宝石店に入り店主と英語で会話していたが、途中で彼女がブラジル出身だというと態度を一変させ、「この店では外国人は立ち入り禁止」と言われ、店から追い出された。ボルツさんは日系ブラジル人の配偶者として長期滞在していた人で、外見では「白人」であった。欧米からの「白人」ではないことがわかると、店主が彼女を店から追い出したのは、欧米とブラジルの「白人」との間に「序列」をつけたうえで、「不公正な取り扱い」をした差別行為だといえる。

「差異」型の例としては以下のようなものがある。レチーシア・小谷さんは父親が日系ブラジル人、母親は非日系ブラジル人で、3歳の時に来日して群馬県大泉町に住んでいた。小学校でいじめられる時に必ず出てくることばが、「ガイジン」「金髪」「ブラジルに帰れ」だったそうだ。つまり、「ガイジン」「金髪」という「差異」を根拠に、レチーシアさんを「ブラジルに帰れ」と「排除」しているのだ。ここでは、差別の対象を「ガイジン」「金髪」というように自分とはまったく異なる顔の見えない集団、つまり「他者」としてカテゴリー化するだけではない。同時に、共に「排除」行為に参加する共犯者としての「我々」というカテゴリーを作りだす。「ガイジン」でもなく「金髪」でもない「我々」＝「日本人」は日本にいてもよい、という考え方が共有されるのである。

❸ 人種主義、自民族優越主義、ナショナリズム

人種主義は、自民族優越主義や「病い」のナショナリズムと結びつきやすい。自民族優越主義は、自らの文化は絶対的に「正しく」、他の文化は「誤っている」と価値判断をすることであるが、人種や民族の「差異」に「序列」をつける人種主義、他者を「排除」することが含まれる「病い」のナショナリズムとつながりかねない。さらに、人種主義は「病い」のナショナリズムと結びつき、互いが互いを強化しあうこともある。2005年に発売され、ベストセラーとなった『マンガ嫌韓流』は、「『日本人』という国民を立ち上げると同時に、その裏面で朝鮮人を排除し、蔑視をし、序列化するという、人種主義と国民主義（ナショナリズム）が不可分にくっついている構造」によって描かれているという指摘は、この両者の結びつきをよく示している。

（河合優子）

▷7 佐藤裕（2005）『差別論』明石書店。

▷8 この段落は以下、ヴィヴィオルカ（2007）。

▷9 アンジェロ・イシ（2007）「在日ブラジル人をめぐる差別の現実と言説」『前夜11号 特集：現代日本のレイシズム』77-82頁。

▷10 高橋幸春（2008）『日系人の歴史を知ろう』岩波書店。

▷11 佐藤（2005）。

▷12 古田暁監修（1996）『異文化コミュニケーション』有斐閣。英語ではethnocentrism。自民族中心主義とも訳される。

▷13 山野車輪（2005）『マンガ嫌韓流』晋遊舎。

▷14 板垣竜太（2007）「『マンガ嫌韓流』と人種主義──国民主義の構造」『前夜11号 特集：現代日本のレイシズム』20-34頁。

参考文献
小森陽一（2006）『レイシズム』岩波書店。
外国人人権法連絡会（2007）『外国人・民族的マイノリティ人権白書』明石書店。
アルベール・メンミ／菊地昌実＆白井成雄訳（1996）『人種差別』法政大学出版局。

X　文化のポリティクス

4　マイノリティとマジョリティ

▷1　Martin, Judith N. & Nakayama, T. K. (2007). *Intercultural Communication in Contexts* (4th ed.). McGraw Hill.

▷2　国連の国際人権規約
世界人権宣言（1948年採択）を条文化したもので，1966年国連総会で採択，1976年発効。日本は1979年に批准。

▷3　国際人権条約自由権規約第27条（International Covenant on Civil and Political Rights, Article 27）。国連人権高等弁務官事務所のサイト（http://www2.ohchr.org/english/law/ccpr.htm 参照）。

▷4　岩間暁子（2007）「日本におけるマイノリティ」岩間暁子＆ユ・ヒョヂョン編著『マイノリティとは何か』ミネルヴァ書房，25-63頁。

▷5　LGBTとも略される。NHK教育テレビで放映された「ハートをつなごう：LGBT特集」をきっかけに作られたサイト（http://www.nhk.or.jp/heart-net/lgbt/）が充実している。

▷6　岩間（2007）。

▷7　Martin & Nakayama (2007).

▷8　宮島喬＆梶田孝道（2002）「マイノリティをめぐる包摂と排除の現在」宮島喬＆梶田孝道編『マイノリティと社会構造』明石書店，1-17頁。

1　マイノリティを広義に考える

　異文化コミュニケーションを構成する重要な概念は，文化，コミュニケーション，コンテクスト，権力の4つである。マイノリティとマジョリティという概念を考えるときに，特にかかわってくるのが権力である。**国連の国際人権規約**においては，民族，宗教，言語上の少数者をマイノリティとしている。しかし，日本語の一般的な用法では，マイノリティは，単に「少数者」という意味だけでなく，「差別されている側」そして「弱者」を広く含めた概念である。マイノリティという概念には，権力関係で劣勢に置かれている，という意味が含まれる。逆にマジョリティとは権力関係で優勢な立場にあり，「差別する側」そして「強者」という存在ということができる。

　このような広義のマイノリティは人種・民族集団だけではなく，女性，移民，外国籍の人びと，障がい者，高齢者，子ども，貧困層，セクシュアル・マイノリティと呼ばれるレズビアン・ゲイ・バイセクシュアル・トランスジェンダーなども含められる。在日コリアンと「日本人」，女性と男性，同性愛者と異性愛者，貧困層と富裕層など，異文化コミュニケーションはマイノリティとマジョリティの間のコミュニケーション，つまり権力関係が不均衡であるコミュニケーションであることが多いのである。ただし，権力はマジョリティが「所有し」，マイノリティに対して一方的に行使されるものではない。両者の関係性のなかで権力関係は作られ，そして変化するダイナミックなものである。

2　マイノリティとマジョリティの相互の関係性

　したがって，マイノリティもそれ自体で存在するのではなく，マジョリティとの関係性のなかでその存在が作られる。外国籍の人は，賃貸住宅を借りるとき，依然として差別を受けることがある。差別をするのは「日本人」の所有者や外国籍の入居を嫌がる隣人の「日本人」たちであり，それを実質的に禁止する法律がないことも，そのような差別を助長してしまうことになる。つまり，法制度を含む社会構造面，人びとの意識面，それに影響を与えるメディアでのマイノリティの描かれ方などの表象面でもマジョリティ側が差別をすることがなくなれば，マイノリティはマイノリティではなくなる。そして，これらの側面はコミュニケーションとも大いに関係がある（X-7参照）。

マイノリティがマジョリティとの関係性のなかで作られるとすると，1人の人がマイノリティとマジョリティのどちらかにはっきりと分けられるわけではないことがわかる。例えば，中国からの男性留学生が，健常者で異性愛者であったとする。この男性にとって日本語は外国語であり，そして外国籍であるという点では彼はマイノリティであるが，男性，健常者，異性愛者という面ではマイノリティではないといえる。

しかし，誰もがマジョリティにもマイノリティにもなりうることは，「みんな同じ」ということではない。大切なのは異文化コミュニケーションにおいて，歴史，国家，経済，政治などのマクロのコンテクスト（構造）を見失うことなく，ミクロのコンテクスト（各場面）で作用している複数かつ複雑なマイノリティとマジョリティの権力関係を，単純化することなく丁寧に見据えていくことである。中国を侵略した歴史があり経済力にも恵まれ，前述した石原都知事の「中国人」に対する人種主義的な発言（X-3参照）が出てくる日本という国家で，「日本人」と日本語でコミュニケーションする場合，この留学生のマイノリティ性はかなり高くなるといえるのではないだろうか。歴史や国家は，人びとの意識や生活を含めた文化，ひいては異文化コミュニケーションに大きな影響力をもつ。しかし，それは彼が常にマイノリティであることを意味しない。

3 マジョリティであること

ペギー・マッキントッシュは，マジョリティが自らの「特権」を認めたがらないことを指摘し，アメリカにおいて「白人」であることの「特権」は，「獲得せずとも得られる見えない財産」であるとした[9]（II-7参照）。その財産は本人が自力で得たものではなく，「見えない」，つまり，本人はそれを「当然のこと」だと思っているために，「特権」であると気がつかないようなことである。

彼女は「特権」を26の項目でリストしている。「2. 引越ししなくてはならないとき，自分の予算の範囲内であれば，好きな場所で住む場所を借りたり買ったりできる」，「5. テレビをつけたり，新聞の一面を見ると，自分と同じ人種の人たちが幅広く登場している」というような項目が含まれる[10]。これらにより多く「○」がつく人は，そうでない人よりも，「特権」を有しているということになる。

このリストの「人種」を民族やジェンダーなどに置き換えてみると，広くマジョリティの「特権」をチェックするリストとしても使うことができる。上記の項目2に関して，日本において「日本人」であることを理由に，家を借りられない買えないことは，ほぼ皆無であるが，外国籍を理由として拒否されることは依然としてある。項目5に関して，新聞の一面を見ると，男性が登場しない日はないが，女性がまったく登場しない日はよくある。テレビのニュースにおいても，在日ブラジル人による犯罪などは頻繁に報道されても，より多様な在日ブラジル人の活躍は報道されることが少ないのではないだろうか。

（河合優子）

▷ 9 McIntosh, Peggy (2002). White privilege: Unpacking the Invisible Knapsack. In Paula S. Rothenberg (ed.), *White Privilege: Essential Readings on the Other Side of Racism*. Worth Publishers, pp. 97-102.

▷ 10 McIntosh (2002). このリストを含んだ論文は，http://www.nymbp.org/reference/WhitePrivilege.pdfでも読むことができる。

X 文化のポリティクス

5 中央と周縁

1 高度経済成長の影響

2005年に大ヒットした『Always 三丁目の夕日』は，昭和30年代初頭の東京を舞台にした映画だ。冒頭で登場するのは，集団就職で青森から上京してくる六子である。汽車にゆられながら都会のビルを眺めて感心し，青森の方言を下宿先の子どもにからかわれる六子の姿は，確かに当時の「金の卵」たちの状況を反映しているのかもしれない。

戦後の高度経済成長の時代，東京を中心とした都市部では，産業の発展にともない地方に労働者を求めた。映画では，六子の実家の貧困が，小さなエピソードとして盛り込まれているが，実際，若い労働者を失った地方と，活気あふれる都市との間の格差はどんどん広がっていた。また，都市で「他者」として迎え入れられた地方出身者たちは，危険な労働に従事したり，方言蔑視に悩んだりすることも多かった（IV-10 参照）。ここに，東京=〈中央〉と地方=〈周縁〉という構図が浮かびあがってくる。

2 「近代国家」がもたらしたもの

○中央集権体制

このような都市部と地方の関係性は，近代化と共に生じてきたといえる。明治時代，廃藩置県によって新しい境界線が引かれ，首都=東京は，日本全体を統治する場として意味づけられた。近代的な中央集権体制のはじまりである。政治・経済・文化の中心地として「文明開化」を先導する東京は，「社会のほかの領域がこれから到達すべき目標として，あたかもそれが時間的な『未来』に属するかのような場所」として立ち現われた。「東京」以外の場所である「地方」は，未発達な場として周縁化されたのである。

鉄道や道路などの交通網，政治・経済のシステムや，大学などの教育機関が，どのように配置されているか，思い描いてみよう。それらは，東京を中心に，各地の大都市をつなぎつつネットワーク化されている，あるいは，ピラミッド状に組織化されている。資本や知識，労働力が，都市部に集中する仕組みだ。〈中央〉と〈周縁〉の関係性は，高度に制度化・構造化されて日常のなかに埋め込まれているのだ。

言語もまた，〈中央〉の管理の対象であった。国内の言語を統一した西洋諸国

▷1 この映画は，「日本人」=「我々」を強く意識させるようなつくりであることにも注意したい（IX-2 参照）。

▷2 方言蔑視は当時の社会問題の1つであった。多くの若者が集団就職した東北地方では，熱心な標準語教育が行なわれたという。毎日新聞地方部特報班編（1998）『東北「方言」ものがたり』無明舎出版。

▷3 吉見俊哉（1996）『都市の空間 都市の身体（21世紀の都市社会学）』勁草書房，17頁。

にならい，明治30年頃から「国語」という概念が浸透すると，各地方の方言は，汚い，間違ったことばとして矯正されるようになる。単一の「国語」を共有する「日本人」になれと，〈中央〉が〈周縁〉に呼びかけたのである（Ⅳ-9 参照）。

▷4 田中克彦（2006, 第1刷1981）『ことばと国家』岩波新書。

○「内なる他者」の創出

標準語とは異なる方言を話し，近代的な都市とは違う文化を有する「地方」の人びとは，「日本という『われわれ』——ナショナルなるもの——と対立する『彼ら』（内なる他者）」として眼差されてきた。「東京」に立脚したマスメディアを通して，地方には一方向的な視線が注がれる。「大阪」や「沖縄」「東北」など，方言や食文化，都市性の欠如などがステレオタイプ化され，奇異なものとして描かれたり，笑いの対象となったりする例は多い。前述の六子の方言につい笑ってしまうのも，「青森」を異質な他者として捉える視点が，無意識のうちに身についてしまっているためといえよう。

▷5 黒田勇（2002）「内なる他者〈OSAKA〉を読む」伊藤守編『メディア文化の権力作用』せりか書房, 198-199頁。

「内なる他者」の差異が強調されることで，「彼ら」を眼差す標準的な「日本人」という主体が浮かび上がる。「日本」という国民国家が，「想像の共同体」としての「我々」を定義するために，地方が利用されてきたといえるだろう。「彼ら」は，標準語教育などを通して「日本人」であることを求められつつも，「我々＝日本人」と完全には同一視されない存在として，周縁化されてきたのである。

▷6 ベネディクト・アンダーソン／白石さや＆白石隆訳（1997）『想像の共同体——ナショナリズムの起源と流行』NTT出版。

③ 権力関係への気づき

〈中央〉と〈周縁〉という異文化間にはたらく権力作用は，身近な問題だからこそ気づきにくい。なぜ方言話者たちは標準語と方言をつかいわけるのだろう。受験生たちは，どうして「東京」の大学をめざすのだろう。「九州」や「東北」「関西」などの出身地とパーソナリティの関係性を，自明視してはいないだろうか。小さな疑問からも，得られることは多い。

さらに，便利な生活のために，地方が犠牲になっていることも忘れてはならない。福井の原子力発電所，青森の核燃処理施設，沖縄の米軍基地といった場にはたらく力学や，医療福祉，経済，教育などの地域間格差について，改めて考える必要がある。都市部の誕生と発展の裏で，地方は植民地的な役割を付与された。〈地方＝周縁〉は，〈東京＝中央〉の誕生の副産物でもあったのだ。

こうした関係性を変化させていく試みとして，オルタナティブメディアや市民運動などがあげられる。ローカルテレビ局が地元の高校生とともに番組を作ったり，市民たちがインターネットを通じて地域の映像を配信したりと，中央からの一方的な視線を解体するような，クリエイティブな活動も各地で芽生えはじめている。不可視化された問題を改めて問い直し，周縁化された地方の声を聞くために，私たちはどのように他者と関係を構築していくのかを考える必要があるのではないだろうか。

▷7 鎌仲ひとみ監督『六ヶ所村ラプソディー』(2006)や，米軍基地を手をつないで包囲する「人間の鎖」運動などの事例がある。

（伊藤夏湖）

X 文化のポリティクス

6 ジェンダー

1 ジェンダーとセックス

　1970年代まで，性別を表わすことばはセックスしかなかった。ジェンダーとは，「女らしさ」や「男らしさ」，「女は家で育児・家事をし，男は外で仕事をしてお金を稼ぐ」というような性別役割からの解放をめざした第二波フェミニズムから出てきた概念である。セックスが「生物学的性別」を意味するのに対し，ジェンダーは「社会的・文化的性別」というように区別された。このように性別をセックスとジェンダーとに切り離すことによって，生物学上の「女」が，社会・文化的にも「女らしい」ものだという論理に対して，異議を申し立てることが可能になった。つまり，「女らしさ」は生物学上の「女」に「自然に」備わるものではなく，家庭，学校，メディアなどでの様々なコミュニケーションを通して身につけていくものである，という主張ができるようになったのである。

　ジェンダーという概念が明らかにしたもう1つの重要な点は，文化的に作られる「男らしさ」「女らしさ」は，単にその違いで分けられているわけではなく，そこに序列化された関係が含まれ，非対称的であることである。「男らしさ」には「論理的」「積極的」「強い」，「女らしさ」には「感情的」「受動的」「弱い」というような意味が振り分けられるが，これは単なる違いではない。「感情的」であるよりは「論理的」，「受動的」であるより「積極的」，「弱い」より「強い」ほうが，「優れている」とされることが多い。つまり，「男らしさ」だとされる属性のほうが，「女らしさ」の属性より優位だとされるものが含まれている。

　生物学的性別のセックスを「女」と「男」の2種類とすることも，「自然」ではないことが研究によって明らかになってきた。しかし，この2種類以外の多様なセックスは「女」か「男」のどちらかに無理矢理分類されてしまうか，もしくはそれができない場合には「性発達障害」とされてしまう。

　生物学的分類として提唱された人種という概念が，ヨーロッパの「白人」によって「白人」中心主義的に作られてきたように（X-1 参照），セックスという生物学的性別も分類の基準は人間が定め，分類も人間が行なうことを考えれば，本質的なものではないといえる。人間は「男」と「女」に分けられるという信念をもっている人たちにより，人間の身体は研究され，学問的な「知」が作られてきたため，身体的にその中間にいる人たちは「異常」もしくは「不完全」とされてしまうのである。

▷1　第一波フェミニズム（19世紀後半から1920年代）は参政権獲得を中心課題とした。1960年代後半に始まったとされる第二波は，そのような制度を支える個人の意識を問題化した。

▷2　染色体を例にとってみると，男性はXY，女性はXXと単純に分けられるものではなく，実はXYY，XY，XXY，XO，XX，XXXというようにどこで男性と女性を区切ったらよいのかがわからないほど連続性があり，かつ多様性がある。身体的に男女を区別するのに外性器の形状が使われることが多いが，その形も中間型である半陰陽という形が存在する。

そうすると，セックスがジェンダーにではなく，ジェンダーがセックスに先行するといってもおかしくなくなる。子どもが生まれると，親は女の子には赤・ピンク系の服，男の子には青色系の服を着せ，女の子には「おしとやかにしなさい」，男の子には「男のくせに泣いてはいけない」などという非言語・言語コミュニケーションを日々繰り返して育てていく。このように「女」と「男」というように人間を二分化する社会的・文化的実践によって，人はジェンダー化される。さらに，上野千鶴子が「『ジェンダー』という言説実践がその効果として，言説に先行するものとしての『セックス化された身体 sexed body』を作りだすのである」と主張するように，社会でジェンダー化されていく人間が，同時に日々のコミュニケーションでジェンダー化に加担し，生物学的にも「女」と「男」しかいないという「真理」を作り出すのである。

▷3 ジュディス・バトラー／竹村和子訳（1999）『ジェンダートラブル』青土社。

▷4 上野千鶴子（2002）『差異の政治学』岩波書店。27頁。

2 異文化コミュニケーションとジェンダー

異文化コミュニケーションの視点から，ジェンダーにアプローチするということは，文化的・社会的性別とされるジェンダーのみを問題にすればいいということにはならない。ジェンダーとセックスという，文化と身体の領域におけるコミュニケーションが密接に絡む性別化のプロセスを，別々のものとして切り離すことなく，同時に同じものとしてしまうことなく，互いにつながりのあるものとして捉えていくことである。そうすることにより，セックスやジェンダーの二分化を「自然」で「当り前」と思ってしまうことや，「男は男らしく」，「女は女らしく」という考え方から自由になり，レズビアン・ゲイ・バイセクシュアル・トランスジェンダーを含めた多様な性のあり方を尊重するコミュニケーションができるようになるのではないだろうか。

▷5 藤巻光浩（2006）「ジェンダーとコミュニケーション」池田理知子編『現代コミュニケーション学』有斐閣，131-148頁。

3 アイデンティティとしてのジェンダー

ジェンダーはアイデンティティの拠り所として重要な意味をもつことがある。2009年4月，身体的には「男」とされながら，「女」としてのジェンダー・アイデンティティをもっていた生徒に対し，沖縄県の開邦高校は女子制服での通学を認めた。この生徒が女子制服にこだわることは，セックスとジェンダーを一致させようとする力への抵抗と捉えることができる。一方で，「女」だから女子制服（多くの場合はスカート）を着るものだとされていることもおかしいのであり，制服という外観にこだわる必要はないのではないかと考える人もいるかもしれない。このような場合，ジェンダー上の「女らしさ」，つまり「女は～であるべきだ」という画一的な考え方に対して疑問を投げかけている。アイデンティティとしてのジェンダーは制服，髪型といった非言語メッセージを含め，多様な形でコミュニケーションされる。そして，「女」であること，「男」であることの意味も多様なのである。

（河合優子）

▷6 高江洲洋子「豪志さん望みかなった　女子制服で開邦高入学」『琉球新報』（2009年4月8日付）。http://ryukyushimpo.jp/news/storyid-142815-storytopic-1.html。

参考文献

上野千鶴子（2002）『差異の政治学』岩波書店。
江原由美子＆山田昌弘（2008）『ジェンダーの社会学入門』岩波書店。
金井淑子（2008）『異なっていられる社会を』明石書店。
竹村和子（2000）『フェミニズム』岩波書店。

X 文化のポリティクス

7 多文化主義

1 多文化主義をどう捉えるか

○多文化主義とは

多文化主義はもともと 1970 年代の初めに，移民国家であるカナダとオーストラリアで，多様な民族・文化背景の人びとを 1 つの国民として統合するための国家政策として取り入れられたものである。また，米国では，1960 年代の公民権運動後，マイノリティがヨーロッパ／「白人」中心の教育に異議を申立て，マイノリティの視点を取り入れた教育を導入しようとする動きが活発になった。そして，1980 年代，激化した保守派からの反発に対して，自らの立場の理論的支えとして使われたのが多文化主義である。日本でも 1980 年代後半以降の外国籍の人びとの急激な増加により注目されるようになった。

○ 3 つのアプローチ

文化の捉え方の違いにより，多文化主義は，「リベラル」「企業的」「批判的」の 3 つのアプローチに分けられる。リベラル多文化主義においては，文化はハイブリッド（X-9 参照）なものではなく，ある集団に固有かつ本質的なものとされる。そして，文化間の境界は固定化され，各文化の差異が強調されるだけでなく，文化は権力関係やイデオロギー，政治・経済構造などとは無関係とされる。リベラル多文化主義は，このような文化観と，複数の文化や文化的アイデンティティが平等な立場で認められるべきだとする文化相対主義を前提とする。ここでは，マジョリティ文化とマイノリティ文化が互いに切り離され，個々のものとされるため，現実には非対称的な両者の関係性は考慮されることがない。

2 つめの，企業的多文化主義とは，様々な経済活動で利益を上げるために，人種，民族，宗教，ジェンダーなどに基づく文化的差異を使う，という考え方である。グローバル化で資本主義経済競争が激化し，企業はその活動をより効率化するため，より安い労働力や資源，さらなる商品市場を求め，国境を越えていく。そのため，従来であれば企業側が雇用を渋っていた女性や人種的・民族的マイノリティの人たちの能力やその文化的差異も企業内部や経済活動の中に取り込もうとする。ここでは，リベラル多文化主義と同じく文化のハイブリッド性が否定され，文化が 1 つの「商品」のように扱われるのである。

しかし，この企業的多文化主義は完全に否定されるべきものでもない。主流文化のなかで，マイノリティ文化が「商品化」されることで，やっとその存在が

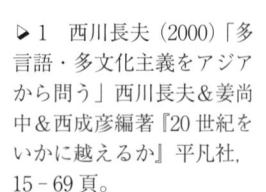

▷1 西川長夫（2000）「多言語・多文化主義をアジアから問う」西川長夫＆姜尚中＆西成彦編著『20世紀をいかに越えるか』平凡社，15-69頁。

▷2 油井大三郎＆遠藤泰生編（1999）『多文化主義のアメリカ』東京大学出版会。

▷3 米山リサ（2003）『暴力・戦争・リドレス』岩波書店。

見えるようになり，その声が届くようになることが少なくないからである。かつて日本で商品として流通する外国の映画，ドラマ，音楽といえば，米国そして西欧のものがメインであり，アジアより欧米に親しみを感じていた人が多かったのではないだろうか。しかし，近年では「韓流」「華流」ということばが定着し，レンタル店に行くと韓国，中国，香港，台湾からのDVDもかなりの場所を占有するようになっている。このような文化商品を消費することを通して，東アジア地域の人びとや文化に親しみを感じるようになった人も多い。もちろん，ドラマや映画という商業文化にはステレオタイプ化などの問題もあり，企業的多文化主義は手放しで評価できるものではない。それでも，人びとの意識に肯定的な意味での変化を与える面もあることは否定できない。

3つめは，批判的多文化主義である。これは，リベラル，企業的多文化主義によって，マジョリティ集団や企業利益のために多文化主義が「使われてしまう」ことを批判し，多文化主義に備わる変革的な意義を追及していくという考え方である。批判的多文化主義の「批判的」とは，多文化主義そのものを批判的に捉えていくということを意味する。つまり，すべての多文化主義を無批判に「良いもの」とするのではなく，その変革的な意義を消し去るような多文化主義を批判していくのである。

2 多文化主義の変革的意義

多文化主義の変革的意義は2つある。1つは，多文化主義は様々な文化集団が共生することをめざすが，そのような多文化共生社会の実現をはばむ法的・社会的制度や政治・経済構造を変えていくことである。リベラル，企業的多文化主義に共通する文化観は，民族，人種，ジェンダー，階級などの差異を理由とする経済的格差や制度上の差別などの問題を省みることなく，それらを非政治的な意味での文化の多様性の問題としてしまう。しかし，批判的多文化主義では，文化は政治，経済，歴史などと密接に結びついたものであるとする。つまり，多文化が共生するということは，文化集団間の歴史を考えるとともに，政治的にも経済的にも共生していくことを意味するのである。

もう1つは，主流文化，つまりマジョリティ集団の価値観や考え方が「当り前」という考えを見直すことである。リベラル，企業的多文化主義は文化を本質主義的に捉えるが，批判的多文化主義では無意識的，意識的の両方の面でハイブリッド化したものだと考える。批判的多文化主義は，「日本は単一民族国家」というイデオロギーに対し，「日本人」や「日本文化」の背後に，多様な人びとや文化を同化そして排除してきた歴史があることに目を向けさせてくれる。それと同時に，日本列島はハイブリッドで多文化な空間，言い換えれば，様々な文化背景の人びとが交流し，文化を混合させつつ，似ていて異なる文化が作られる空間であり続けてきたことを教えてくれる。

(河合優子)

▷4 米山（2003：23）。

▷5 韓国ドラマに関してのアンケート調査で，「同じアジア人，親近感をもつ」「見下していた面があったが無くなった」「在日ですが，目ざめました。ほこれるようになりました」という感想だけでなく，「昔の日本がやったことが恥ずかしい」「色々歴史上のことを考える」というコメントも出てきたという。林香里（2005）『冬ソナ』にハマった私たち』文藝春秋。

▷6 米山（2003：24-25）。

▷7 河合優子（2008）「文化のハイブリッド性と多文化意識」川村千鶴子編『「移民国家日本」と多文化共生論』明石書店，343-365頁。

▷8 米山（2003：23-24）。

X 文化のポリティクス

8 ディアスポラ

1 故郷を離れ，異郷で生きる

　ディアスポラは，ギリシャ語を起源とし，「種をまく」という意味の動詞「スピロ」と「分散する」という意味の前置詞「ディア」からできたことばである。この語は，従来，歴史的に長いあいだ自分たちの国家をもたず，世界各地に散らばったユダヤ人の離散に対して主に使われていた。しかし現在では，移民，人種・民族的マイノリティ，難民，亡命者，出稼ぎ労働者など，故郷を離れて異郷で生きる幅広い集団に対しても使われるようになってきている。ディアスポラとは，異郷で暮らしつつ，故郷との文化的，政治的，経済的なつながりを保ち，集団アイデンティティを作り続けることを意味する。華人ディアスポラ，コリアン・ディアスポラなど，日本においてもディアスポラ集団は身近な存在である。

2 ディアスポラ意識の特徴

　ディアスポラ意識の主要な特徴の1つは，空間・時間の感覚を複数もちながら生きることであるともいえる。ディアスポラ状況に置かれた人たちは，異郷に根を下ろさず，しかし故郷にも帰ることができないという緊張状態のなかで，「ここに住み，ここではない場所を思い出し／欲望する」。つまり，現在居住している異郷，そしてそこに流れる歴史を含めた時間だけでなく，故郷とその時間をも生きているのである。

　さらに，ディアスポラ意識にはマイノリティ性がかかわる。故郷もしくは異郷で，その集団が継続的，歴史的に支配や差別を受けてきたことが，ディアスポラ意識形成に影響を与える。例えば，インドに亡命しているチベット人が，インドで生まれ，一度もチベットに行ったことがなかったとしても，チベット人としてのディアスポラ・アイデンティティを作り続けるのは，故郷が中国の支配下にあるという状況が影響を与えている。日本で生まれ，日本語を第一言語として生活する在日コリアンのなかで，朝鮮半島を故郷として「思い出し／欲望し」，アイデンティティを作り続ける人が多いのも，依然として日本で差別されることがあることが関係しているといえるのではないだろうか。

　よって，ディアスポラという概念を，そのマイノリティ性を考慮することなく移民や人種・民族集団と同じとする概念，もしくは個人的かつ非政治的な心理状態を表わす概念とは区別する必要がある。移民一世は，経済力の面だけではなく，

▷1　ロビン・コーエン／駒井洋監訳 (2001)『グローバル・ディアスポラ』明石書店。

▷2　Tölölyan, Khachig (1996). Rethinking Diaspora(s): Stateless Power in the Transnational Moment. *Diaspora*, 5 (1), 3-36.

▷3　陳天璽 (2002)『華人ディアスポラ』明石書店。

▷4　ソニア・リャン／中西恭子訳 (2005)『コリアン・ディアスポラ』明石書店。

▷5　ジェイムズ・クリフォード／毛利嘉孝他訳 (2002)『ルーツ』月曜社。

▷6　クリフォード (2002: 289)。

▷7　クリフォード (2002)。

▷8　Tölölyan (1996)。クリフォード (2002)。

新しい文化環境において，言語で不自由する，社会生活の様々な場面での立ち居振る舞いに不慣れであるなど，文化面でも不利な立場に置かれることが多い。しかし，集団として継続的な支配や差別を受けない場合，そのディアスポラ意識は一時的かつ個人的なものになるが，ディアスポラは歴史性および集団性がかかわる概念である。継続的な支配や差別が，ディアスポラ集団に強い差異の感覚をもたせ，故郷とする空間・時間との結びつきを維持させるといえる。

3 ディアスポラ意識の両義性

ディアスポラ意識は，肯定的な力にも否定的な力ともなる。ディアスポラ集団は，マイノリティとして社会で隅に追いやられ，沈黙させられ，「見えない」存在になっていることが多い。小・中・高等学校の歴史教科書で，在日コリアン，在日華人，アイヌ，沖縄の人びと，日本からブラジルやペルーに移民した人びとのことがどれだけ扱われていただろうか。ディアスポラという概念は，居住地の国家を超えた共同体の可能性を示すことで，これらの人びとをエンパワメントすることにもつながる。そして，ディアスポラ集団を「見える」存在として意識していくことは，「病い」としてのナショナリズム，例えば「日本は単一民族国家」というようなイデオロギーに対抗する力となる。多様な集団を同化して国民にしていくと同時に，他の異質な集団を排除することで実現される国民化のプロセスに意識的になり，それを揺るがす力になるのである。

同時に，ディアスポラ集団が，そのまとまりを強調しすぎることで，自ら「病い」としてのナショナリズムに陥ってしまうこともある。例えば，コリアン・ディアスポラといっても，ジェンダー，階級，国籍，居住地の違いといった面において，コリアン・ディアスポラ内部は非常に多様である。しかし，集団としての均質性を強調して内部の多様性を押しつぶしてしまう，もしくは，故郷のナショナリズムを強化するような「遠隔地ナショナリズム」に加担してしまうこともあるかもしれない。

4 方法としてのディアスポラ

ディアスポラは，新しい世界のあり方を示す概念としても使うことができる。この概念を問題発見のための「レンズ」のようなものと捉え，これを通して過去そして現在を見ることで，それまで見えなかった国境を越えた人々の動きやつながりが浮かび上がってくる。さらに，ディアスポラ・アイデンティティを「不揃いのアイデンティティ」，ディアスポラを「民族自決に代わる理論的かつ歴史的なモデル」と捉えると，本質主義的な民族・文化観にとらわれることなくその違いを尊重すると同時に，一民族一国家という国民国家の枠組みを乗り越えた新たな関係と世界を作っていく可能性と方向性が見えてくる。

（河合優子）

▷9　戴エイカ（2009）「ディアスポラ——拡散する用法と研究概念としての可能性」野口道彦＆戴エイカ＆島和博『批判的ディアスポラ論とマイノリティ』明石書店，15-90頁。

▷10　ベネディクト・アンダーソン／糟谷啓介他訳（2005）『比較の亡霊』作品社。

▷11　武者小路公秀監修／浜邦彦＆早尾貴紀編（2008）『ディアスポラと社会変容——アジア系・アフリカ系移住者と多文化共生の課題』国際書院。

▷12　ジョナサン・ボヤーリン＆D・ボヤーリン／赤尾光春＆早尾貴紀訳（2008）『ディアスポラの力』平凡社，264頁。

▷13　ボヤーリン＆ボヤーリン（2008：248）。

参考文献
上野俊哉（1999）『ディアスポラの思考』筑摩書房。
レイ・チョウ／本橋哲也訳（1998）『ディアスポラの知識人』青土社。

X　文化のポリティクス

9　ハイブリッド性（異種混淆性）

1　ハイブリッド性とは

ディアスポラを文化およびアイデンティティの側面から捉える際に、欠かすことができない概念がハイブリッド性（異種混淆性）である。ディアスポラ集団の人びとは、異郷と故郷の文化の両方に通じ、そのどちらでもなく、かつその両方でもあるハイブリッドな文化、文化的アイデンティティを作っていく。そして、ディアスポラがマイノリティ性と結びつく概念であったように、ハイブリッド性は単に異なる文化が平等な立場で混じり合う、というような非政治的な概念ではない。ハイブリッド性は「不均等で不均整な力関係の歴史のなかで作られる」という点を押さえておく必要がある。[1]

2　ハイブリッド性の2つの概念

○人種的概念としてのハイブリッド性

ハイブリッド性はもともと生物学、植物学の分野から出てきた概念であるが、19世紀に異なる人種の人びとの間の「雑種」という意味で使われるようになった。[2] 人種的概念としてのハイブリッド性は、人間は「黒人」や「白人」というように純粋に異なる人種に分けられる、という人種主義的な考え方を前提に、まったく異なる2つの「種」が混じり合うことを意味した。よって、欧米ではハイブリッド性は否定的に捉えられたが、ラテンアメリカでは先住民のネイティブ・アメリカンと白人の「人種混血性（mestizaje）」、つまりハイブリッド性がナショナリズムの一部として肯定的な形で取り入れられた。しかし、そのハイブリッド性はあくまでも白人が非白人を「白人化する」限りにおいて、肯定的に捉えられるものであった。[3]

○文化的概念としてのハイブリッド性

ハイブリッド性は文化的概念としても使われるようになる。「文化とは、『混淆』から保護することで守られるのではなく、混淆の産物としてのみ存在しうる」と主張されるように、1つの文化が、他の文化からの影響なくして作られることはまず不可能であり、ハイブリッド化は文化の発展の大きな力となる。[4] バフチンは文学理論としてハイブリッド性という概念を展開したが（Ⅳ-3参照）、それを文化や文化的アイデンティティに応用すると以下のようになる。

文化的概念としては、無意識的および意識的なハイブリッド性の2つがある。[5]

▷1　Lowe, Lisa (1995). *Immigrant Acts: On Asian American Cultural Politics*. Duke University Press, p. 67.

▷2　Young, Robert J. C. (1995). *Colonial Desire: Hybridity in Theory, Culture and Race*. Routledge.

▷3　Vasconcelos, Jose (1979). *The Cosmic Race: A Bilingual Edition*. Johns Hopkins University Press.

▷4　ジョナサン・ボヤーリン&D・ボヤーリン／赤尾光春&早尾貴紀訳(2008)『ディアスポラの力』平凡社、263頁。

▷5　ミハイル・バフチン／伊東一郎訳(1996)『小説の言葉』平凡社。

無意識的なハイブリッド化は，文化，特に言語においては常に起こっている。無意識的なハイブリッド性においては，異なる文化は主流文化に混じり合い，その存在がわからなくなってしまうほどに溶け込んでしまう。これはクレオール化という概念と重なる（Ⅳ-14 参照）[6]。

　例えば，純粋言語などは存在せず，言語はすべて雑種言語，つまりハイブリッド化されているといっても過言ではない[7]。日本語は中国からの漢字や語彙，英語を中心とした様々な言語の語彙が混じり合ったハイブリッドな言語である。古くからある語であればあるほど，外来語であることさえも忘れてしまうほどだ。現在では，カタカナで書かれる英語からの語が多いことに対し，「外来語の氾濫」といって異議が唱えられても，漢字で書かれる語に対してはそのような意見が出されることはほとんどない。漢字で書かれる語には，中国からの漢語そのままのものもあれば，日本で作られた「和製漢語」もある[8]。明治維新以降，漢字を使って欧米からの社会科学関連の語彙を訳した「和製漢語」は逆に中国語に取り入れられた[9]。

　一方，意識的なハイブリッド性では，異なる文化は主流文化と混じりつつも溶け込んでしまうことはない。意識的なハイブリッド性は，「二重の語り」と形容されるように，異なる文化は，異なったまま主流文化と対峙し，対話しながら共生する。この概念をさらに推し進め，ホミ・K・バーバは「これでもなくあれでもない，何かしら別の，中間にあるもの（in-between）」と定義し，この似ていて異なる文化が，主流文化に揺さぶりをかけると主張した[10]。

③ 似ていて異なるハイブリッドなもの

　日本で，日本国籍の両親から生まれた多くの人たちは，日本語を学び，日本の教育システムのなかで教育を受け，メディアなどを通して同化されて「日本人」になっていく。しかし，在日華人，在日コリアン，文化背景の異なる両親から生まれたミックスの人たちのなかには，たとえ日本で生まれ，日本語を第一言語とし，日本国籍をもっていたとしても，「日本人」として同化されない，もしくはされたくない人びともいる。しかし，日本で生まれ育ったならば，主流文化である「日本文化」と接点なく生きることは不可能である。このような人びとは，意識的なハイブリッド性の定義にあるように，故郷の文化や文化的アイデンティティでも日本のそれでもない，似ていて異なるハイブリッドなものを作っていく。意識的なハイブリッド性の一例は，「『日本人』でないことを明示しながら，同時に『日本人性』を強調すること」であり，より具体的には，「日本国籍をとっても中国名を名のる」「日本語しか話さなくてもコリアンであると主張する」などである[11]。このようなコミュニケーションを受けとめていくことで「日本人」のあり方はより多様化し，多文化共生にもつながっていくのではないだろうか。

（河合優子）

▷6　Young（1995: 21）.

▷7　田中克彦（1981）『ことばと国家』岩波書店.

▷8　金田一春彦（1988）『日本語　新版（上）』岩波書店.「立春」「降雨」などは前者の例で，中国の漢語のように動詞にあたる部分が前にある.「心配」「体操」は後者の例で，日本語のように動詞を意味する部分が後にある.

▷9　金田一（1988）. 例えば，「文化」「社会」「政治」「教育」など.

▷10　ホミ・K・バーバ（2005）『文化の場所――ポストコロニアリズムの位相』法政大学出版局, 365頁.

▷11　戴エイカ（1999）『多文化主義とディアスポラ』明石書店, 136-37頁.

参考文献
河合優子（2008）「文化のハイブリッド性と多文化意識」川村千鶴子編『「移民国家日本」と多文化共生論』明石書店, 343-365頁.

X 文化のポリティクス

10 接触領域（コンタクト・ゾーン）

1 Sushi bar の出現

コーラを片手に街を歩きながら，スシをほおばる女子高生——こんな光景を見かけたら，思わずぎょっとしてしまうかもしれない。だが，例えばオーストラリアでは，決してめずらしいことではない。ヨーロッパやアメリカなど，各地で定着している Sushi bar と呼ばれる店では，日本でよく見る「寿司」を，現地の人びとの味覚やライフスタイルに合わせ，アレンジして売っている。

コーラやポテトと合わせ，外を歩きながら食べる Sushi rolls は，多くの日本人がもつ「寿司」のイメージとはかけ離れている。現地の文化との関係性のなかで生じてきた，複合的な食文化といえる。異なる文化が出会う場としての Sushi bar は，「接触領域（コンタクト・ゾーン）」と呼ぶことができる。

2 接触領域の力学

○境界線が異文化を「分ける」

接触領域は，文字通り異なる文化が接し合い，触れ合う場所である。地理的にも歴史的にも隔てられていた人びとが，一時的に同じ空間を共有する。言わば，異文化間に引かれた境界線の「上」に立っているようなものだ。[1]

接触領域という語を定義したメアリー・プラット（1992）がその着想を得たのは，帝国主義時代のヨーロッパと非支配国の関係性からであった。このことからもわかるように，接触領域で出会う文化間には，不平等な権力関係が生じる。[2] 例えば，支配国の人類学者たちが，被支配国で手に入れた民芸品や生活用品を持ち帰り，美術館で展示するとき，2つの文化は分離され，差異が明示される。[3] そこには，見る主体（我々）／見られる対象（他者）という不平等な関係が生じている。アマゾン流域の先住民を訪問するテレビ番組を視聴するときや，「本土」で「沖縄」の音楽や食品が消費されるときも，こうした関係性は潜在している。

他者との出会いは，自らのアイデンティティを定義づけていく。境界線の「内側」にとどまろうとする力が反発し合い，葛藤や衝突も生じる。例えば，前述したスシに関しても，「間違った文化だ」とか，「本当の日本文化とは違う」というように腹を立てる人もいるだろう。2006年に農林水産省が実施を検討していた「海外日本食レストラン認証制度」のように，「正しい文化」を囲い込み，

[1] Pratt, Mary L. (1992). *Imperial Eyes-Travel Writing and Transculturation*. Routledge, p. 7.

[2] Pratt (1992: 6).

[3] Lidchi, Henrietta (1997). "Chapter3: The Poetics and the Politics of Exhibiting Other Cultures." In Stuart Hall (ed.), *Representation: Cultural Representations and Signifying Practices*. SAGE, pp. 153-208.

他者の介入を拒む動きも出てくる。接触領域は，境界線上にあるがゆえ，接し合う文化間の差異が際立つ。ともすれば別々の文化に自己が引き裂かれそうになるような，不安定な場なのだ。

○境界線で異文化が「出会う」

だが，境界線で出会った文化は，相互作用をまぬがれることはできない。植民地に生まれたクレオール言語（Ⅳ-14 参照），ゴッホが浮世絵をモデルに描いた絵や，ハンバーガーをアレンジしたテリヤキバーガーのように，「○○文化」という固定的な枠組みでは捉えられないような文化が生まれてくる（Ⅶ-1 参照）。境界線をまたいで，異文化が入り交じったトランスカルチャーだ。

上野俊哉は，日本のクラブ・カルチャーに焦点をあて，野外パーティを接触領域として位置づけた。日本でパーティやイベントの会場となるのは，大音量で音楽を流せるような田舎であることが多く，都市の若者たちがローカルな人びとと「接触」してパーティを創りあげていく。さらに，もともとは日本の神話や天皇制にとって重要な意味をもつような場所であっても，それにとらわれずにパーティ会場となることもしばしばあるという。サブカルチャーとローカルが出会い，国民国家的な文化を解体しているというわけだ。

不均衡な力関係の文化が出会うとき，強者が弱者に文化を押し付ける，文化帝国主義的な構図を思い描きがちだが，必ずしもそうとは限らない。異なる文化が出会う接触領域は，クリエイティブな活動や，新しい意味づけの可能性に開かれた場だといえるだろう。

③ コミュニケーションの場としての接触領域

接触領域で生じるのは，文化の一方的な征服や，異文化の平和的共存といった単純なことではない。異なる文化同士が衝突や交渉，融合をする，複雑なプロセスだ。そこでは，相手を知る契機が得られるだけでなく，出会いを通して「自分も他者も変わることの可能性を持ち合う」のである。

異文化に「接触」する場は，無数に存在する。テレビを見たり食事をしたりという日常的な場面にも，異なる文化との出会いはある。「黒人」の抵抗の文化としての背景をもつヒップホップを，「白人」である Eminem が歌い，それを日本の若者が消費するといった複雑な現象も起こっている。ダメージジーンズをはくと，「汚い」「貧乏臭い」と顔をしかめる親と，「ファッションだから」と抵抗する若者たちも，異なる価値観をもつ世代が「接触」する場にいる。

接触領域という概念は，文化が閉じられた固定的なものではなく，常に変容し開かれた流動的なものだということを指し示している。さらには，強固な境界線にとらわれないアイデンティティのあり方も見えてくる（Ⅶ-11 参照）。接触領域は，他者と出会い，新しい関係性を相互に築き上げていく場，まさに異文化コミュニケーションの場なのである。

（伊藤夏湖）

▷4 当時はワシントン・ポストでも取りあげられるなど，話題となり，各地からの厳しい批判や反発の声があがったために，結局実施は見送られた。奥村美希子（2007）「世界珍SUSHI・新SUSHI紀行取り締まらないとダメ？」『週刊アエラ』2月12日号，39頁。

▷5 Pratt（1992: 6）．

▷6 上野俊哉（2005）『アーバン・トライバル・スタディーズ』月曜社。

▷7 藤巻光浩（2006）「多文化主義とコミュニケーション」池田理知子編『現代コミュニケーション学』有斐閣，237頁。

XI グローバリゼーションの行方

1 グローバル化と格差社会

XI-1　女工哀歌のチラシ
出所：株式会社新日本映画社提供。

▷1　女工哀史
細井和喜蔵が1925年に発表したルポルタージュが『女工哀史』。当時の「女工」（女子労働者）の過酷な労働実態が綴られている。

▷2　新自由主義
個人の自由と責任に基づく競争と市場原理を重視する「市場個人主義」と，政府の民間への介入を最小限にしようとする「ミニマル国家主義」がその根幹をなす考え方である。小林誠（2003）「ネオリベラリズム」西川長夫他編『グローバル化を読み解く　88のキーワード』平凡社，217-219頁を参照。

▷3　規制緩和や福祉予算の削減，緊縮財政によって，「弱者」は追いつめられる一方で，規制緩和の恩恵を受けた力のある企業は，グローバルな規模で生産や流通，サービスなどの活動を続けながら拡大していった。

1　現代版「女工哀史」

　私たちがよく身につけるジーンズ。そのジーンズはどこで作られているのだろうか。ドキュメンタリー映画『女工哀歌（エレジー）』には，私たちにとって身近なジーンズが中国の10代の少女たちの手によって作られている様子が描かれている。世界の衣料品の大半が中国で生産されており，それを支えているのがこうした少女たちなのだ。低賃金で長時間働かされる少女たちの姿は，まさに現代版**女工哀史**である。

　ジーンズに限らず，私たちの身の回りのものはその多くが海外から輸入されたものだ。この本の原材料であるパルプやインクも海外から来たものだろうし，ファミレスやコンビニ弁当の食材の多くが海外で加工されたものである。国境を越えた物流，つまりグローバル化が私たちの日常を成り立たせているのである。だが，その日常を成り立たせているグローバル化とは，単なるボーダレス化ではない。グローバル化によって生み出された経済格差があるからこそ，私たちは安価な日用品や食材を手に入れることができるのだ。

2　新自由主義と広がる格差

　このように，日本に住む私たちにとっては一見経済的な恩恵を与えてくれるかのように思えるグローバル化だが，そう単純なものではない。**新自由主義**に基づく経済格差は，グローバル化による「世界の二極化」を加速させ，一部の富裕層と大多数の貧困者層を生み出した。まさに強いものだけが生き残る弱肉強食の世界をもたらし，私たちの日常をも巻き込んでいく（I-2参照）。

　新自由主義経済のなかで，いわゆる多国籍企業は競争に生き残るためにコストの安い地へと生産の拠点を次々と移していく。だからこそ，『女工哀歌（エレジー）』に出てくる少女たちは，安い労働力として働かされているのだ。だが，そこよりもさらに安いコストで生産できる場所が見つかれば，企業は彼女たちが働く工場を捨てて，新たな地へと生産拠点を移すだろう。

　さらに，多国籍企業は情報の収集力においても他を圧倒する。新商品の開発や販路の拡大に必要な情報を，その莫大な資金力で集めることができるのだ。また，環境問題に関しても，国内では環境への配慮をうたいながら，規制が緩かったり，環境に配慮しなくても許される特例のある「発展途上国」へと生産

拠点を移す，といったダブル・スタンダードが目立つ。二酸化炭素の排出権取引なども，環境問題を金で解決しようとする姿勢の表われである。このように，あらゆる分野で格差が広がっていくのだ。

3 日常とのつながり

　新自由主義がもたらすグローバルな影響は，実は私たちの身近なところでも起きている。例えば，厚生労働省は，介護現場での恒常的な人手不足を解消するために，インドネシアとフィリピンから看護師・介護福祉士候補者を受け入れることとし，2008年8月には，インドネシアから介護福祉士候補者が208人来日した。彼（女）らは，日本語研修と，高齢者などの介護研修を半年間受講した後，各施設に配属され，介護助手として働きながら介護福祉士の資格取得をめざすのだという。

　介護という身近な場において，グローバル化の波が押し寄せているのだが，そこではいわゆる従来の「異文化コミュニケーション」の問題がクローズアップされている。つまり，言語や文化，習慣の違う彼（女）らが周りのスタッフや施設利用者たちとどうすればうまくやりとりができるのか，いかに誤解を軽減させられるのか，どのようにしたら彼（女）たちがスムーズに環境に適応できるのかといった問題である。

　ここでは，なぜ一方的に合わすことを相手に強いるのかが問題とされなければならないのは当然であるが（Ⅶ-1参照），それ以上に問題なのは，「コミュニケーション」の問題をことばのやりとりや文化の違いからくる摩擦に還元してしまっていることである。もっと，「グローバル化とコミュニケーションの問題を多角的に捉えなければ，問題の本質は見えてこない。」私たちと世界の関係性という視点から，なぜ外国人に介護の仕事を担わせる必要があるのかといった日常の問題を捉え直してみることが大事なのではないだろうか。

　2009年には，インドネシアから介護福祉士候補者がまたやってきた。だが，今回は多くの施設が彼（女）らの受け入れを断ったという。それは，2008年末からの不況の影響で職を失った人たちが，人手不足だった介護現場で働くようになり，インドネシア人の助けが必要なくなったからだという。「弱者」がさらなる「弱者」を作りだすシステムがここからも見えてくる。

　では，こうしたシステムから抜けだす方法はないのだろうか。「そのために必要なのは，まず格差を生み出すグローバルなシステムを日常の生活のなかから可視化することである。」見えない関係性をはっきりとさせることで，貧困や情報格差，環境汚染といった問題が引き起こされるメカニズムがわかってくるはずだ。そうでなければ，オルタナティブな視点も生まれてこないし，これまでにない新たな関係性も構築できないだろう。

（池田理知子）

▷4　「市場の自由化」が進められたことで非正規雇用者が増えたことも，その1つである。

▷5　資格試験に受からなければ，帰国しなくてはならない。

XI　グローバリゼーションの行方

2　画一化されない食文化

1　焼肉の起源

　テーブルの上に置かれたロースターで肉を焼いて食べる焼肉。私たちの食文化の一部になったかのようによく食されるこの料理だが，その起源を尋ねれば，多くの人がそれは韓国料理だと答えるのではないだろうか。だが，焼肉は実は日本で生まれた料理である。戦後まもなく朝鮮半島から日本へやってきた人物が，いまの焼肉のスタイルを大阪ではじめたのが最初だという。[1]

　しかしそうはいっても，味つけや副菜としてメニューに載っているキムチなどから，私たちはどうしても「韓国風」のにおいを嗅ぎ取ってしまう。焼肉店の名前も「韓国風」のものを冠した店が少なくない。実際，**在日コリアン**[2]が経営する店も多いし，焼肉の起源とされる店も広義の意味ではそのなかに含まれる。「韓国風」が何を示唆しているのかを考える必要がありそうだ。

　では，「日本風」はどうだろうか。寿司やてんぷらといった日本の伝統的な食べ物とされているものでさえ，日本独自の食べ物だったかというと怪しくなる。てんぷらはポルトガルの揚げ物がそのルーツだといわれているし，寿司は東南アジアに似た食べ物があり，日本独自のものと言い切れるのかどうかわからない。また，今では米国の都市部ならたいてい Sushi bar があり，日本で食べる寿司と似たようなものが供されるし，そのなかの一部は，例えばカリフォルニア・ロールのように，日本に「逆輸入」されているものもある（X-10参照）。

　このように，食とは文化的境界を越えて広がるものである。そして，その広がりの経緯を見ていくと，様々な歴史性が透けて見える。焼肉が植民地主義の遺産であることもわかってくるはずだ。[3]

2　食とアイデンティティ

　すでに述べたように，本来はそう単純に結びつけられないにもかかわらず，私たちは〈寿司＝日本〉，〈焼肉＝韓国〉といったように食べ物と国を結びつけて考えてしまう。「日本人」なら刺身を食べるだろうし，「韓国人」ならキムチを食べるだろうといったように，ナショナル・アイデンティティ（X-2参照）と関連づけた言い方を平気でする。ナショナル・アイデンティティを強化するための「道具」として食文化が作用していることがわかる。[4]

　国内においても，食文化と県を結びつける言説が幅を利かしている。〈りん

▷1　野村進（1999）『コリアン世界の旅』講談社。

▷2　在日コリアン
1910年に日本が朝鮮半島を植民地化してから1945年までに日本に渡り，戦後もそのまま日本に残った朝鮮人とその子孫を指す。だが，広義の意味では戦後まもなく日本にやって来た人や，日本に帰化した人も含めても構わないと考える。

▷3　ウマ・ナラヤン（2004）「文化を食べる──インド料理をめぐる食文化の取り込みとアイデンティティ」テッサ・モーリス＝スズキ＆吉見俊哉編『グローバリゼーションの文化政治』平凡社，204-241頁を参照。

▷4　山脇千賀子（2008）「『食』とグローバリゼーション」奥田孝晴＆藤巻光浩＆山脇千賀子編『新編グローバリゼーション・スタディーズ──国際学の視座』創成社，145-158頁。

ご＝青森〉，〈サツマイモ＝鹿児島〉といった関連性を受け入れてしまいがちだし，沖縄の人たちが長生きなのは沖縄の郷土料理を食べているからだと納得してしまう。沖縄が長寿の県だということからして根拠のないものだし，郷土料理を皆が毎日食べているわけではないのに，〈沖縄＝長寿＝沖縄料理〉といった図式を受け入れてしまう人が多いのだ。むしろ，長い間米国の占領下にあったことや，いまでも基地が日常の風景の一部となっている沖縄では，食の米国化が他の地域より進んでいるのかもしれない。

　私たちの食生活は，欧米化が進んでいるといわれている。肉やパンの消費量が戦後増えてきたことを考えると，確かに食事が欧米風に変わってきたのかもしれない。お菓子作りが趣味だという人にとってのお菓子とはケーキやクッキーであって，団子や饅頭ではないことも，その現われだろう。だが，一方では洋風和菓子や和菓子に洋風のテイストを取り入れたものが流行っているという。洋風と和風を分けるものが何なのかがはっきりしないという問題がここにはあるが，いずれにしろ食文化は様々な要素を取り入れながら変化しているのだ。食文化とナショナル・アイデンティティを結びつけようとする力を可視化するには，こうした変化に着目することが大事なのではないだろうか。

3　食の工業化と画一化

　ナショナリティの強化とグローバル化はコインの裏表のように，密接に関連している。ナショナルな境界が作られたことで，グローバルな意識が芽生えたのであり，双方の現象が同時に強く現われることも珍しくない。食文化に関しても，ナショナル・アイデンティティと結びつけようとする力が作用すると同時に，グローバルな食文化が作られようとする動きが一方である。

▷5　伊豫谷登士翁（2002）『グローバリゼーションとは何か』平凡社，71頁。

　そして，後者は食の工業化の動きと連動している。畑で大量に作られるジャガイモやすし詰めの鶏舎で育てられた大量の鶏が工場で加工され，世界各地にあるファースト・フード店で売られるフライドポテトやフライドチキンになる。こうして私たちは，どの店に入っても同じ品質と味の食べ物を口にすることができるのだが，食の工業化によって失うものも大きい。

▷6　エリック・シュローサー／楡井浩一訳（2001）『ファストフードが世界を食いつくす』草思社を参照。

　さらに，ファースト・フード店のメニューに欠かせないのがコーヒーである。このコーヒーも多国籍企業が大量に，しかも驚くほど安い値段で生産地から買いあげる。グローバル化の恩恵を受けるのは「先進国」の人びとで，安い賃金で働かされ，しかも子どもまでもが時として借り出される「途上国」の人びとが得るものはごくわずかだ（XI-1 参照）。

　こうしたグローバル化への抵抗の1つとして，フェアトレードがある。利潤を上げるために生産地の商品を安く買い叩くのではなく，生産地の人びととの生活が成り立つ形でのやりとりを実践する動きである。お互いに「顔の見える」関係性を構築できるかどうかが問われているといえよう。

（池田理知子）

XI グローバリゼーションの行方

3 私たちの日常と「環境」問題

1 食を通して「他者」を知ること

作家である辺見庸の『もの食う人びと』は，いわば「食」を通して他者の暮しを知ることから様々な問題を考えていこうとするルポルタージュである。そのなかの1つが，チェルノブイリでの著者の体験だ。彼は，原子力発電所（原発）で働く学者から危険だから食べない方がいいと言われた森のキノコが入ったスープを，原発事故後しばらくして疎開先から村に戻ってきた老婆と一緒に食す。危険だとわかっていてもそこに住むしかない，放射能で汚染されたものを食べるしかない人びとの生活から「もの」を考えるために，彼はそのスープを味わうのだ。

「他者」を知るとはどういうことなのだろうか。どうしたら「他者」を知ることができるのだろうか。「知る」とは，私たちの想像力と密接にかかわっている。だが，単なる想像ではない，自らの身体に直接的に働きかける行為がなければ，他者とつながるきっかけすら望めないのかもしれない。原発事故が起こった場所で暮す人びとの生活を知り，ひいては自分自身を振り返るために，辺見は現地の人たちと同じものを食べることを自らに課したのだろう。

2 有機的な関係への気づき

放射能は眼に見えない。色やにおいがあるわけでもない。原発事故後の様々な異変から，チェルノブイリの老婆たちは，自分たちが食べるものが汚染されているであろうことは知っていたはずだが，あえて見ないようにしていたに違いない。では，私たちが毎日口にするものはどうなのだろうか。放射能に汚染された食べ物かどうかは，調べてみなければわからない。だが，狭い国土に53基もの原子炉のある日本で，農畜産物や海産物が放射能に汚染されていないと誰が言い切れるだろうか。まして，多くを輸入に頼っている日本の食の安全は本当に保障されているといえるのだろうか。食べるという行為や普段の生活にまつわることを通して，見えないつながりを想像してみる必要がある。

例えば，電気を使うという行為を考えてみよう。そこから，原発にかかわる人びとの生活を想像できるだろうか。原発に必要な濃縮ウランはウラン鉱石から抽出されるが，そのウラン鉱石が採掘される地域では，放射性汚水の流出や採掘・精製の際に発生する大量のテーリング（鉱滓）の野積みといった問題が

▷1 辺見庸（1994）『もの食う人びと』角川書店。

▷2 チェルノブイリ原発事故：1986年4月に，ウクライナ共和国にあるチェルノブイリ原子力発電所の4号炉で起こった事故。この事故により原子炉内にあった大量の放射能が空気中に放出され，世界中に汚染が広がった。

▷3 資源エネルギー庁が出しているパンフレットによると，2004年に日本で供給された電気の29.1％は原子力発電によるものであった。その数値の出典は，総合資源エネルギー調査会需給部会（2005年3月）『2030年のエネルギー需給展望』。

▷4 伊藤孝司（2004）『地球を殺すな！──環境破壊大国・日本』風媒社。豊崎博光（1996）『核の影を追って』NTT出版。

▷5 本田雅和＆風＝S・デアンジュリス（2000）『環境レイシズム──アメリカ「癌回廊」を行く』解放出版社。

▷6 本田＆風＝デアンジュリス（2000）は，こうした格差を生み出す構造を「環境レイシズム」と呼ぶ。

起こっている。そこで働く人びとや近隣住民は放射能に曝されながら暮しているのだ。また、こうした場所の多くは、アボリジニやネイティブ・アメリカンが住む地域でもある。核廃棄物の集積所も黒人やネイティブ・アメリカンが多く住む地域にあるといわれており、いわゆる「社会的弱者」に危険なものが押しつけられているのだ。

さらに、濃縮ウランを取り出す過程では、劣化ウランというゴミが出る。それは、劣化ウラン弾の原料として使われており、イラクなどの紛争地帯で使用されている。つまり、電気を使うという行為が、兵器の製造へとつながってしまい、イラクの多くの人びとや米兵をも苦しめていることにもなるのだ。これは、環境への影響というだけでなく、原発内で働く人びとやその近隣に住む人びと、さらに原発で出たゴミの集積される場所にかかわる人びと、といったように、そこには様々な人びとの暮らしが関連しているということを意味している。私たちは、電気を使うという行為が様々な人の営みの上に成り立っていることに眼を向けることはほとんどない。電気の節約といった現在の仕組みを維持したままの対処法だけでは、有機的な関係は見えてこないのだ。

3 顔の見える関係

鎌仲ひとみ監督のドキュメンタリー映画『六ヶ所村ラプソディー』（『ラプソディー』）には、青森県上北郡六ヶ所村にある使用済み核燃料再処理工場（「核燃」）で働く人びとや近隣で暮らす人びとの生活が描かれている。「核燃」とは、原発で出た使用済みの燃料を運び込み、再び燃料に使用するための加工処理を行なう工場である。この工場が本格稼動すると、大量の放射性物質が空と海から排出されるといわれている。

そうした危険と隣り合わせの暮しを余儀なくされているにもかかわらず、「核燃」は必要だと答える工場労働者が『ラプソディー』には出てくる。その彼の表情やことばから私たちは何を読み取ることができるのだろうか。この映画は、辺見の「食」と同じように、電気を使うという私たちの日常が、他者とどうつながっているのかを考えさせてくれるのだ。

『ラプソディー』の自主上映会は、数百回にも及んでいる。そこは、監督や、映画の出演者や関係者が直接観客に語りかける場にもなっている。「"六ラプ"現象」と呼ばれるほど映画の評判が口コミで広がり、「核燃」に頼らない村のあり方を模索する人たちの動きにつながったのも、こうした「顔の見える関係」があったからに違いない。相手と同じものを食べてみるという辺見の行為とどこかつながるものがある。単に頭で理解するだけではなく、そこから一歩踏み出してみることで、私たちを取り巻く「環境」の問題をもっと知ることができるはずだ。

（池田理知子）

▷7 日本は、濃縮ウランの約7割を米国のUSEC社から買っており、そのUSEC社は劣化ウランの製造を行なっているという。(http: www.nuketext.org/du.html)

▷8 劣化ウラン弾は使用された後も、新たな放射能汚染の被害者を次々と生み出している。鎌仲ひとみ(2006)『HIBAKUSHA ヒバクシャ——ドキュメンタリー映画の現場から』影書房を参照。

▷9 2006年製作。2009年3月の時点で、550カ所以上で上映会が行なわれ、様々な反響を呼んでいる映画。

▷10 再処理工場では、使用済み燃料をせん断・溶解する過程で、放射性を帯びた気体が出てくる。また、いかなる処置を施したとしても放射性廃液がどうしても残ってしまうため、海に捨てざるを得ない。これらの量は通常の原発1基が出す放射性廃棄物の300倍に相当するといわれている。鎌仲ひとみ(2008)「私たちは私たちの責任をどう果たすことができるのか？」池田理知子編『日本研究のフロンティア2008』国際基督教大学日本研究プログラム、94-95頁を参照。

▷11 鎌仲ひとみ(2008)『六ヶ所村ラプソディー——ドキュメンタリー現在進行形』影書房、65頁。ソーシャルサイトmixiに「『六ヶ所村ラプソディー』を観よう！」というコミュニティが生まれるなど、インターネット上でも広がりが生まれた。

XI　グローバリゼーションの行方

4　「所有」できない知識と情報

1　究極の個人情報提供

「明日を拓くオーダーメイド医療の必要性と研究の現状，ご理解いただけたでしょうか。これまで治療が難しかった病気を治すために，あなたもこの研究にご協力いただけないでしょうか」と繰り返し流されるメッセージ。これは，「オーダーメイド医療実現化プロジェクト」に協力している病院内の数カ所に設置された大型プロジェクタから流されているものだ。まるで，ジョージ・オーウェルの『1984年』に出てくる「テレスクリーン」を想起させる。

2003年に文部科学省主導ではじまったこのプロジェクトは，「バイオバンクへ約30万人のDNAおよび血清試料を集め，それらを利用してSNP（遺伝子の個人差）と薬剤の効果，副作用などの関係を明らかにしたり，病気との関係を調べたりするオーダーメイド医療実現基盤を構築するもの」である。2008年8月現在も，12カ所ある協力医療機関で，ゲノムDNAおよび血清の提供を受診患者に対し呼びかけており，その参加への呼びかけの1つが冒頭でのビデオメッセージなのだ。副作用のないその人にあった医療を実現するためのプロジェクト，とそこでいわれると，協力しないのはあたかも悪いことであるかのように感じてしまうのはなぜだろう。しかも，約14cc（7cc×2）の血液を提供するだけで，このプロジェクトに協力できるのだ。

2　特許を巡る争い

究極のプライバシーにあたる遺伝情報を提供させることはもっと複雑な意味をもつ。ヒトゲノムの構造解析が終わり，いまや世界中の研究者が次のステップである機能解析に取り組んでいるという。そして，その解析のためには1人ひとりの患者の病歴をはじめとした詳細な個人情報がセットになったDNAサンプルが必要なのだという。米英に大きく出遅れた日本は，巻き返しをはかろうとこのプロジェクトを立ちあげたのだといわれている。つまり，日本は他の先進国との競争にここで本格的に乗り出したのである。「オーダーメイド医療実現化プロジェクト」のホームページのなかの「Q&Aコーナー」でも，日本で独自に研究を進める意味は何かという質問に対し，1つには「日本人の遺伝暗号に関する知的所有権を他国に握られると，新しい薬や診断方法を利用するときに特許使用料として他国にお金を払わなければならなくなる」ことをあげて

▷1　http://www.biobankjp.org/public/video_text.html

▷2　ジョージ・オーウェル／新庄哲夫訳（1972）『1984年』早川書房。

▷3　「音を低めに調整することが出来ても，完全に切ってしまう」ことはできないこの装置は，「偉大な兄弟」からのメッセージを四六時中流している。オーウェル（1972：8）。

▷4　http://www.biobankjp.org/plan/object.html

▷5　西村浩一（2003）「30万人遺伝子バンク計画」天笠啓祐編『生命特許は許されるか』緑風出版，171-189頁。

いる。まさに，グローバルな競争に負けないための決意と受け取れるような回答である。しかも，バイオバンクに集められたデータは，「医療上有用な発見につながるよう，審査を行なったうえで，民間も含めた研究機関に提供します」とホームページに明記されており，企業の参入を前提としたプロジェクトであることを匂わせている。

特許を巡る企業間の争いはますます激しくなっている。特許をもつ企業に特許料が払えなければ，薬を作ることすらできない。現に，米国企業がもつ特許のために，治療薬を入手できなかったAIDS患者がアフリカの各地で次々と死に直面しているのだ。

3　知識の商品化

多国籍企業は，先住民の間で代々受け継がれた知識を商業化し，莫大な利益を手にしている。例えば，インドに生息する植物であるニームは，現地の人たちがそのエキスを何世代にもわたって殺虫剤や歯磨き粉として使ってきた。それが今では先進国の企業の手によって商品化され，蚊などの虫除け剤として売られている。そこでは，企業がニームの抽出方法等の特許を取得してしまうため，その特許により現地の人たちは自分たちが長年使ってきたものが自由に使えなくなるという事態も起こっている。また，先進国の企業が得た利益が地元に還元されることはおそらくないだろう。現地の人たちが長年培ってきた知識と生物資源がいわば盗まれたことになる。

こうした企業活動はバイオパイラシー（生物資源の略奪行為）と呼ばれ，「途上国」の人々や環境NGOなどからそのような行為に対する抗議の声があがっている。こうした抗議の声を受け，ようやく様々な多国間交渉の場において，生物資源や「伝統的知識」に対する「途上国」の利益がいかに確保されうるのかが議論されるようになった。反グローバリゼーションの動きが見えてきたといえよう。

だが，問題はそもそも特許という考え方自体にあるのかもしれない。遺伝子ビジネスにしても，特許さえあれば何でもできると「先進国」に住む私たちは思い込んでいる節がある。インドのニームのようないわゆる「伝統的知識」が，はたして知的財産権という概念にあてはまるのだろうか。名和小太郎が指摘するように，西欧近代から生まれたこうした概念を先住民の文化にあてはめること自体が，「先進国」の思い上がりかもしれず，もう一度「所有」ということの意味が問い直されなければならないのではないか。弱者に強者の価値観を押し付けてきた従来の「異文化コミュニケーション」の負の側面（Ⅰ-4参照）を，ここでも見直す必要があるのではないだろうか。

（池田理知子）

▷6　ヴァンダナ・シバ／松本丈二訳（2002）『バイオパイラシー』緑風出版。

▷7　名和小太郎「権利の主張始めた先住民」『朝日新聞』（2003年9月4日付，夕刊）。

▷8　名和（2003）。

XI グローバリゼーションの行方

5 社会的不平等と文化資源

1 異文化を作るコミュニケーション

　従来の異文化コミュニケーション論は，文化的背景の異なる者同士がコミュニケーションを行なう際に起こる問題や解決策，事前訓練を検討することが多かった（II-2 VII-2 参照）。しかし，その一方で，コミュニケーションが異文化（異質な他者集団）を作りだし，公的コミュニケーション（公共性）から排除し，それにより支配的な人びとが社会関係を維持・管理する側面には注意が払われてこなかった。つまり，問題意識が「異文化でのコミュニケーション」から「異文化を作るコミュニケーション」にはまだ十分に移行していない。

　したがって，ここでは，コミュニケーションが異文化を再生産することで排除される人びとが，支配的な人びととどのような関係を取り結び，そこでどのような問題が生じるのかを明らかにする。その際に重要な鍵概念が「資源」である。「資源」は様々な行為を可能にし，その欠乏は行為を不可能にする。こうしたことを念頭に，まずは，ポピュラー・カルチャーが文化資源としてどのような役割を果たしているかを考察し，それが「異質な他者」に公的な参加機会を開いていくには不十分であることを説明する。そして，今後さらに必要なものが「言説の資源」と呼ばれるものである理由を概説する。

2 ポピュラー・カルチャーという資源

　社会的階級という格差の境界線は，マス・コミュニケーションを通して作られた「想像の共同体」によって隠蔽される（IV-9 参照）。そこを行きかうマス・カルチャーは，高級文化を資源として活用しながら，消費者としての大衆に癒しのグッズやイメージ，娯楽の時間を提供する。一方，大衆は，自分たちをターゲットとした消耗品としてのマス・カルチャーを，高級文化のやり方や提供者が目論んだやり方では消費しない。自分たちの都合の良いやり方でニーズを満たし，自分たちの個別的アイデンティティを維持するために，それをポピュラー・カルチャーという資源にしてしまうのである。しかし，それでも大衆は「消費者」という位置に定位したままであるため，ポピュラー・カルチャーを形成したからといって，公的コミュニケーションへのアクセス権を得たわけではない。それどころか，「消費者」すら演じることのできないほどの貧困に追い込まれている人びとも少なくない。

▷1 ベネディクト・アンダーソン／白石さや&白石隆訳（1997）『想像の共同体——ナショナリズムの起源と流行（増補版）』NTT出版を参照。

▷2 ジョン・フィスクによると，「大衆の選択は，良質であるか否かという普遍的な美的基準によってではなく，妥当であるか否かという社会的に枠づけられた基準によってなされるのだ。（略）みずからのアイデンティティを己が自身で意味づけていくさいに利用することができる，ひとつの文化資源なのである」。ジョン・フィスク（2001）「ポピュラー・カルチャー」フランク・レントリッキア&T・マクラフリン／大橋洋一他訳『続：現代批評理論——+6の基本概念』平凡社，21-22頁。

3 言説の資源

　自分たちの社会の問題に自分たちが気づけない，そして参加もできないとすれば，それはもう1つの文化資源である「言説の資源」が欠乏している可能性がある。齋藤純一によれば，「言説の資源」とは公共性へのアクセスを非対称なものにしている眼に見えない資源であるという。つまり，「言説の資源」に恵まれた者たちは，文化の支配的なコードを我がものとしており，文化的・政治的に他者を指導する権力を掌握しているのだという。

▶3　齋藤純一（2000）『公共性』岩波書店，8-13頁。

　具体的には，「言説の資源」には，少なくとも3つの構成要素があるという。第1に，問題に気づくための語彙や知識，コードをある程度自由に使って議論に参加できることである。第2に，相手にされる語り方や書き方ができるという「言説のトーン」が大切な資源であるという。相手にされなければ公共コミュニケーションから遠ざけられたままであるということである。第3に，公共の場に相応しいテーマを語れるかということで，主に公私混同しない語りやテーマ選定ができるかどうかであるという。

　特に，この公／私の線引きはむずかしい問題をはらんでおり，それが公共性から排除しておく手段となってきたという。例えば家庭内暴力や老人介護の問題は，近年まで私的領域で解決すべきものとして公的コミュニケーションのテーマから排除されていた。同様に，権利を制限された外国人住民の問題には，今なお公的な議論の領域外に置き去りにされているものも少なくない。

　しかし，そうはいっても，「言説の資源」を十分にもつには現状の「時間の貧困」から解放されていなければならない。また，問題を認識する思考の手段である語彙さえ奪われた状態では公的コミュニケーションに参加などできず，「異質な他者」として公的コミュニケーションから排除されたままである。

4 公的コミュニケーターとしての異文化コミュニケーター

　従来の異文化コミュニケーターは自身の海外経験や複数の言語を操ってコミュニケーションをしてきた経験に基づいて，新参者に助言を与える立場にあった。しかし，このような伝承パターンは，そのようなことを行なえる力と資源のある者たちにのみ開かれたものであり，ある意味でエリート的閉鎖性をともなった伝承体系といえる。また，「言説の資源」と一口にいっても，その資源が「異質な他者」にとって外国語である場合もある。

　したがって，複数の言語を操れて，様々な異質な体験を積んだ異文化コミュニケーターたちが，「言説の資源」を含めた文化資源に乏しい人びとといかに連帯できるかが鍵となる。そうでなければ，異文化コミュニケーションは今後も「異質な他者」を公共コミュニケーションから遠ざけたままにするであろう。

（板場良久）

XI　グローバリゼーションの行方

6　サイバースペース

1　インターネットで狭まる世界

　未知なる土地へ旅する前，予備知識を得ようと向きあうパソコンの画面で，旅先の画像などを見る。旅をするほど関心のある場所だけに，時間を忘れていろいろと見てしまう。そして実際に現地を旅するとき，それは初めての実体験でありながら，同時に追体験でもあるという不思議な時代が到来した。

　インターネットの発達・普及で，未知なるものを既知なるものに瞬時に変換することが可能となった。その結果，我々の世界は広がったかに見える。しかし本当にそうだろうか。我々が熱中して閲覧するのは，サイバースペースという大海原のなかで自分に関心のある小宇宙にあるものが中心である。

　我々は，また，「お気に入り」に制約されるようになった。気に入ったページを「お気に入り」に追加し，そのリストが増えるにつれ，今度は「お気に入り」のページを中心に渡り歩くようになっている。我々の多くは，また，ブログをやりはじめた。それで世界は広がったのだろうか。たしかに，趣味のブログなどを通じて仲間を増やすには有用だが，その空間は同質の臭いが立ち込めている。異質なコメントや批判は，即刻削除の対象となることが多い。

　このように，サイバースペースを移動する我々の行動範囲は広くない。家族とリアルに話すより，パソコンに向かってサイバースペースの仲間の書いた文字を読み，自分のコメントを「カキコ」し，ブロガーであれば自分の日記を書いてフォトをつけて更新する。すると，それを定期的にチェックしているリンク先やその他の常連などからコメントが入り，それを読んで，レスを書く。このような光景も珍しくなくなってきたようである。つまり，サイバースペースは，自分と似た関心をもつ仲間を見つけやすいだけに，自分の世界を広げるよりも，利用者を同質の世界へといざない自閉させ，異質な他者や考えに弱い自己の形成を促すゾーニング機能を果たしている面がある。

2　匿名になれないサイバースペース

　しかし，これには反駁が可能である。それは，2チャンネルのような無記名の掲示板の利用者が多いではないか，というものである。たしかに，異論を唱えるための書き込みをしやすいネットワークだともいえる。しかし，その類の掲示板は，通常，思ったことを短く書き込んでいくだけで，新しいコメントが

▷1　日本で公開されたブログの数は 2008 年現在の時点で，1690 万程度であるという総務省情報通信政策研究所（IICP）調査研究部の報告がある。
http://www.soumu.go.jp/iicp/chousakenkyu/data/research/survey/telecom/2008/2008-1-02-2.pdf

▷2　ゾーニング
置かれた領域の向こう側にいる異質な他者に自己主体の位置を移動させる想像力をもたず，ひたすら自己の関心事のゾーンに自閉する，インターネットでのコミュニケーションのことを指す。

入るたびに前のコメントは画面を下がっていく。つまり、じっくりと「異質な他者」の意見に触れ、自分の考えとどこがどのように関係しているのかを検討するような空間ではない。このため、「異質なるもの」に触れることで起こる新たな想像や思慮深い自己変革の可能性が低い空間だといえる。▷3

また、そのような空間で好き放題にコメントを乱発できるのは、投稿者の匿名性が保障されているかのように思えるからだが、実際にはそうではない。実際、反社会的で公共の福祉に反すると判断される違法な書き込みがなされた場合、その投稿者たちが摘発されることも多い。つまり、サイバースペースとは、利用者個人が実際には匿名になれる空間ではないのである。▷4

このような進展にさらに拍車をかけているのが、いわゆるユビキタス・コンピューティングである。ユビキタスとは、我々の生活のすべてのシーンで自分自身の正体が明らかにされてしまうような環境のことで、どこへ行っても匿名になれそうにない個人認証社会のことを指す。このような社会は、個人情報のデータベース化を重視し、それを保管し、個人がどこへ行っても「あなたは誰々ですね」と個人認証をする社会である。またさらに、個人情報にその人の嗜好性などが入っている場合には、「あなたは何々に関心があるのではないですか」と、その人が興味をもちそうな選択肢を出してくるのである。

すなわち匿名になれるどころか個人が特定できてしまうようなサイバースペース社会の到来は、何を意味するのであろうか。それは、まず、自己を流動化させておくよりも自己確定させるような社会的要請である。個人情報がデータベース化されるということは、その個人が誰で、これまでどのような品物をカードで購入し、年収はいくらで、どのような興味をもっているかといったその人の自己を確定する情報により、その人を掌握できるという意味である。つまり、自分は自分ではない他者になってみるという想像を掻き立てるどころか、自分は誰かを確定させ、自他の区別を強く意識させていく社会なのである。

③ サイバースペース時代の異文化コミュニケーション

インターネットの普及は、情報やイメージの越境を加速させたが、「未知なるもの」や「異質な他者」と出会い、悩み、考え、自他ともに変化させながらコミュニケートするよりも、すでに共有していることの多い「同質で安心な仲間」を見つけて小宇宙を形成することで、逆に交流の対象外としての「異質な他者」を作り、「自分たち」の外側に位置づける同一性の空間を生成してきた。

また、高度なデータベース化による個人認証社会の到来は、常に「自分が誰か」の意識に基づいたコミュニケーションをもたらしている。そこでは、「誰にでもなりうる自分」という自他の壁を越える想像力をもった主体の獲得とは逆の動きを作っているのである。こうした情況は、異文化コミュニケーションの課題として取り組むべき問題であることを示している。▷5

（板場良久）

▷3 さらに、特定課題の一連の投稿の集まりである「スレッド」を探して入り込む空間であるため、結局、すでに自分の関心事となっている事柄に集まる他者との同質的な空間であるといえる。

▷4 最近では電子メールの傍受も技術的に可能になってきており、米国連邦捜査局（FBI）による実践もはじまったといわれており、日本でもそのことが話題になりつつある。

▷5 ここまでの議論は、東浩紀＆大澤真幸（2003）『自由を考える——9・11以降の現代思想』日本放送出版協会を参考にした。

XI　グローバリゼーションの行方

7　オルタナティブな世界の構築

1　G8サミット

　世界を「代表」する8カ国の首脳が集まり，様々な問題について話し合う会議が，毎年開かれている。いわゆる〈G8サミット〉[1]のことである。2008年は，北海道の洞爺湖で開かれた。東京や大阪といった大都市に比べると，交通の便のよくない地域で，なぜ開催しなければならないのだろうか。これは，2001年のイタリアのジェノヴァ・サミット以来の傾向で，サミットに反対する人たちが大勢集まり，サミットを開催することができなくなるのを恐れた主催者側の意向を反映させたものだといわれている[2]。

　ジェノヴァ・サミットには，サミット反対を訴える人びとが25万人集まったという[3]。そして，人の集まりにくい地方の町がサミット会場になってからも，抗議のために人は集まり続けた。例えば，2007年のドイツのハイリンゲンダム・サミットには10万人以上が集まり，抗議行動を起こした[4]。世界の総人口のわずか15％弱を代表する人びとだけで世界のルールを決めることに違和感を覚える人たちが，少なからずいるからに違いない。新自由主義に基づく政策を推し進めているG8各国が，自国の多国籍企業が潤う仕組みづくりを話し合うために集まるこの会議に，「もうたくさんだ」[6]という声をあげるために，またそういう声を代弁するために多くの人が集まってくるのだ。

2　もう1つの世界

　「先進8カ国」によって決められる「世界秩序」に単に反対するのではなく，新しい世界を構築していくことは可能なのか，その可能性を具体的なものにするためにはどうすればよいのかを考えようとする動きが生まれてきている。〈G8サミット〉に抗議の声をあげる人たちも，この動きに連動している（Ⅷ-10参照）。これは，新自由主義に基づき進められてきたグローバリゼーションとは別のもう1つの世界という意味で，オルター・グローバリゼーションと呼ばれている。

　オルター・グローバリゼーションをめざして積極的に活動を続けているスーザン・ジョージは，2008年の洞爺湖サミットにあわせて来日した際，「私たちの使命はG8やグローバリゼーションに代わるオルターG8，オルター・グローバリゼーションを起こしていくことにあります。古いタイプの政治家が行ってい

▷1　1975年に6カ国の首脳が会合を開いたのがはじまり。1976年にカナダが参加，1998年からロシアが参加して現在のG8となる。

▷2　栗原康（2008）『G8サミット体制とはなにか』以文社，11頁。

▷3　栗原（2008：10）を参照。

▷4　栗原（2008：7）を参照。

▷5　スーザン・ジョージ／コリン・コバヤシ＆杉村昌昭訳（2008）「日本のみなさんへ——彼らではなく，私たちこそが未来なのです」ATTACフランス編『徹底批判　G8サミット——その歴史と現在』作品社，3頁。

▷6　ジョン・ホロウェイの"Enough, No"ということばの訳からとったもの。ジョン・ホロウェイ／渋谷望訳（2008）「1968年と抽象的労働の危機」を参照。http://conflictive.info/contents/vol. zine_05_reading.pdf#search＝'VOLzine ホロウェイ'

る，疲弊したネオリベラリズムの世界を過去のものとして，別の新しい世界をつくることは可能です」と語った。もう1つの世界を選択することは可能であり，それは国といった枠組みで決められるものではなく，1人ひとりが考え，そうした枠を越えて他者と対話し，お互いの考えを共有していくことで実現しようという試みなのだ。

3 「異文化コミュニケーション」がもつ可能性

　2008年6月の日本では，連日大手メディアがサミット受け入れに沸き立つ洞爺湖周辺の様子を報じていた。その報道を私たちはどう受け止めたのだろうか。サミットを開催することは「先進国」の一員として喜ばしいこと，と何となく感じてはいなかっただろうか。こうした歓迎ムードが作られ，それを受け入れてしまうことがどういうことにつながっていくのか，私たちの日常とどのように関連するのか，想像を働かせることによって考えてみる必要がある。アルジュン・アパデュライは，「イメージと人びとが流動的かつ乖離的に出会う世界で，これまでになく力を帯びてくるのが想像力である」という。あふれる情報に流されるのではなく，自分と世界がどのようにつながっているのかを想像し，新しい関係／意味を作りだしていくことが重要なのだ。

　そのためには，日常の身近な出来事を振り返り，様々なつながりを想像することからまずはじめてみてはどうだろうか。そうすると，なぜ輸入野菜は国産よりも安いのかとか，なぜ私たちの労働がお金でしか換算されないのかといった矛盾や疑問が見えてくるはずだ。

　さらに，グローバリゼーションが私たちに突きつける〈強者〉対〈弱者〉とか，〈富める者〉対〈貧しい者〉といった二者択一を迫る世界を括弧に入れてみると，より多様な選択が生まれてくるのではないか。それは，グローバル経済に加担することになるからと，教育ビジネスの一端を担う大学を辞めるとか，会社を辞めるといった選択を自らに迫ることではない。いずれかを選ばなければならないと自らを追い込むことは，グローバリゼーションが仕組む罠に結局はまってしまうことになるのだ。そうではなく，自分と社会とのつながりはそれだけで成り立っているのではないということがわかれば，もう一度自分と周りの多様な関係を見直していくことができるのではないか。"Either or"の選択を迫る世界を後景へと追いやれば，そこには様々な可能性があることに気づくはずである。経済性や効率性といった価値だけで判断される世界から一歩踏み出し，「グローバリゼーション」の意味を問い直すことによって，既存の見方に捉われていた自分が新たな地平に向かって開かれていき，これまで気づかなかった他者と出会い，自らのなかに埋もれていた新たな自分にも出会えるのだ。

（池田理知子）

▷7　2008年7月4日に，北海道札幌市の北海学園大学で行なわれた講演より。http://www.actio.gr.jp/2008/07/23061354.html

▷8　アルジュン・アパデュライ／門田健一訳（2004）『さまよえる近代──グローバル化の文化研究』平凡社。

▷9　吉見俊哉（2004）「解説　グローバル化の多元的な解析のために──アパデュライの非決定論的アプローチ」370頁より。アパデュライ（2004）の解説として書かれたもの。

人名索引

あ
青木保 108
赤瀬川源平 86
東浩紀 18, 37, 97, 187
アトウッド，マーガレット 73
アーノルド，マシュー 20
アパデュライ，アルジュン 189
アレント，ハンナ 16
アンダーソン，ベネディクト 54, 91, 118, 137, 165, 184
石田英敬 120
イ・ヨンスク 61
伊藤守 86, 147
伊豫谷登士翁 5
ウィリアムズ，レイモンド 16
ヴィリリオ，ポール 96
ヴェーバー，マックス 16
上野俊哉 175
上野千鶴子 167
エンゲルス，フリートリヒ 94
オーウェル，ジョージ 182
大澤真幸 18, 36, 37, 97, 187
太田好信 9
小熊英二 75
オバーグ，カレルボ 100

か
カーン，スティーヴン 124
ガイスラー，ライナー 106
加地伸行 85
鎌仲ひとみ 152, 153, 181
萱野稔人 34, 35
香山リカ 146
姜尚中 35
ギアーツ，クリフォード 8, 13
菊池聡 67, 107
キャメロン，デボラ 53
グラムシ，アントニオ 138
グリーンブラット，スティーヴ 69
クリステヴァ，ジュリア 105
ゲイツJr.，ヘンリー・ルイス 106
ゲブサー，ジャン 80, 88
コウルリッジ，サミュエル・テイラー 129
ゴッフマン，アーヴィング 99, 116

さ
サイード，エドワード 5, 8, 24, 25, 41, 137, 138, 152
齋藤純一 93, 185
酒井直樹 69
佐藤健二 141
佐藤卓巳 144
佐藤真 153
ザメンホフ，ラザロ・ルドヴィコ 58
サモーヴァー，ラリー・A 66, 67
シバ，ヴァンダナ 183
シベルブシュ，ヴォルフガング 89
下河辺美知子 73
ジャンセン，ヴァーノン・J 70
ジョージ，スーザン 188
シラー，ハーバート 5
ジンメル，ゲオルク 28, 98, 99
スタイナー，ジョージ 68
スピヴァク，ガヤトリ・C 153
セルトー，ミシェル・ド 85
ソシュール，フェルディナン・ド 44

た
ダイアー，リチャード 25
武田徹 152
チョムスキー，ノーム 138, 139
鄭暎惠 10, 119
土井敏邦 112
トゥアン，イーフー 91

な
ナカヤマ，トーマス 18, 24
縄田康光 32

は
バーク，ケネス 26, 39
バーバ，ホミ・K 173
ハーバーマス，ユルゲン 95
ハーマン，エドワード 139
バウマン，ジークムント 137
バグディキアン，ベン・H 5
波多野完治 41
バフチン，ミハイル 42, 172
バルト，ロラン 122
伴一孝 75
平川唯一 28
フィスク，ジョン 21, 184
ブーアスティン，ダニエル・J 2
フーコー，ミシェル 103, 138
フッサール，エドムント 10
ブラット，メアリー 174
フリッシー，パトリス 145
フルッサー，ヴィレム 123
ブルデュー，ピエール 114
フロイト，ジグムント 73
ベネディクト，ルース 6
ベルジー，キャサリン 85
辺見庸 82, 180
ボアズ，フランツ 9
ポーター，リチャード・E 66, 67
ホール，エドワード・T 6, 70, 71, 78
保坂正康 152
ポスター，マーク 126
ボルツ，ノベルト 142
ホロウェイ，ジョン 188

ま
マーチン，ジュディス 18, 24
マギー，マイケル 44, 45
真木悠介 78
マクルーハン，マーシャル 7, 121, 127, 129
マッキントッシュ，ペギー 163
マルクーゼ，ヘルバート 43
マルクス，カール 39, 43, 94
宮台真司 28
メイロウィッツ，ジョシュア 124, 144
メビウス，アウグスト・F 104
モーリス=スズキ，テッサ 178
本橋哲也 73, 113

や・ら・わ
山下晋司 3, 114
吉見俊哉 5, 141, 164, 189
ライアン，デイヴィッド 97
ラインゴールド，ハワード 133
ラウワー，ロバート 79
リオタール，ジャン=フランソワ 72
リッツア，ジョージ 3
リップマン，ウォルター 66, 102
リフキン，ジェレミー 78, 98
ルーマン，ニクラス 142
レヴィ=ストロース，クロード 8
綿井健陽 152

事項索引

あ

アイデンティティ 13, 14, 18, 19, 21, 22, 116-119, 157, 167, 170, 172, 174, 178, 184
 ナショナル・── 158, 178
アイヌ 47, 159, 171
 ──語 55
アクセント 43
アサーティブネス・トレーニング 103
アジア系アメリカ人 157
アジア人 69
アブジェ 105
アルジャジーラ 5
異郷 170
異言語コミュニケーション 58
意識構造理論 80
意識の眼差し 10
イスラム教 19
異性愛者 162
逸脱行為者 106
イデオグラフ 44, 45
イデオロギー 159, 160, 168, 169
異文化交流（異文化適応，異文化接触） 2, 3, 30, 98, 104
異文化コミュニケーション
 ──教育 101
 ──能力 32, 33
 ──論 15, 184
移民 160, 162, 168, 170
イメージ 142
意訳（意味対応訳） 109
癒し 72, 154
イングリック 58
印刷 126, 127
 活版── 127
インターネット 27, 96, 186, 187
インタープリター 114
ヴォラピュック 58
内なる外国人 104, 105
英会話ブーム 28
英語 40, 173
 ──帝国主義 50, 51, 57
エイジェンシー 18
HTML 134

エコツーリズム 114
SNS（ソーシャル・ネットワーキング・サービス）97
エスニシティ 157
エスニック・セレクション 106
エスノセントリズム →自民族優越主義
エスペラント 58, 59
演繹法 31
演技 99
炎上 96, 135
延長作用 121, 128
オイコス 16
大きな物語 72, 151
オートコレクト機能 127
沖縄 159, 167, 171
お気に入り 186
オクシデンタル 58
男らしさ 166
オブジェ 105
オリエンタリズム 8, 24, 136
オルター・グローバリゼーション 188
オルタナティブ
 ──な視点 86
 ──な世界 188
 ──な見方 5
 ──メディア 165
女らしさ 166, 167

か

カーニバル 43
階級 28, 40, 169, 171
 ──への眼差し 41
外国語 43
 ──教育 28
外国人 104, 105
解釈 10, 22
 ──共同体 106
外来語 173
科学的人種（主義） 160, 161
書きことば 159
格差 4, 177
 ──社会 176
数え年 85
語り部 87, 115

価値観 156
活字言語 126
活動 16
『悲しき熱帯』 8
カルチャー・ショック 100, 101
カレンダー 85
感覚比率 129
環境管理型権力 97
監視 94, 95
 ──社会 94
慣習 160
間接水 92
感染（ミメーシス）28, 29
記憶 86, 87, 152, 153
 ──のエコノミー 148
『菊と刀』 6
紀元節 84
記号的世界 88
記号的な意識・世界 81
疑似イベント 2
帰納法 31
規範 9
キメラ 19
9.11 140
境界 54, 156
 ──線 56, 119, 164, 174, 184
共通語 56, 57
キリスト教 19, 109
規律型権力 103
空間 170, 171
 ──の記号化 88
 ──の認識 88
偶有性 18, 37
クール・ジャパン 130
屈折語 59
クリティカル・シンキング 31
クレオール 64, 65
 ──化 173
グローバリゼーション 4, 5, 40, 118, 119
グローバル化 2, 4, 168
 経済の── 5
ゲイ 162, 167
計画言語 58

景観　93
携帯電話　97, 125, 132, 133
ゲイティッド・コミュニティ　95
啓蒙思想　156
ケータイ　27, 144, 145
　──空間　145
KY　72, 103
言語　160, 173
　──権　59, 62, 63
　──殺害　52
　──差別　62, 63
　──死　52
　──消滅　52
　──政策　158
　──多様性　46, 52
　──帝国主義　→言語帝国主義
　──的人権　62
　──(的)乗り換え　62
　──の政治性　19
　──のラッピング　126
　──の牢獄　39, 44
　──民族主義　59
建国記念の日　84
健常者　163
言説　35
　──の資源　184, 185
　──のトーン　185
権力　162
　──関係　162, 168
効果性　32
公共空間　145
公共圏　144
公共性（公的コミュニケーション）
　　93, 184
公私二元論　93
構造主義的言語学　44
膠着語　59
公的コミュニケーション　→公共性
光復祭　85
公民権運動　160, 168
声なき声　72
コーラン　108
故郷　170, 171, 173
国語　47, 54
「国語」という思想　61
国際英語　48-50
　──論　58
国際人権規約　162
国際補助語　59

黒人　156, 172
国民　158, 168
　──化　159
国民国家　91, 118, 165, 171
　近代──　54, 57
　　──イデオロギー　57
個人主義　102
個人認証社会　187
コスプレ　130
国家　163, 171
　──語　159
国境　91, 92
ことば
　──の帝国主義　47
　──の不可避性　38
　──の力学　38
コミュニケーション　121
　──志向　23
　──能力　30, 31, 34, 35
　──の回路　140
孤立語　59
混血（ムラトー）　156
コンテクスト　70, 156, 157, 159, 162,
　　163
　高──　70, 102
　低──　70, 102

さ

差異　161
在日
　──華人　159, 171, 173
　──韓国人　10
　──コリアン　159, 162, 170, 171,
　　173, 178
　──朝鮮人　10
　──ブラジル人　159, 163
サイバー・エスノグラフィー　135
サイバースペース　96, 186, 187
サイレント・マジョリティ　72
サブ・カルチャー　103, 130
差別　157, 160, 170, 171
山谷　96
G8サミット　188
CG　122
ジェンダー　163, 166-169, 171
　──・アイデンティティ　167
時間　170, 171
　──の空間化　85
　──の指紋　78, 98
　──の貧困　185

出来事──　79
時計──　79
ポリクロニックな──　78, 102
モノクロニックな──　78, 102
自己　116
　──家畜化　52
　──責任　35
思考の省エネ　107
仕事　16
自然言語　58
時代の精神　35
私的空間　145
私的言語　42
自発的従属　51
自発的同意　51
自文化中心主義　9
資本主義　20, 21, 67, 77
　──経済　158, 168
自民族優越主義　161
宗教　160, 162, 168
　──闘争　19
集団主義　102
主体　18, 33
障がい者　89, 162
状況の定義　99
植民地　159, 160
　──主義　4, 156
女性国際戦犯法廷　86
人間（じんかん）　42
シングリッシュ　58
人口管理　85
人工言語　58
人種　156, 157, 159-163, 168-170, 172
　──混血性　172
　──的マイノリティ　170
新自由主義　→ネオリベ（ラリズム）
人種差別　62
　──撤廃条約　160
人種主義　156, 157, 160, 161, 172
　新しい──　160
　「差異」型の──　161
　「序列」型の──　161
　人種なき──　160
身体　74, 144
　──改造　76, 77
　──接触学（触覚学）　75
神話的（な）意識・世界　80, 89
スキーマ　107
ステレオタイプ　18, 31, 37, 66, 67,

事項索引

102, 103, 117, 169
生活様式　16, 17
政治的慣用句　45
聖書　108, 109
性奴隷（従軍慰安婦）　73
世界諸英語　48-50
　──論者　58
セクシュアル・マイノリティ　162
セックス　166, 167
接触領域（コンタクト・ゾーン）　174, 175
説得　45
センサス　156
戦時性暴力　87
想像／創造する力　36, 37
想像の共同体　54, 91, 118, 137, 158, 159, 165, 184
ソーシャル・プロファイル　106
ゾーニング　186
疎外　94
ソフト・パワー　130

た

ダイグロシア　64
体操　74, 75
第二次世界大戦　160
多言語
　──社会　57, 60
　──主義　60
多言語・社会　57
多・言語社会　57
他者　116, 117, 136, 161, 165, 174
　異質な──　15, 69, 104, 106, 185, 187
脱政治化　147
W型曲線モデル　100, 101
多文化共生　6, 169, 173
多文化主義　60, 168
　企業的──　168, 169
　批判的──　168, 169
　リベラル──　168, 169
多様性
　生物──　52
　生物言語──　52
　生物文化──　52
単一言語
　──イデオロギー　57, 62
　──主義　60
単一民族
　──国家　159, 171

──神話　75
誕生日　84, 85
地球都市（コスモポリス）　7
地球村　7
逐語訳　109
知的所有権　182
地平　11
中心と周縁　28
朝鮮半島　159, 170
沈黙　70-72
　──研究　70
ディアスポラ　48, 170-172
　華人──　170
　コリアン・──　170, 171
　──・アイデンティティ　170, 171
帝国主義　25, 46, 47, 156
　言語──　59
データベース化　187
テーマパーク　151
　──化　151
出稼ぎ労働者　170
適応　100, 101
適切性　32, 33
テクノ画像　123
テロとの戦争　140
テロリズム　138
同一化　76
同化　45, 99, 159, 169, 173
　──主義　60
動作学　75
同性愛者　162
同属意識　76
トクピシン　64
匿名　186
独立記念日　84
時計　84, 85
　──時間　79
都市　94, 95, 116, 164
　──化　52
特許　183
特権　163
トラウマ　72, 73
ドラマ　26
トランスカルチャー　175
トランスジェンダー　162, 167
奴隷解放　73

な

ナショナリズム　158, 159, 161, 172
　遠隔地──　171

「救い」の──　159
「病い」の──　159, 161, 171
南島論　154
難民　170
二項対立　18, 32
日常意識　140
日本語　54
日本手話　63
日本人　54
ニューカマー　60
入力支援機能　127
人間中心主義（ヒューマニズム）　35
認知バイアス　106, 107
ネイション　157-159
ネイティブ・スピーカー　51
ネオリベ（ラリズム）　41, 176
「ネオリベ」グローバリズム　41

は

場　97
バイアス　106
バイオパイラシー　183
媒介語　59
媒介作用　120
排除　159-161, 169
バイセクシュアル　162, 167
ハイブリッド性（異種混淆性）　18, 168, 172, 173
　意識的な──　172, 173
　無意識的な──　172, 173
バイリンガル　64
　──モデル　59
白豪主義　60
白人　156, 161, 163, 168, 172
　──性（ホワイトネス）　25, 51
「白人」中心主義　166
話しことば　159
パロ・アルト　26
判断保留　33
非言語メッセージ　66-69, 167
被差別部落民　156
ピジン・クレオール　64
非日常　140, 141
批判的異文化コミュニケーション研究　24
標識　148, 149
描写的表現　33
標準語　41, 54-57
　──イデオロギー　57
　──励行　56, 57

193

表象の権力　139
風景　142, 143
フェアトレード　5, 179
フェミニズム　166
複雑性　18
不信の停止　129
仏典　108
不平等　184
フラッシュモブ　133
フランクフルト学派　20, 31
ブログ　97, 134, 135
プロパガンダ・モデル　139
文化　12, 35, 118, 157, 159, 160, 162, 165-169, 171-175
　　高級——　20, 21, 184
　　大衆——（マス・カルチャー）　20, 21
　　低俗——　20
　　闘争の場としての——　18
　　——還元主義　103
　　——資源　184, 185
　　——志向　22, 23
　　——政策　84
　　——政治　35
　　——相対主義　9, 65, 77
　　——帝国主義　5
　　——的アイデンティティ　172, 173
　　——的背景　14, 15
　　——闘争　19
　　——とコミュニケーション　14, 15
　　——の画一化　5

——の定義　12, 13
——の番犬　13
——的人種主義　160, 161
紛争解決論　111
ヘテログロシア　42
法　35
方言　3, 56, 57
　　——矯正　56, 57
　　——コンプレックス　57
　　——札　56
亡命者　170
ボーダレス化　4
ホスト・カルチャー　99
ポピュラー・カルチャー　20, 184
ポリティコス　16
ポリフォニー　42, 43
ホロコースト　160
本質主義　33, 157, 171
　　文化——　70
翻訳　108
　　——学　109

ま
マイノリティ　162, 163, 168, 170-172
マクドナルド化　3
　　文化の——　40
マジックな意識・世界　80
マジョリティ　162, 163, 168, 169
眼差し　151-153
マルチモーダル　129
満年齢　85
mixi　131

民族　156, 157, 159-163, 168-171
　　——言語　58, 59, 63
　　——語　59
　　——的マイノリティ　170
民俗文化　21
無線電信　124
メディア　27, 117
　　——・リテラシー　141
メビウスの輪　104
文字言語　126
モノリンガル・モデル　59
模倣　28, 76

や
U型曲線モデル　100, 101
ユダヤ人　170
ユビキタス　187
寄せ場　96
よそ者　98, 99

ら
リキッド・モダニティ　137
リテラシー　87
琉球語　55
流行　28, 29
流動性　18
リンガフランカ　48
レズビアン　162, 167
レトリック学　31
老人力　86
労働　16

執筆者紹介 (氏名/よみがな/生年/現職/主著/異文化コミュニケーションを学ぶ読者へのメッセージ) ＊執筆担当は本文末に明記

池田理知子（いけだ　りちこ／1958年生まれ） 
福岡女学院大学人文学部メディア・コミュニケーション学科教授
『現代コミュニケーション学』（編著・有斐閣），『異文化コミュニケーション・入門』（共著・有斐閣），『新編　セクシュアル・ハラスメント』（共著・有斐閣）
「異文化」との出会いは，新たな自分を知ることかもしれません。自らの地平が広がる可能性に気づいて下さい。

青沼　智（あおぬま　さとる／1964年生まれ） 
津田塾大学学芸学部教授
The Enola Gay in American Memory: A Study of Rhetoric in Historical Controversy, UMI/ProQuest Information and Learning.
「文化・言語」帝国主義のみならず，帝国主義そのものに対してもっと強く異議を唱える必要性を痛感しています。

板場良久（いたば　よしひさ／1964年生まれ） 
獨協大学外国語学部教授
『異文化コミュニケーション研究論』（共著・有斐閣），『異文化コミュニケーションの理論』（共著・有斐閣），『日本のレトリックとコミュニケーション』（共著・三省堂）
「異質な他者」がコミュニケーションのなかでいかにその存在を与えられていくかを一緒に考えてみませんか。

伊藤夏湖（いとう　なつみ／1985年生まれ） 
東京大学大学院学際情報学府学際情報学専攻修士課程
『日本研究のフロンティア2010』（論文掲載・国際基督教大学日本研究プログラム）
ローカリティの問題や地域発信のメディアに関心があります。頭も足も使った研究を目指しています。

河合優子（かわい　ゆうこ／1969年生まれ） 
東海大学文学部准教授
『「移民国家日本」と多文化共生論』（共著・明石書店），*Intercultural communication in a transnational world: International and Intercultural Communication Annual, Vol.31*（共著・National Communication Association）.
文化とコミュニケーションを過去，現在，未来がつながる過程として捉えると，見えなかったことが見えてきます。

田中東子（たなか　とうこ／1972年生まれ） 
大妻女子大学准教授
『よくわかるメディア・スタディーズ』（共著・ミネルヴァ書房），『コスプレする社会』（共著・せりか書房）
異文化コミュニケーションの入り口は日常生活のいたるところに開いています。この本を新たな発見の手がかりに！

田仲康博（たなか　やすひろ／1954年生まれ） 
国際基督教大学教養学部教授
『沖縄に立ちすくむ』（共編著・せりか書房），『空間管理社会』（共著・新曜社），『風景の裂け目──沖縄，占領の今』（せりか書房）
私たちの身体を規制するメディア。そこに目を向ければ，現状に批判的に介入する方法が見つかるかも知れません。

鄭　偉（てい　い／1975年生まれ） 
拓殖大学他・非常勤講師
『中国と日本における時間──異文化を流れる「時差」』（共著・国際基督教大学社会科学研究所）
異文化コミュニケーションは，他者との現象の中で迷走し，思い通りにならない出口を探すプロセスであり，知性・勇気・技法を鍛える知行言一の修行である。

執筆者紹介（氏名／よみがな／生年／現職／主著／異文化コミュニケーションを学ぶ読者へのメッセージ）＊執筆担当は本文末に明記

松本健太郎（まつもと　けんたろう／1974年生まれ）
二松学舎大学文学部専任講師
『知のリテラシー　文化』（共著・ナカニシヤ出版），『『明るい部屋』の秘密――ロラン・バルトと写真の彼方へ』（共著・青弓社）
写真やテレビゲームなどを題材としながら，記号論とメディア論を架橋するような仕事をしたいと思っています。

丸山真純（まるやま　まさずみ／1970年生まれ）
長崎大学経済学部准教授
『教養としてのコミュニケーション』（共著・北樹出版），『多文化社会と異文化コミュニケーション』（共著・三修社）
日常において，あまり意識することのない「言語」について考えるきっかけになればと願っています。

やわらかアカデミズム・〈わかる〉シリーズ
よくわかる異文化コミュニケーション

| 2010年2月20日 | 初版第1刷発行 | 〈検印省略〉 |
| 2018年4月10日 | 初版第8刷発行 | |

定価はカバーに
表示しています

編著者	池田理知子
発行者	杉田啓三
印刷者	藤森英夫

発行所　株式会社　ミネルヴァ書房
607-8494 京都市山科区日ノ岡堤谷町1
電話代表（075）581-5191
振替口座 01020-0-8076

ⓒ池田理知子, 2010　　亜細亜印刷・新生製本
ISBN978-4-623-05609-5
Printed in Japan

やわらかアカデミズム・〈わかる〉シリーズ

よくわかるヘルスコミュニケーション	池田理知子・五十嵐紀子編著	本体 2400円
よくわかるコミュニケーション学	板場良久・池田理知子編著	本体 2500円
よくわかる異文化コミュニケーション	池田理知子編著	本体 2500円
よくわかる社会学	宇都宮京子編	本体 2500円
よくわかる都市社会学	中筋直哉・五十嵐泰正編著	本体 2800円
よくわかる教育社会学	酒井朗・多賀太・中村高康編著	本体 2600円
よくわかる環境社会学	鳥越皓之・帯谷博明編著	本体 2600円
よくわかる国際社会学	樽本英樹著	本体 2800円
よくわかる宗教社会学	櫻井義秀・三木英編著	本体 2400円
よくわかる医療社会学	中川輝彦・黒田浩一郎編著	本体 2500円
よくわかる産業社会学	上林千恵子編著	本体 2600円
よくわかる観光社会学	安村克己・堀野正人・遠藤英樹・寺岡伸悟編著	本体 2600円
よくわかる社会学史	早川洋行編著	本体 2800円
よくわかる現代家族	神原文子・杉井潤子・竹田美知編著	本体 2500円
よくわかるスポーツ文化論	井上俊・菊幸一編著	本体 2500円
よくわかるメディア・スタディーズ	伊藤守編著	本体 2500円
よくわかる質的社会調査 技法編	谷富夫・芦田徹郎編	本体 2500円
よくわかる質的社会調査 プロセス編	谷富夫・山本努編著	本体 2500円
よくわかる統計学 Ⅰ 基礎編	金子治平・上藤一郎編	本体 2600円
よくわかる統計学 Ⅱ 経済統計編	御園謙吉・良永康平編	本体 2600円
よくわかる社会政策	石畑良太郎・牧野富夫編著	本体 2600円
よくわかる都市地理学	藤井正・神谷浩夫編著	本体 2600円
よくわかる心理学	無藤隆・森敏昭・池上知子・福丸由佳編	本体 3000円
よくわかる社会心理学	山田一成・北村英哉・結城雅樹編著	本体 2500円
よくわかる学びの技法	田中共子編	本体 2200円
よくわかる卒論の書き方	白井利明・高橋一郎著	本体 2500円

――― ミネルヴァ書房 ―――
http://www.minervashobo.co.jp/